〔美〕理查德·罗兹 著

朱叶娜 高 鑫 译

- RICHARD RHODES -

SCIENTIST

达尔文的
继承者

E. O. WILSON

爱德华·威尔逊的
自然人生

A LIFE IN
NATURE

社会科学文献出版社
SOCIAL SCIENCES ACADEMIC PRESS (CHINA)

本书获誉

能认识埃德·威尔逊是我的荣幸。他的生活和工作激励了那么多人——有科学家也有门外汉。理查德·罗兹创作的这本传记是对我们这个时代一位伟大的思考者和观察者的精彩介绍。

——保罗·西蒙

罗兹的功劳在于,他娓娓道来,让这个令人难以置信的故事变得合情合理。

——《纽约时报》

[罗兹是] 完美的历史学家。

——《哈泼斯杂志》

罗兹的才华在于使复杂的科学知识能够为一般的外行人士清楚理解,同时又没有降低其主题中精华部分的智识水平……在这个过程中,他娴熟地将社会评论和文化评论融入叙述。

——《纽约时报书评》

[罗兹是一位] 非常迷人的作家。

——《图书馆杂志》

每个时代都会找到自己需要的作家，而核时代已经找到了理查德·罗兹。

——《民族周刊》

［罗兹是］一位杰出的作家。

——《洛杉矶时报》

罗兹是为数不多的能够为普罗大众解释复杂科学观点的作家之一，他［的文字］总是清晰、准确，又不乏风趣与诗意。

——《华盛顿邮报》

很多人称威尔逊是达尔文的"当之无愧的继承人"，其生平及其所取得的重大成就都是成熟的值得探索的主题，在我们继续面对气候危机对生物多样性的影响之际，这显得尤为重要。

——文学中心网站（Lit Hub），2021年最值得期待图书

普利策奖得主罗兹在这本精彩的传记中对"20世纪最伟大的生物学家之一"做出了公正的评价。罗兹将威尔逊描述成一位孜孜不倦的野外科学家，而当时人们普遍认为生物学发现的未来在实验室。威尔逊还是一位社会生物学的推广者，并因其著作《蚂蚁》和《论人性》获得了普利策奖。罗兹明确指出威尔逊对科学家和公众的自然观都产生了广泛的影响，在书中娓娓道出威尔逊的故事。这是一本必读书。

——《出版人周刊》，星级评论

备受推崇的传记作家和历史学家罗兹，热情地将威尔逊描绘成一位雄心勃勃、成就卓著的生物学家，一位热心而又极具影响力的倡导者，他倡导识别所有生命形态并保护占地球一半陆地面积的自然栖息地，他还是一位多产的普利策奖得主。罗兹还阐明了威尔逊对生物多样性、亲生命性、利他主义和科学本质的见解……威尔逊有许多令人钦佩的特质，包括真正的求知欲、好奇心，以及对所有生命（从昆虫到人类以及我们的星球）的深切关注。罗兹的传记与威尔逊的《蚂蚁的世界》（*Tales from the Ant World*，2020）相得益彰。

——《书单》杂志，星级评论

理查德·罗兹本人曾获普利策奖，他这本精心撰写的书讲述了"一个彬彬有礼、说话温和的亚拉巴马州海湾地区的人，他作为家族中第一个大学毕业生"的不寻常的人生轨迹。罗兹在谈到威尔逊时说，他"从未停止过汲取知识或是拓宽视野"。多么精彩的一生啊。

——《耶鲁校友杂志》

献给金杰

阿尔弗雷德·P. 斯隆基金会为本书的研究

和写作提供了资助

如果不从进化的角度来看，生物学的一切都将变得无法理解。

——狄奥多西·杜布赞斯基（Theodosius Dobzhansky）

目　录

第 1 章

标本时光

比较动物学博物馆 1

哈佛大学

马萨诸塞州剑桥 38 号

院长室

1954 年 11 月 2 日

致相关人士：

　　兹为您介绍爱德华·O. 威尔逊（Edward O. Wilson）先生，他是哈佛大学一名初级研究员。威尔逊先生将前往澳大利亚、锡兰①、新几内亚和新喀里多尼亚，为比较动物学博物馆收集科学标本。如果您能够为他提供任何帮助或建议，我们将深表感谢。

　　　　　　　　　阿尔弗雷德·S. 罗默（Alfred S. Romer）院长

---

① 今斯里兰卡。——译者注

爱德华·威尔逊终于启程了。他时年 25 岁，又高又瘦，从十几岁起就听不到高频声音了，右眼也在儿时的一场事故中失明：他现在处于半失聪半失明的状态。从表面上看，他是亚拉巴马州墨西哥湾沿岸一个彬彬有礼、说话温和的人，也是他的家族中第一个大学毕业生。但在他斯文的外表之下，还有钉子般坚定的意志、如夜空中金星般耀眼的才华和看透事物本质的智慧。他将成为 20 世纪最伟大的生物学家之一。在随后到来的 21 世纪，他将带头拯救荒野——他说荒野占了地球陆地面积的一半——这不仅是为了体验荒野，更是为了拯救濒临灭绝的数百万个大大小小的物种，其中的许多物种甚至都还没有被命名。他告诫人们，如果它们真的灭绝了，那么由这些物种支撑着的巨大生命之网的那几根线也会相应断掉，这将导致这个世界瓦解。树木可以被更新替代；但经过数百万年的进化形成的物种，是不可替代的。

此时，年轻的威尔逊刚刚获得博士学位，即将开始他毕生的事业，他要前往南太平洋采集蚂蚁。他研究的领域是昆虫学——昆虫生物学——而研究蚂蚁是他的专长。还从未有人在浩瀚的南太平洋区域系统地采集过蚂蚁。就采集蚂蚁标本这件事情而言，许多太平洋岛屿还从未被探索过。

继詹姆斯·沃森（James Watson，昵称吉姆）和弗朗西斯·克里克（Francis Crick）1953 年的伟大发现之后，DNA 的结构和功能已成为 1954 年新的前沿研究领域。世界各地的生物学家都跑进自己的实验室，将化学和物理学引入他们的研究；威尔逊却故意反其道而行之。他后来解释自己的策略说："如果一个课题已经受到了广泛的关注，带着迷人的光环，如果这个课题的研究人员都已经是获得巨额资助的获奖者，那么就该远离这个课题了。"[1]

威尔逊从小内心里就一直充满了探险精神。他不像大多数同行那样把工作重点集中在一个物种上，而是更喜欢去开拓新的领域，发现有价值的东西，分析它们，然后再继续前行。他是家中独子，尽管童年的日子都在墨西哥湾南部追逐蛇和蝴蝶中度过，但到 1951 年时，他已经被公认为神童，去哈佛大学读研究生了。[2]在亚拉巴马州莫比尔市的一块空地上，当时年仅 13 岁的他是美国第一个发现入侵红火蚁（学名 Solenopsis invicta）的标本采集者。[3]这种害虫随一艘来自阿根廷的船"偷渡"而来。七年后，作为亚拉巴马大学的本科生，他发表了自己的第一篇科学论文。

避开研究热点是个冒险的策略。在他漫长而成功的职业生涯中，这种策略多次给他带来回报，但也让他遭遇重大挑战。"选择一个你感兴趣而且看起来很有前途的课题，"他继续建议道，"在知名专家还没有开始明显竞争的那个领域……你可能会在最初的研究中感到孤独和不安，但是，在同等条件下，那也是让你可以留下自己印迹并体验发现所带来的狂喜的绝佳机会。"[4]他的建议带着典型的威尔逊风格，这对心怀好奇的男孩和雄心勃勃的成年人而言，可能同样有益。

在他一个人代表哈佛大学比较动物学博物馆前往南太平洋探险的背后，是哈佛青年奖学金的支持。1933 年一个专门的研究员学会（Society of Fellows）在哈佛大学成立，每年都会向十几位杰出的年轻学者提供为期三年的资助，支持他们自主选择任何方向开展研究。几十年来，在哈佛大学由资深研究员和初级研究员组成的队伍中，有一批著名的领军人物，比如，总统顾问麦乔治·邦迪（McGeorge Bundy）、历史学家克兰·布林顿（Crane Brinton）、诺贝尔物理学奖得主和"曼哈顿计划"成员诺曼·拉姆齐（Norman Ramsey）、战略分析师丹尼尔·埃尔斯伯格（Daniel Ellsberg）、经济学家卡尔·凯森（Carl Kaysen）、晶体管发明者之一约翰·巴丁（John Bardeen）、人工智能先驱马文·明斯基（Marvin Minsky）、地理学家和历史学家贾雷德·戴蒙德（Jared Diamond）、行为心理学家 B. F. 斯金纳（B. F. Skinner）和美国桂冠诗人唐纳德·霍尔（Donald Hall）。1954 年，该学会将爱德华·威尔逊的名字列入成员名单。

在每个星期一的大学晚宴上，威尔逊结识了一些到访的名人，如魅力非凡的 J. 罗伯特·奥本海默（J. Robert Oppenheimer）。他是威尔逊高中时代的英雄，在第二次世界大战结束时被人尊称为"原子弹之父"。"普罗米修斯式的智慧取得了胜利，"威尔逊回忆起他对这位著名物理学家的评价，"他是神秘知识大师，为人类驯服了自然界中最强大的力量。"[5] 初级研究员们每周都要参加这样的晚宴，以及每周两次的同事午餐会。威尔逊在为期九个月的太平洋探险中，将会错过很多这类活动。

他还会想念某些事——确切来说是某些人，那是一种更强烈的思念之苦。他和波士顿本地年轻漂亮的黑发姑娘艾琳·凯利（Irene Kelley）在恋爱了一年之后，于不久前订婚。他在 1955 年 3 月从新几内亚写给她的信里回忆道："我第一次见到你时，你正从雪莉·

海耶斯（Shirley Hayes）的楼上走下来。我在心里说，'多漂亮的女孩啊'，但'不是我喜欢的类型，她可能是位非常漂亮的交际花，身边总是簇拥着很多穿着鸡尾酒会套装的跳舞的男人'。"他错得太离谱了，他在给艾琳的信中写道："追求你时我激动不已，当我开始了解你的真实品质并与你坠入爱河时，我非常满足。"[6]

艾琳是他的初恋。他在亚拉巴马大学仅用四年时间就获得了学士学位和硕士学位。因为沉重的课业负担，他整个暑假都在学习，根本没有时间去约会。他回忆说："我父亲的病情正在急剧恶化，我知道自己可能得不到任何支持了。"所以他抓紧时间学习，直到此时，在获得青年奖学金之后，他才开始思考学习和研究之外的生活。"我知道我最好开始认识一些年轻女士，然后过上更充实的成年生活。在当时，也就是 20 世纪 50 年代初，和年轻女士约会的方式（或者至少在南方，我家乡那边是这样的）就是经常邀请她出去，和她一起吃饭并进行一些饭后的娱乐活动，如跳舞。所以我就想，我最好学学怎么跳舞。"

于是他就在剑桥市四处找了一下。"在联邦大道上有一家看起来很体面的舞蹈工作室，开设普通交谊舞课程。我就开始在那里上课。"他根本没有舞蹈天赋。上了几节课后，因为学业把时间都占满了，他就暂停了舞蹈课。但他不是轻言放弃的人。过了一段时间，他又开始上舞蹈课了。"然后我就遇到了艾琳，她真的是既年轻漂亮又非常优雅，即便按照南方的标准来看也是如此。我刚从古巴和墨西哥回来——那是我拿到青年奖学金后的第一次田野调查。我穿得很土，笨手笨脚。艾琳已经尽最大的努力在教我跳舞了，但

5

我并不是一块跳舞的料，我甚至连狐步舞都学不会。"

虽然艾琳不是大学毕业生，但不论在舞蹈方面还是在哈佛大学招生办公室的日常工作中，她都很聪明能干。她晚上教舞蹈的原因是要帮忙养家，她家里有个患精神疾病的妹妹。威尔逊得知后对此钦佩不已。

"所以我邀请她出去，但我们不去跳舞，"威尔逊回忆道，"我们做跳舞外的其他事情。很快，我们就订婚了。她那时身体很好，我们几乎走遍了波士顿市中心的每一条街。我们几乎吃遍了每一家餐馆，并把探索餐厅当成我们的爱好。就这样，我们谈起了田园诗般的恋爱。"

随后，在威尔逊成为初级研究员的第二年，就在他和艾琳计划结婚的关头，他获邀去南太平洋为哈佛大学比较动物学博物馆采集蚂蚁。离开一年可能会破坏他们的感情。"我一直梦想能做这件事，"威尔逊回忆起自己童年时的梦想，告诉我说，"我意识到这对我而言可能是一次极好的个人经历——去成为一名开拓者，第一个踏入从未有人采集过蚂蚁的地区。我向艾琳解释了这一切。我们已经订婚了，但是我跟她说：'我真的得去。'这有点像是一名士兵要去上战场。我向她解释，在世界上一个完全未被研究过的地方做开拓性工作会给我带来多大的优势。然后她说：'去吧。'所以我就去了，我们俩承诺会每天给对方写信。"

1954 年 11 月 26 日，也就是感恩节后的第二天，两人在波士顿洛根机场告别，彼此都为即将面临的漫长分离心痛不已。"你没有哭，我为你感到骄傲，"那天晚些时候，威尔逊在路易斯维尔给她写信，他去那里看望母亲，"但我想让你知道，这是我经历过的最痛苦的事情。"他也没有哭，但只是在他们分开的时候没有哭，一登机他就开始"哭得像个小孩"，他告诉她：

> 我知道，这样做不太有男子气概，但这是我的真实感受，　6
> 我希望也相信你能感受得到。我对你的爱比我自己以为的还要
> 深。这是我第一次也是最后一次这样坠入爱河，请你相信我，
> 这也是我们最后一次像［今天］这样分别。[7]

三天后，威尔逊从隆冬时节的波士顿抵达了檀香山，他一边惊叹这里是"令人不可思议的天堂"，一边等待飞往斐济的航班。[8]飞机在坎顿岛（Kanton Island）停留加油，这是太平洋中部的一个环状珊瑚礁，上面有二战时期修建的一条 6000 英尺长的跑道。他乘坐的航班飞越了国际日期变更线和赤道，在 12 月 1 日中午抵达了斐济 300 多个海岛中最大的那个——维提岛（Viti Levu）。

威尔逊后来在谈到那次抵达时写道："在我之前和之后的人生中，我从未像在那几分钟里那样感觉到一股强烈的期待和纯粹的喜悦……我没有带什么高科技仪器，只有手持放大镜、镊子、标本瓶、笔记本、奎宁、磺胺、青春、热切，以及无限的期待。"[9]他真正的高科技仪器就是他的大脑，他的心脏就是其引擎。他迫不及待地想要开始工作，于是租了一辆车并雇了司机直接把他带到了岛的内部区域，在那里的茂密森林中，他用这一天的最后一个小时来采集。[10]

"我现在到了一个真正陌生的国家"，第二天一早，他在前往森林前给艾琳写信说。他开玩笑地说，斐济人"很久以前就不再吃人了"，但岛屿腹地的人"仍然住在茅草屋里，过着相当原始的生活"。[11]他遇到一个人，那个人认识岛上最后的食人族中的一员，并告诉他斐济人对此的评价："人肉是咸的，没有猪肉好吃。"[12]

那天，威尔逊冒着大雨在山林里采集，他穿过盘根错节的灌木丛爬上陡峭的斜坡，回到旅馆时"浑身湿透，疲惫不堪"。由于人类伐木和居住，斐济的野生自然资源已经枯竭，在他之前来到斐济的研究者威廉·M. 曼（William M. Mann）对此进行了深入研究；威尔逊不会在斐济逗留。在把拉基拉基（Raki-Raki）部落酋长（他受过良好教育，穿着破旧的 T 恤）的签名寄给艾琳代为保管以后，这位年轻的生物学家第二天一早就乘坐水上飞机离开斐济前往新喀里多尼亚了。"我想和你分享我在旅途中获得的一切，"他在离开斐济前给未婚妻的信中写道，"我有点觉得我进行的每一次新冒险都是为了你，也为了我自己。"

1774 年 9 月，英国航海家詹姆斯·库克（James Cook）在他的第二次探险航行中发现了新喀里多尼亚。这是一个面积和新泽西州差不多大小的岛，大约有 7000 平方英里，狭长而多山，这让库克想起了他的故乡苏格兰——罗马人称之为"喀里多尼亚"，因此库克就这样给它命名了。"它至少有 40~50 里格［120~150 英里］长，"他船上的博物学家约翰·福斯特（Johann Forster）目测道，"因此，它是我们迄今为止见过的最大的新热带岛屿了。"[13]这个岛屿位于澳大利亚东北约 900 英里处，它实际上是太平洋上第三大岛屿，仅次于新几内亚和新西兰。法国人于 1853 年从英国人手中夺取了它，并将其作为男性和女性罪犯的流放地，直到 19 世纪末。在二战期间，那里曾驻扎了大约 5 万盟军，1942 年 5 月参加珊瑚海战役的美国军舰亦曾在那里停泊。

新喀里多尼亚将成为威尔逊最喜欢的太平洋岛屿。法国殖民者和原住民都很友善，而且他从来没有专业人士在那里采集过蚂蚁。威尔逊于 1954 年 12 月 4 日星期六抵达①；到第二天晚上时，他已经进行了两次实地考察，一次去了首府努美阿（Nouméa）郊外的山谷森林，另一次去了附近的一座山里。

12 月 6 日星期一，他留在镇上查看第一天的采集成果。他欣喜地发现自己已经采集到了三四个新物种。"我在这里的工作无疑会取得惊人的成果，"他在给艾琳的信中写道，"我希望能把新喀里多尼亚已知的蚂蚁种类数量翻一番。"他还设法去新喀里多尼亚法兰西大洋洲研究所（New Caledonian Institut Français d'Océanie）进行了自荐，并在那里的昆虫学实验室开展工作。新喀里多尼亚让人"轻松自在"，他补充说："这里完全没有斐济那种明显的英式管理和纪律。"这里让他"精神很好"，只不过高昂的物价是他预算的两倍。他把这些归咎于法国人糟糕的管理："物价高的原因是法国经济停滞不前、毫无起色，而且法国人对提升殖民地的福利漠不关心。"[14]

8

---

① 原文为 1954 年 12 月 5 日星期六到达，但其实那天应为星期日，原文有误。结合后文看，威尔逊应该是 12 月 4 日星期六到达，12 月 5 日星期日进行考察。——译者注

　　第二天，他拿着借来的显微镜，在新喀里多尼亚法兰西大洋洲研究所的实验室里整理他的新标本。那天早上，他一下子收到了艾琳一周的信件，这让他非常振奋。他打算按时间顺序来读这些信件。"在读你每天的所思所想时，我很容易回想起这一周的经历，"他在给艾琳的信中写道，"我很开心，这让我以一种身临其境的方式回到波士顿，在你身边待上一小会儿。"艾琳在最后一封信中附上了她的照片。他在给艾琳的信中写道，照片上的她真是太漂亮了，并向她承诺，无论走到哪里他都会随身带着这张照片，并且要"给每一个法国人、每一只蜥蜴和每一只我能扣住的蝴蝶看看"。他为在离开美国之前没有给她打电话而道歉，他写道，他感到很痛苦，也知道如果当时打了电话，他会"崩溃"的。现在过了一周后，他"感觉好多了……回忆着我们在一起度过的美好时光，忘记了［他们分别时］最为悲伤的几个小时"。然后，他不得不给信收尾了——因为有法国科学家在他写信的桌子边上走来走去，让他很不自在。他迅速地在结尾写道："致我最深爱的你。"[15]

　　他开始了按部就班的规律生活：早上 6 点起床，他住在小镇边缘的酒店，那附近有一家法国小餐馆，他在餐馆享用水果、咖啡和面包作为早餐，然后前往宪兵帽山（Le Chapeau Gendarme）上他所称的"一小片森林"[16]，开展一天的观察和采集工作。这座山位于努美阿后方的山脊中，形状很像一顶法国警察的帽子。他在多年后回顾自己的一生时，庆幸自己的好运："我进入大学的时候，全世界大概只有十几位科学家是全职从事蚂蚁研究的。在研究蚂蚁这股热潮开始之前，我就已经有所收获了。在那之后，我开展的几乎每一个研究项目，不管多简单（确实全部都很简单），都获得了能在科学期刊上发表的成果。"[17]新喀里多尼亚仅仅是一个开始。

他在那里最精彩的探索是登上了海拔 469 米的茂山（Mt. Mau）顶峰，这是该地区的第三高峰。他写信给艾琳说，这次爬山本身是"一次艰难的短途徒步旅行，让人又热又累"，但是，他在山顶发现了云雾林，那是"一个奇异且令人赞叹的世界，有覆盖着厚厚苔藓和附生植物［气生植物］的扭曲小树，潮湿而布满苔藓的森林地面上生长着各种奇特的小植物"。[18]雾气限制了他的视野——他在各个方向上都看不到 50 英尺以外的东西——但他所看到的都很神奇：

> 这里真的是一个失落的世界，几乎从未被人类造访过，还处于原始状态，完全不同于你之前在海拔较低的地方见过的其他任何类型的森林。我采集到了至少一个新种类的蚂蚁，看到一只亮绿色的鹦鹉，它停在离我 15 英尺开外的一根树枝上，对着我尖叫……在西印度群岛，这种森林被称为"矮林"，因其有这些有趣的、扭曲的、布满苔藓的小树。[19]

整个圣诞节和新年期间，威尔逊都继续在新喀里多尼亚进行日间采集，在他的新物种名单不断增加的同时，他也在适应热带地区。他惊叹道，在努美阿，"商店里没有任何圣诞节的装饰"。[20]对法国人来说，圣诞节是小孩子的节日，而新年则是成年人的节日。圣诞老人本应乘坐法国潜艇到达，但他只能召集到一艘旧拖船；即使这样，他还是受到了 1000 多人的热情欢迎，"其中有很多儿童，还吸引了新喀里多尼亚本地人、中南半岛上的人和马来人"。圣诞节当天，在美国领事馆的野餐会上，所有人聚在一起，围观这位来访的年轻的哈佛昆虫学家"试图爬上一棵椰子树（别人都不敢）；可我爬到一半就筋疲力尽了，这一通折腾过后，我从树上下来的时候，身上徒增了几道划痕"。[21]他没说自己这一行为是在清醒时还是喝醉时做出的，总而言之，那是"我能想到的最奇怪的圣诞节了"。[22]

一天下午，在海滩休息时，他注意到一些新式的比基尼泳衣，这种泳衣因二战后美国在比基尼环礁以北 2200 英里处进行的第一次原子弹试验而得名。他赶紧向艾琳保证说，大多数"殖民地法国人在着装举止上都极为保守"。他用一种新流行的"呼吸管"和蛙鞋潜入暗礁，试图抓住一条鱼的尾巴，还希望能有一天看到鲨鱼，"但我可不是要骑在鲨鱼背上闹着玩"。[23]他结交了一群朋友：他把一份 25 人的名单交给艾琳，名单上有 3 名昆虫学家、2 名法国人和 1 名新西兰人，有美国领事馆的秘书，有他常去吃饭的法国小餐馆的工作人员，还有澳大利亚的电影制片人。[24]从他们的视角来看，威尔逊才是外来者。

新年伊始，威尔逊为了满足"好奇心和寻找机会"[25]花了一周时间去他所谓的"坐普通航空公司的飞机能够到达的地球上最偏远的地方"，即位于新喀里多尼亚东北偏北方向 480 英里处的圣埃斯皮里图岛（island of Espiritu Santo）①。它当时的情况比较特殊，由英法两国共同管理。[26]"圣埃斯皮里图岛是真正的热带地区，"这位

---

① 也称圣灵岛或桑托岛。——译者注

年轻的旅行者告诉他的未婚妻，"这里与新喀里多尼亚大不相同，更热、更潮湿、更郁郁葱葱。我从未见过这么有趣的地方。"[27]尽管这个岛只有大约 40 英里宽，但它广阔而基本未受人为干扰的热带雨林足以满足他的好奇心；从来没有人在这里采集过蚂蚁并进行科学研究，这实现了他寻找机会的目标，因为他添加到笔记本上的每一个数据点都是从未被记录过的。

威尔逊告诉艾琳，他到达的卢甘维尔（Luganville）是岛上唯一的城镇，"那里只有一排零散的商店和住宅，大多数是旧的美军拱形活动房屋①"。[28]他曾通过新喀里多尼亚一个朋友的安排，住到一位富裕的法国种植园主家中，那是圣埃斯皮里图岛上大约 200 个最富有的家庭之一，他们种植椰子来制作椰子肉干（从椰子肉干里可以榨出椰子油）。

拉塔德一家——奥伯特和苏珊以及他们两个十几岁的儿子——欢迎威尔逊来到他们的大种植园。他写道，这里像"故事书里写的一样"，交通便利，位于原始雨林附近。"在村子里，拉塔德家的房子旁边住着 70 个当地人，他们都是从班克斯群岛（Banks Islands）来的，虽然他们都得到了很好的对待，而且拥有完全的人身自由，但整个环境还是很像《乱世佳人》里的塔拉庄园。"[29]

对一个美国的南方人来说，联想到佐治亚州的种植园是可以理解的，但拉塔德一家喜欢的书是一部比较新的小说——詹姆斯·米切纳（James Michener）在 1947 年写的《南太平洋的故事》（*Tales*

11

---

① Quonset huts，一种金属制的军用半圆拱形活动房屋。——译者注

of the South Pacific)。以这部小说为基础，罗杰斯（Rodgers）和汉默斯坦（Hammerstein）在 1949 年创作出轰动一时的音乐剧《南太平洋》（*South Pacific*）。一天晚餐时，拉塔德向威尔逊表示，他是《南太平洋》中那个爱上美国海军护士内莉·福布什（Nellie Forbush）的法国种植园主埃米尔（Emile）的原型，并回忆起米切纳在战时作为一名年轻海军军官来访的情景。米切纳本人后来回忆道，自己还记得拉塔德夫人做的烤鸡和上好的法国葡萄酒，还有"一个嚼槟榔的、言语粗俗的女人［东京人①］，［她］给了我灵感，并成为我小说中血腥玛丽这个角色"。他满是感激地补充说，拉塔德"让我开始了作家生涯"。³⁰

拉塔德告诉威尔逊，真实的血腥玛丽本人仍然住在附近的埃法特岛（Éfaté）上。之后，这位种植园主带着威尔逊走到自家的岸边，将巴里海（Bali Ha'i）② 指给他看，"穿过塞贡德海峡（Segond Channel），那个地方在现实生活中是马洛岛（Malo）"。拉塔德夫人为威尔逊准备了他有生以来享用过的最好的食物。他告诉艾琳："这是一次难忘的经历，从海鲜主菜到美味的热带水果冰激淋。"³¹

拉塔德的儿子们每天早上开车把威尔逊和一名当地助手从家族种植园送到雨林，到点再接他们回来一起吃晚餐。助手砍倒树木，以便威尔逊可以研究生活在树尖的树栖蚂蚁——这是"真正的雨林"，他强调说，这儿有"巨大的树木、阴暗的地面，等等。漂亮

---

① 此处的东京指越南北部地区。——译者注
② 巴里海是詹姆斯·米切纳的短篇小说集《南太平洋的故事》中一个假想的小岛，是一个美国水手不能去的世外桃源。——译者注

的小鹦鹉和鸽子在树梢上飞来飞去，傍晚有狐蝠（一种翼展约 3 英尺的巨型食果蝙蝠）从头顶悠闲地飞过。狐蝠被当地人认为是美味佳肴，拉塔德夫人答应在我走之前给我来一盘尝尝"。威尔逊的采集过程很顺利，他在星期六晚上的信末写道："到处都是新物种。"[32]

1 月 10 日星期一，威尔逊再次在雨林中开展工作，"拣拾蚂蚁，击退成群结队贪得无厌的蚊子和苍蝇"。他想，如果他在那里工作超过一周的话，昆虫得把他逼"疯"。那天，他第一次得了热带痢疾，拖慢了工作节奏；他"马上服用了大量磺胺脒①"，到了傍晚痢疾就基本止住了。他学了一点美拉尼西亚皮钦语②，这是当地人和欧洲人共用的一种略为简化了的地区性语言，在这个岛屿世界里有数百种当地语言，导致人们彼此都听不懂对方的话。有人开玩笑地跟他说，皮钦语里的"钢琴"就是"一个有白牙的大箱子，你敲他的白牙，他就唱唱歌"。他听到的最好笑的是关于小提琴的皮钦语："一个小盒子，你抓他的肚皮，他就哭。"[33]

不管蚊子和苍蝇让威尔逊多么崩溃，他仍然保持着足够的理智，从他在圣埃斯皮里图岛发现的蚂蚁种类中归纳出总体的见解。他后来写道，他采集到的物种"正如预期的那样是属于美拉尼西亚的，很可能来自所罗门群岛，因此最终是属于亚洲的。我对这些昆虫的生态系统进行了总体观察，它将出现在我后来对岛屿演化的综

①　止痢片。——译者注
②　美拉尼西亚是太平洋三大岛群之一，位于赤道与南回归线之间。皮钦语又称洋泾浜语，是一种当地语言与外语夹杂的混杂语言。——译者注

合研究中"。他已经注意到圣埃斯皮里图岛上的蚂蚁种类相对稀少；他意识到，"这个地方太遥远了，从地质上看也太年轻了，因此不可能有很多移民"。由于竞争的减少，一些物种大大扩展了它们的生态位，密集地生活"在当地大范围的环境和筑巢地点中"。他后来将这种现象称为"生态释放"。他意识到，这是"生物多样性扩散的早期重要步骤"。[34]

然后，一场真正的热带热病把他击倒了——他跟艾琳说，他受到了"重创"，喉咙疼，高烧至 103 华氏度①。星期三，他退烧了，但是在下午写信的时候"还是有点发抖"。他怀疑自己能否继续进行更多的实地考察，因为每周一班飞往努美阿的航班在星期五一早就要起飞。"我发现，在美国只不过让人感到轻微不适的小毛病，到了热带地区就会把你打趴下。在我病得很难受时，有两件事一直萦绕在我的脑海里，"他热情地总结道，"那就是你和《天鹅湖》的音乐。想到你就让我感到很幸福、很有安全感。"[35]他随信附上了一朵为她摘的兰花。等艾琳收到信时，兰花不可避免地会被压坏，但重要的是他的一片心意。

威尔逊还是没有品尝到圣埃斯皮里图岛雨林中狐蝠这种食果大蝙蝠的味道。当地人在星期日捕获了三只狐蝠，在那个周末的晚上，威尔逊帮它们清除了寄生虫。[36]拉塔德夫人把这一当地美食列在了星期一晚餐的菜单上，而他因为发烧错过了这顿晚餐。星期三晚上，他终于尝到了重新加热后的狐蝠，但他并不是南太平洋的美食

---

① 　39.4 摄氏度。——译者注

家，他对艾琳说："它的味道很糟糕，也很难闻，尝起来和你想象中蝙蝠肉的味道一样，我吃了两三口就再也吃不下去了。"[37]

1955 年 1 月 14 日星期五早上，威尔逊觉得自己又恢复了健康，便搭乘飞机返回了努美阿。他发现有艾琳整整一个月的"文笔优美的"信在等着他，包括一张他承诺"无论在哪里都会始终放在面前"的她的肖像，还有一本《莱尔·阿布纳》（*Li'l Abner*）漫画集，他最喜欢这个漫画的南方背景，以及一个赤脚年轻英雄、一个乡巴佬老实人的设定。[38]

然后，在星期日从努美阿飞行了 6 小时后，他于下午 3 点前后抵达了澳大利亚的悉尼，"在悉尼海港大桥附近市中心的一家舒适的酒店安顿了下来"，并且"在晚餐时间……出去吃了六周以来的第一顿中餐"。（中餐美味又便宜，一直是波士顿情侣约会时的最爱。）在南半球夏天那个温暖的 1 月夜晚，悉尼的街道上挤满了手牵手散步的情侣。"相信我，"他跟艾琳说，"我很想你。"[39]

威尔逊在南太平洋探险的第一站取得了巨大成功。"我今天早上把在新喀里多尼亚采集的成果邮寄给哈佛大学了，"他在 1 月 5 日给艾琳的信中写道，"这真是一个用于未来研究的宝库，包含 300 多个不同的收藏品，全部附有实地笔记。我估计我在这里至少收集到了 82 个本地物种，其中近一半在科学上都是新物种。"[40]

他对哈佛大学给他的机会深表感激："一个生物学家，尤其是一个年轻人，很少有机会能像我这样前往所有重要的热带雨林地区。我积累了大量宝贵的经验，这些经验将影响我未来所有的研究和写作。"[41]他后来详细地阐述了这个主题："在研究世界某些部分，

14

且只为其自身而研究时，最容易产生科学观点。该生活片段中所有已知的或可以想象的真实主体和过程所具有的全面透彻、结构清晰的知识，便是这些科学观点的来源。"[42]

他从悉尼向艾琳汇报说，他成功地与澳大利亚同行建立了联系，包括专业人士和业余人士。她曾担心他会因为高度专注于科研而在社交上被孤立。"在澳大利亚访问期间，我结交朋友的速度比以往任何时候都要快，"为了让她放心，他写道，"部分原因是我真的想在这里交到尽可能多的朋友。"他补充说，他"正在坚持完成'要好好与人相处'这个挑战"。他的"挑战"带着一丝自嘲意味，听起来更像是他对未婚妻的许诺。[43]

威尔逊访问澳大利亚的主要目的是寻找一种极其稀有的蚂蚁——大眼响蚁（Nothomyrmecia macrops）①，它也被称为黎明蚁、恐龙蚁或者化石蚁，此前只在 1931 年与 1932 年之交的夏季被采集到过一次，而且从来没有在野外被实地研究过。为此，他将在 1 月的最后一周与澳大利亚南部埃斯佩兰斯镇（Esperance）的三名采集者一起，搜索东边那片茂密的桉树林，二十年前，那只大眼响蚁就是在那里被发现的。

蚂蚁（以及黄蜂和蜜蜂）被认为是由寄生蜂进化而来的，寄生蜂攻击潜在的猎物并使之麻痹，然后把卵产在猎物的藏身之地或者

---

① 尽管学习拉丁语的二项式名称需要花费一些精力，但它们可以使得物种鉴定更加准确。它们比普通名称更精确，普通名称（如这里所示）可以在非正式情况下有多种含义。这个词的重音通常落在倒数第三个音节上，因此属名读作"no-tho-mir-MECK-eeuh"，而种名读作"MAK-krops"。

附近，让这些猎物成为寄生蜂后代的食物。（一种进化得更好的物种就是我们所熟悉的泥蜂，它们会在巢穴的外墙上筑出排笛状的泥管。泥蜂把猎物麻痹之后，将其塞进这样的管道，并在猎物上面产一个卵盖住管道，以便从卵中孵化的幼虫以这些猎物为食。）我们很容易看出这种行为是如何演变成更复杂、更专业、更成功的社会性昆虫的群体行为的，它们将卵产在地下通道或者蜡质、纸质的管道中，并在那里喂养幼虫，有一个或多个蚁后负责产卵，有专门的工蚁负责照顾蚁后和幼蚁，而其他蚂蚁则负责保卫蚁群或采集食物。

　　响蚁属（Nothomyrmecia）名下只有一个已知物种，人们认为它的分工专门化程度可能不如那些进化得更成功的蚂蚁类型：它的工蚁会单独收集猎物并独自将其送回蚁群，而不是将猎物传回或通过合作将它们带回蚁群，这意味着大眼响蚁还没有进化出传递信息的能力。威尔逊给艾琳写信说："这是所有蚂蚁中最原始的一种，如果能再次发现它，将成为一个科学大事件。希望我们能有幸在实地对活动的大眼响蚁做研究。"[44]如果他们能有这样的运气，那他们将遥遥领先于离他们最近的前辈——威尔逊在哈佛大学的导师比尔·布朗（Bill Brown），后者四年前曾在埃斯佩兰斯镇周围和附近的梅里维尔山（Mt. Merivale）进行搜索，但一无所获。[45]威尔逊再次搜寻，这很能体现他的采集策略：计划开展广泛的搜索以采集大量新物种，但一旦有机会，他也会去寻找稀有和令人惊叹的物种。

　　这位满怀热忱的年轻昆虫学家在悉尼只停留了一天一夜，他没有浪费任何时间，就立即飞往南澳大利亚州的沿海首府阿德莱德

15

（Adelaide），然后从那里飞往澳大利亚西部的卡尔古利（Kalgoorlie），总路程为1747英里（约2812公里）。出了阿德莱德，"横贯大陆的铁路穿过广阔的……纳拉伯平原"，令他印象深刻。他在给艾琳的信中写道："这里非常平坦，是大片大片的棕色。"[46]卡尔古利让他想起了堪萨斯州或俄克拉荷马州的一个小镇，那里令人愉快，人们热情好客。从那里，他将乘坐飞机和火车向接近正南的方向出发，前往位于南部海岸的埃斯佩兰斯，他中途在"一个日照强烈的小镇"诺斯曼（Norseman）停了下来，独自寻找响蚁属。[47]

但是，尽管威尔逊和在他1955年1月22日到达埃斯佩兰斯时加入的三位澳大利亚同事尽了最大努力，在接下来的几周里，他们仍然没有在任何地方发现大眼响蚁。他们主要搜索的区域是托马斯河流域，他们从早到晚都在采集、挖掘和搜寻，但不见大眼响蚁的踪迹。[48]又过了二十二年，直到1977年10月，一个澳大利亚研究小组才在距离托马斯河流域以东1000公里（约621英里）的地方发现了这个稀有物种并进行了研究。事实证明，大眼响蚁活跃的时间是在澳大利亚凉爽的冬季，而不是威尔逊和他的同事们寻找它时那种炎热的夏季。

从埃斯佩兰斯回来后，威尔逊写了一首对澳大利亚的颂诗送给他的未婚妻，来表达他在荒野中的喜悦之情：

> 多好的一个国家啊！数百英里的蜿蜒小路人迹罕至，甚至连一个广告牌也没有，这里只有数万平方英里的桉树林和沙地平原，从沿海内陆一直延伸到中部沙漠。离开诺斯曼往东186

英里之内你都不会遇到另一个人（除了极其稀少的过路汽车），当你到达巴拉多尼亚（Balladonia）时，那里有三四个白人和一些原住民。然后你可以转向南边，再前行大约 150 英里到达托马斯河沿岸，沿途会经过一个孤零零的绵羊牧场，牧场的主人是半个原住民，他大部分时间都在丛林里闲逛和追踪澳洲野犬。这里并不是沙漠——大部分地方都生长着高大的树木。难怪澳大利亚不断吸引着更多的移民。我很高兴能看到至少有一个国家还没有人满为患。[49]

总而言之，澳大利亚的这段经历"在增长我的经验方面超出了我的预期"，威尔逊于 2 月 21 日在珀斯（Perth）写信给艾琳时说，当时他正准备向北飞往太平洋上最大的岛屿，"现在我非常想去新几内亚岛，那是石器时代人类和原始森林最后也最伟大的据点之一，也是我此行的首要目的地"。[50]他可能是在让时光倒流：他在处于快速现代化进程中的澳大利亚没有发现大眼响蚁，尽管他四处寻找"曲线救国"的方法，但他在哪里都找不到。

自 1949 年以来，澳大利亚一直管辖着长长的呈鸟形的新几内亚岛的大部分地区，并将其视为巴布亚新几内亚的领土。1955 年 3 月初，威尔逊在最后一刻登上了澳洲航空的航班，去往巴布亚新几内亚首都莫尔兹比港（Port Moresby）。他很快就发现，即便是首都，其西方化程度之低也令人震惊。他写信给艾琳说，几乎所有的男人"身上都有仪式性的伤疤，他们在街上盯着你看，（呃哼）女人在某些情况下几乎不穿衣服"。[51]他跟未婚妻说，他预计这次实地

17

考察将成为"他一生中最激动人心的一次"。这里的山脉是"真正的山，很多山峰超过了 10000 英尺；广袤的原始森林，大部分都未曾被人探索过；这里的人几乎生活在一个独立的世界，有超过 100 万人口，有许多种不同的习俗和语言……从莫尔兹比港看出去，新几内亚岛有我从未见过的宏大、原始和自然的野性。它本身就是一个世界，你可以用一生的时间来探索它……我觉得我会喜欢这个地方的"。[52]

新几内亚岛作为人类定居区至少有 4.2 万年的历史了。它的内部地形被山脉分割得支离破碎，许多原住民群体都因此被隔离开来，以至新几内亚人使用的语言超过 851 种——这比地球上其他任何一块陆地上的民族使用的语言数量都要多。二战后，澳大利亚人在联合国的支持下来到这里，在此之前，还没有较大的政治实体把各个部落联合起来；其霍布斯式的无政府状态表现为凶杀率高达每 10 万人 1000 起，为全世界最高。[53]（2017 年美国的凶杀率为每 10 万人 5.3 起，英国为每 10 万人 1.2 起。）男人和女人过着完全不同的生活，男人用弓箭狩猎，但是很少分享他们捉到的小猎物（岛上最大的本地哺乳动物是负鼠大小的有袋类动物——斑袋貂）。这使女人被迫几乎完全靠吃烤红薯、大蜘蛛和昆虫幼虫过活。因此，在 20 世纪之初的东部高地，女人开始在秘密宴会上吃死者的尸体，这种做法在威尔逊到访时仍然很普遍。这种同类相食的行为，伴随着脑组织重复受到不明生物的污染，导致了一种疾病的出现，东部高地的弗雷人（Fore）称之为"库鲁病"（kuru），意思就是颤抖或者发抖。在 20 世纪 90 年代的英国，牛被喂食了含有受污染神经组

织的再生肉骨粉而暴发了类似的疫情，这被称为"疯牛病"。在新　**18**
几内亚岛期间，威尔逊在库鲁病暴发区域的西北部采集标本，他没
有在记录中提到这种疾病，但这一神秘的流行病和传播它的食人行
为表明了这个地方有多欠发达。

　　3 月 9 日，威尔逊在他的第一个营地——位于布朗河上莫尔兹
比港内陆——写信给艾琳说，在新几内亚岛的雨林中，他已经到达
"最终目的地，那是我梦寐以求的地方……我的营地就在它的中心
地带，四周都是枝繁叶茂的大树，绿色的树冠遮天蔽日……每一层
都充满了生命力——鹦鹉和其他鸟类、青蛙和昆虫的喧闹声昼夜不
停地在耳边响着。藤蔓、树干和腐烂的原木上几乎爬满了各种各样
的昆虫，包括蚂蚁，这让我兴奋得手舞足蹈"。他遇到的很多蚂蚁
种类"生活在树干或树叶边挂着的丝袋里，这里还有军蚁和成千上
万的工蚁军团"。他总结道，雨林是"原始的森林……是永恒的森
林，是所有生命的摇篮"。这里栖息的生命似乎太多了，"特别是正
午时分，温度和湿度过高"，让空气变得稠密，空中满是"无穷无
尽、硕大无朋、气势汹汹、成群结队的蚊子，每时每刻都在追赶着
你。蚊子是这里日常生活中最令人厌烦的部分；如果它们能消失，
那么这里就很宜居了"。[54]

　　至于生活方面，威尔逊写道，他有四个助手，他们在皮钦语中
被称为"男孩"，"一个做饭，一个洗衣，一个开车和狩猎，还有
一个总管事务的仆人，每个人每天的工资是 22～33 美分，外加口
粮。我从来都没有这么享受过——我唯一的问题就是要找点事让他
们忙起来，然后用我的皮钦语艰难地把我的命令传达下去。他们已

经给我搭了床、桌子、仓库和壁炉，足够我们在这儿待上四个月，而实际上我们只待四天"。他顽皮地向艾琳保证，自己会尽量"不被这些服务宠坏，这样等我们结婚后我就可以忍受了，而且我保证永远不会在早上起来对你喊'凯凯，你带着它们，进来'（'把我的早餐拿来'）"。[55]3 月 11 日，他回到莫尔兹比港满意地报告说，他在布朗河营地的收获"几乎是我在类似时期内获得的最丰富的采集成果：我算了一下，我在三天半的时间里采集到了五十多个物种，其中很多毫无疑问是新物种"。[56]

威尔逊在莫尔兹比港地区忙碌了两周，搜集、整理，然后给样本编写说明并将它们寄回哈佛大学，之后他飞往正北 188 英里处的莱城（Lae），这个城市坐落在该岛另一侧的海岸上。他计划从那里开始向内陆探索。在伐木场待的一周时间里，他采集并研究了来自雨林高处的树栖蚂蚁。但是，一个更令人激动的勘察机会出现了：年轻的澳大利亚农业官员鲍勃·柯蒂斯（Bob Curtis）邀请他参加为期一个月的菲尼斯特雷山脉（Finisterre Mountains）探险，"这是一次对古老传统的探险，我们将进入世界上最崎岖、最鲜为人知的地区之一"。[57]柯蒂斯从莱城以东 60 英里的港口小镇芬什港（Finschhafen）出发探险，这个小镇里一共有 12 个欧洲人。3 月 30 日，威尔逊到达那里与他会合。柯蒂斯告诉威尔逊，他们大概会有 20 名搬运工，"在每个村庄都会带一批新的搬运工……就是你在动画片和过时的好莱坞电影中经常看到的那种丛林旅行，柯蒂斯和我在前面，他拿着枪，我拿着蝴蝶网，后面跟着一队搬运工"。[58]

1955 年 4 月 4 日星期一，21 岁的柯蒂斯和 26 岁的威尔逊这两个年轻人坐卡车离开了芬什港，乘独木舟渡过了梅佩河（Mape River），然后登上另一辆卡车，车把他们送到了海滨村庄赫尔斯巴赫（Heldsbach）。中午时分，他们气势很足地离开了赫尔斯巴赫，"带了 3 名全职本地助手、1 名警察和 47 名搬运工"。下午 4 点，他们经过位于萨特尔伯格（Sattelberg）的路德教会，停下来查看一些零星标志，这些标志是澳大利亚军队"在 1944 年把日本人赶进山区时留下的小规模战斗标记"。[59] 新几内亚人曾在二战期间帮助澳大利亚人并给他们做向导以对抗日本人，这是澳大利亚在战后支持新几内亚岛发展的一个原因。

从萨特尔伯格到萨鲁瓦吉德岭（Saruwaged range）的萨拉瓦凯特山（Mt. Salawaket）直线距离只有 50 英里，那里是威尔逊的目的地，山峰高达 13500 英尺，是巴布亚新几内亚最高的山峰之一，但是柯蒂斯预计要跋涉一个月才能到达那里，他们要在丛林小径上徒步，还要涉水穿过水流湍急的河谷，要"穿过半岛中部，横跨人口众多的胡贝（Hube）乡村地区"。威尔逊写信告诉艾琳这些，便于她查看地图，"到达克伦威尔山脉，要在 9000 英尺处翻过克伦威尔山，到达中央山脉在伊洛科（Iloko）的北坡，最终，从到访的最后一个村庄伊洛科攀登到萨拉瓦凯特山顶"，然后回家。[60] 威尔逊将是第一个到访这座山的动物学家，他也将"成为一名真正的地理探险家——柯蒂斯和我正在使用测高仪，我们将核对山峰和村庄等的名字。让这件事更添传奇性色彩的是，人们认为萨鲁瓦吉德岭非常寒冷，很多当地人在尝试穿越山脉时都丧生了（我会很安全的，亲爱的），当地人称这条山脉为'属于死人的山'——死人山"。[61]

20

他向未婚妻表达了歉意，因为他将有很长一段时间不能寄出每日写给她的信件；但他还是会每天给她写信，他会把这些信编成一本日记，等他回到文明社会就一起寄出去。这缓解了他的矛盾心情，他热情高涨地总结道："现在，我身体很好，斗志昂扬，很想立刻动身。这次勘察很可能是令我一生难忘的伟大探险。"[62]

威尔逊在 4 月 23 日回到芬什港，他在给艾琳的信中写道，事情比他预想的要差，因为柯蒂斯只勘察了三周就被召回了，那时他们还没开始攀登萨拉瓦凯特山。不过，这仍然是一次伟大的探险。4 月 7 日，他们在半岛登上了胡贝地区的第一座山峰，翻过海拔5000 英尺的山峰，穿过一片长满湿苔藓的密林。"森林的地面非常阴暗潮湿，几乎没有蚂蚁或其他昆虫，"威尔逊告诉未婚妻，"但是有很多水蛭，搬运工很快就被水蛭咬伤，脚上流血不止。1 小时后，当我们在霍莫汉村（Homohang，海拔 4500 英尺）附近停下来休息时，眼前是一番血淋淋的景象，每个人的脚上都有斑斑点点的血迹和活的水蛭，但当地人似乎不以为意。"[63]水蛭是与蚯蚓血缘关系很近的掠食性蠕虫。为了方便进食，它们会生成一种肽，就是水蛭素，来防止血液凝固；对于在潮湿的山林中赤脚工作、近乎赤身裸体的部落居民来说，被水蛭咬伤流血的事司空见惯。

过了霍莫汉就已经是非常偏远的内陆地区了，因此鲜有欧洲游客。在下一个山谷的一个村庄里，柯蒂斯取下了上牙的假牙托给围在他们周围的大人和小孩看，引起了连连惊呼；威尔逊把眼镜反戴在后脑勺上，手指着后方走过去，人群四散开来。"有个小男孩突然哭了起来，"他告诉艾琳，"这里几乎没有人见过眼镜，至少这些孩子真的相信我可以透过后脑勺看到他们。"[64]

四天后，当柯蒂斯在另一个村子里指导咖啡种植时，一群人从会议室下面赶出一条 5 英尺长的毒蛇。这条蛇是树眼镜蛇和眼镜蛇的亲属，有剧毒。威尔逊从童子军时代起就很擅长处理蛇，他很娴熟地应对了这一威胁。"当时人们兴奋得不知所措，"他在描述当时的情景时写道，"当我用一根棍子钉在蛇的脑后并把它捡起来时，人们欢呼了起来——当地人非常害怕这些蛇，这也合乎情理。当我杀死这条蛇，并把它放进保存液里的时候，所有人都挤在房子旁边围观。"[65]

从这个内陆村庄开始，他们转向南方，带领 34 名搬运工在雨林中向上攀登，在迷雾和大雨中登上了 4700 英尺的地方。"出于海拔原因，这地方的气候很糟糕，"威尔逊在 4 月 13 日写道，"雨季时，这里可能总是笼罩在雾里或者一直在下雨。温度在 50~60 华氏度，相信我，当你适应了热带环境后，这温度就很冷了。"[66]

在 4 月 19 日艾琳生日那天，探险队已经掉头回来了。"生日快乐！！"威尔逊在给未婚妻的信中写道，并附上一幅用生动的文字描述的风景画作为生日礼物：

　　黄昏时分，当我走回村庄时，布伦山谷（Bulum valley）22呈现出一幅奇特而美丽的景象。连绵不绝的森林延伸了 1000英尺，一直到河边，并继续绵延近 10 英里到罗林森山脉（Rawlinson range）。一切都沐浴在水蓝色的薄雾中，从上往下看去，就像凝视着一个深海泳池。凤头鹦鹉在树梢上懒洋洋地盘旋着，就像闪闪发光的白鱼在水底游动。我唯一能听到的声音只有它们微弱的叫声和远处河水的咆哮声。对我来说，这是一个与众不同的、非常令人满意的原始森林的景象。[67]

四天后，勘察队在芬什港解散了，威尔逊在那里收到一封来自比尔·布朗的信，信中说威尔逊之前寄给哈佛大学的采集品非常成功，而且"即便你现在就停工，到目前为止的收藏也已经对得起之前所有的投入了"。[68]

威尔逊写信给艾琳说，这几个月的旅行和工作带给他的一个更大收获是，他在内陆勘察期间构想了"一个全新的理论，关于雨林中动物的分布和进化"。他又用了一年的时间继续研究这个理论，然后在 1958 年发表了一篇重要论文，这是他对理论生物学最早的贡献之一。[69]

5 月，就在威尔逊要离开新几内亚岛之前不久，他再次有机会去攀登萨鲁瓦吉德岭顶峰，这一次他成功了。"我是第一个登上山脉中部顶峰的白人，"他写信给艾琳说，"也是第一个走到布姆博克（Bumbook）山谷顶部的白人。"他详细解释说，这次攀登让他倍感兴奋，因为就他所知，他是这个山脉有记录以来的第一个登山者，此外，他还是穿过未被探索过的地带到达的：

　　世界上未被探索过的地方已经很少了。这是一段坎坷的旅程——是我经历过的最艰苦的旅行。我用了五天的时间才到达山顶（12000 英尺），最后四天走的是很少有人走的原住民狩

猎小径，在难以想象的崎岖不平的土地上行走……就连我的向
导，他是我从布姆博克的最后一个原住民村庄招募来的，也迷
路了几次。这次旅行充满了故事书般的情节：不确定的天气让
最后的攀登变得不大可能，但是在第五天放晴了，土著人在山　23
顶用弓箭狩猎袋鼠等动物。如果在攀登中曝光的那卷柯达彩色
胶卷能洗出来，你就能亲眼看到其中的一些情景了。这些照片
是真实的《国家地理》（*National Geographic*）资料——是来自
萨鲁瓦吉德内部的第一批彩色照片。

　　他仍然感觉很累却很满足。他总结说，这次攀登"［让］我真
正地完成了新几内亚之旅"。[70]

　　威尔逊在 6 月 4 日的信中告诉艾琳，他在接下来的四个月里所
做的工作都无法与新几内亚之旅相比。"这次旅程的主要部分现在
已经结束了。只剩下三个短期旅程——昆士兰、锡兰和欧洲——这
些旅程像是收尾行动一样，我希望能够快速完成。"在莱城的那个
星期六晚上，他感到很孤独，想知道他的未婚妻在地球另一端的波
士顿正在做什么，"如果我们现在在一起该多开心呀，哪怕只是在
工作日的晚上和星期天的下午待在一起——散散步、在实验室忙
碌、计划一下周末的外出……我们在一起的第一年在很多方面都让
我很期待"。他列举了一些可以一起做的事，希望能够减轻自己的
孤独感，"这对我们两个人来说是一个全新的世界"。[71]

　　离开新几内亚后，威尔逊飞往悉尼，并于 6 月中旬从那里乘坐
意大利邮轮"托斯卡纳号"（*Toscana*）绕过澳大利亚南端前往锡

兰。(当时锡兰是英国的殖民地，在 1972 年成为共和国，即斯里兰卡。)① 他在这个犹如挂在印度半岛南端的一滴绿色眼泪的岛上采集了三周，发现了 130 个物种，然后在 7 月底登上了"澳大利亚号"(*Australia*) 客轮，开始了为期五周的前往意大利热那亚的航程。[72] "这趟旅程已接近终点，"他在起航前写信给艾琳说，并在括号里补充道，"(我现在已经开始掰着指头数日子了)。"[73]

威尔逊在船上的大部分时间都在阅读人文学科的书，这是他深思熟虑后用于自我提升的课程。他在珀斯买了十几本企鹅出版社的平装书，从《当代精神病学》(*Psychiatry Today*) 到 H. D. F. 基托的《希腊人》(*The Greeks*)。心理学让他着迷，他在给艾琳的信中写道："这可能是我在我珍爱的进化理论之外遇到的最强大的一个学科。它本身就很吸引人，[而且]为理解许多其他困难的学科提供了一把钥匙。"他敏锐地观察到，大多数"现代作者，在试图对自己的专门主题进行批判性研究时，都把现代心理学理论作为他们的主要工具之一"，例如，艺术史学家赫伯特·里德（Herbert Read）、人类学家玛格丽特·米德（Margaret Mead），以及他们研究学会比他年长的同事——思想史学家克兰·布林顿（Crane Brinton）。[74]

威尔逊认为他符合布林顿定义的"一个温和的'反智者'"，尽管布林顿对这一类思维下的定义使其"非常体面。'反智'的方

---

① 准确地说，锡兰在 1802 年的《亚眠条约》后成为英国殖民地；1948 年宣布独立，成为英联邦自治领；1972 年改国名为斯里兰卡共和国。——译者注

法实际上是反纯粹理性主义的"，威尔逊进一步说明，但是他认为
"反"是一个令人遗憾的标签，"我回哈佛时必须跟他讨论一下这
个问题"。威尔逊解释说，"反智"这个克兰用来定义他的概念，
"体现了潜意识和条件反射对人类思维的巨大影响，以及道德行为
的巨大惯性。他不相信人类可以在一代人的时间内被理性主义的计
划所改变，他是知识分子中的保守派，有的人可能还认为他有点
'反动'（reactionary）"。[75]除了布林顿的"反"字标签外，威尔逊
发现这种描述是通用的，尽管它很难涵盖他涉猎的相当庞大且还在
迅速扩大的知识领域。他还没到被迫去承受被贴上"反"字标签这
种痛苦负担的时候，但会有那么一天的。

1955 年 8 月，威尔逊在热那亚、巴黎和伦敦的博物馆工作，将
他在南太平洋的发现与一百六十年前在那里采集到的样本进行比
较。[76]8 月 30 日，他从伦敦向艾琳总结了这十个月的漫长旅程对他
们和其他人的意义，艾琳称之为一场"噩梦"（这也可以理解）：

> 在这次旅行中，我亲自采集的 1000 个物种，加上和其他
> 博物馆进行的几次交流，极大地增加了我们在哈佛大学的藏
> 品，并且巩固了哈佛大学在全世界同类型机构中的顶尖地位。
> 即使我们离开哈佛大学，我也可以一直无限制使用其研究资
> 料。事实上，在这次旅程中，我为自己和其他人未来多年的重
> 要研究打下了坚实基础。在我回家之后其价值才刚刚显示出
> 来。等到你看到这些藏品的时候——你会为你的未婚夫在全世
> 界搜集到的这些东西大吃一惊。[77]

25

在 9 月的头几天里，让这对小情侣越来越沮丧的是，从伦敦飞往美国的机票已全部售罄，那里满是等待归国的游客，但在 9 月 7 日后的某个时候，威尔逊飞到了纽约并搭上了前往波士顿的火车。[78]他后来写道："最后，我以穿着卡其布的衣服和厚重的靴子，剃了平头，瘦了 20 磅，因为吃抗疟疾药奎纳克林而皮肤有点泛黄的形象，投入了勒妮（Renee）的怀抱。"[79]（Renee，读作 RE-knee，是威尔逊对未婚妻的昵称。）

1955 年 9 月 30 日，爱德华·威尔逊和艾琳·凯利在波士顿后湾的圣塞西莉亚教区一座华美古老的罗马天主教教堂举行了婚礼，该教堂建于 1894 年。婚礼很简单。艾琳的父母、威尔逊的母亲和一些朋友出席了婚礼，但没有伴娘和伴郎。"我们两个人就是想结婚，然后一起生活。"威尔逊这样告诉我。那时，哈佛大学给他提供了一个助理教授的职位。威尔逊夫妇在莱克星顿（Lexington）买了一套房子，房子位于剑桥以西的瓦尔登湖方向，他们在那里开始了婚姻生活并持续了一生。

他曾经很喜欢独处。在大自然中，他找到了"一个避难所、一个充满了无限奇遇的王国，那里面的人越少越好"。那时的荒野对他而言是"一个私密、安全、可控又自由的理想圣地"。[80]那些年正是他艰难的童年和青年时期，他在那时接触并投身于科学领域，为他后来在该领域获得的丰硕成果奠定了实践基础。

第 2 章

失落的世界

小爱德华·奥斯本·威尔逊（Edward Osborne Wilson，Jr.，昵
称埃德）于 1929 年 6 月 10 日出生在亚拉巴马州伯明翰这个历史
悠久的南方腹地城市。追根溯源的话，他的祖上世代务农，但曾
经出过一位政府会计师、一位河流领航员、一位南方邦联老兵、
一位新英格兰家具制造商和一位船舶工程师。他的所有直系祖先
都是佐治亚人和亚拉巴马人，几乎都是南方浸信会教徒。他们都
没上过大学，即使他的会计师父亲也没有。他父亲是在第一次世
界大战后的几年里在美国陆军的军队里学的会计本事。年轻的
埃德（Ed）——家人叫他"桑尼"（Sonny）——是他家族中第一
个大学毕业生。

在威尔逊最早的记忆中，有一个可以追溯到他 7 岁时的心结。
那是 1936 年的夏天，有几天父母允许他独自在珀迪多湾（Perdido
Bay）河口一块钟形岬角的海滩上独自闲逛，那里是佛罗里达州与
亚拉巴马州的交界处，位于莫比尔（Mobile）东南 50 英里的地方。
他在 1994 年的回忆录《博物学家》（*Naturalist*）一书中回忆起那个
夏天的不寻常事件：一个拿着左轮手枪的年轻人从他身边走过，告

诉他自己要去捕黄貂鱼；海豚们在近海嬉戏玩耍；他看到一条比普
通的鳐鱼大很多的暗色鳐鱼，他以前曾试过钓鳐鱼，把用重牙鲷做
饵的大鱼钩挂在码头一整夜，往往在第二天早上会发现鱼饵已经被
吃光了。但是，有两次至关重要的遭遇激起了他比单纯的好奇更加
强烈的感情。一次是陌生物种的造访，另一次则是生活的变故。

27

  "站在天堂海滩（Paradise Beach）的浅滩上，"威尔逊开始描
述那次他与陌生物种的遭遇，"我低头凝视着水中的一只巨大水母，
水是如此平静而清澈，它的每一个细节都显露出来，就像它是被困
于玻璃之中一样。这个生物如此令人惊叹。它的存在超过了我之前
的想象。"他接着描述道："它那带着乳白色光泽的粉红钟罩上，分
布着许多细细的红线，这些红线由中央向钟罩形身体的边缘辐射。
钟罩形身体的边缘垂下一圈触手，环绕并稍微遮盖住里面的一条摄
食管及其他器官。这些器官翻来翻去的，就好像来回拉窗帘似的。"
他想再仔细地观察一下，但又不敢涉水更深。他不知道它叫什么名
字。六十年后，他在回忆录中回忆起这次遭遇，转而考虑了多个可能
的名字——"刺水母……**大西洋海刺水母**（Chrysaora quinquecirrha），
属于钵水母纲，水母体"——然后再用他的科学知识根据不同的名
字对其进行分类和分析。[1]

  但是，站在天堂海滩边那个 7 岁的他并没有这些办法。他只有
因为对这个物种一无所知而产生的好奇心以及一种强烈的危险感。
"它突然出现在我的世界里，"他在回忆刺水母时说，"它不知从何
处而来，促成了一种无法用言语形容的气氛，我只能想到这些字
眼：**深海王国里，诡异而神秘的即兴表演**。"[2]正如赫尔曼·梅尔维

尔（Herman Melville）在《白鲸》（*Moby Dick*）一书中发现白色是一种可怕的空白，唤起了一种"识别世间恶魔的本能"那样。[3]因此，终其一生，只要埃德·威尔逊回想起来，在 1936 年夏天遇到的这只刺水母始终体现出"大海中蕴藏的神秘与邪恶"。[4]

到底是什么让威尔逊如此不安，以至于他在六十年后仍将其铭记在心呢？"在那个充满幻想的季节里，家里出现了麻烦，"他在下一段继续写道，"我的父母在那一年结束了他们的婚姻。"[5]威尔逊回忆说，他听到他们在当时住的公寓里吵个不停。为了给他们自己一点空间去规划未来，他们决定让 7 岁的独生子——诚然他很早熟——独自与陌生人一起过夏天。

一次钓鱼事故加剧了这种压力。小埃德钓到了一条重牙鲷鱼，这是一种银色的海湾小鱼，背上有 12 根锋利的刺，根据一份公园部门的公告，"那是年轻钓鱼者的最爱，因为它们钓起来很有趣"。[6]鱼刚咬钩，男孩就猛地一拉他的鱼竿，"它飞出水面，飞到我的脸上。它的一根刺扎进了我右眼的瞳孔"。[7]

疼痛让人难以忍受。男孩不想耽误这一天时间，竟然就忍着痛继续钓鱼。"后来，"威尔逊写道，"那个寄宿家庭并没有带我就医，不知道他们是否完全清楚我遇到的问题（我不记得了）。"[8]在接下来的几天里疼痛有所缓解，但在夏天结束后他回到彭萨科拉（Pensacola）的家中时，父母发现他因外伤性白内障而视力模糊。

随后他做了晶状体摘除手术，这给他带来了进一步的创伤：手术时，医护人员通过纱布面罩滴注乙醚来麻醉病人，这是一种"19世纪的可怕折磨"，那时候，护理人员在不进行解释的情况下就按住儿童，强迫他们接受麻醉。在这种令人窒息的乙醚作用下失去了知觉后，小埃德梦见自己独自一人在一个大礼堂里，被绑在椅子上尖叫。"直到今天，"威尔逊写道，"我只有一种恐惧症：就是被困在一个封闭的空间里，双臂无法动弹，脸被遮挡物盖住。"[9]

　　在经历了孤独的夏天、海怪、部分失明、可怕的麻醉、家庭破裂之后，似乎嫌所有这些混乱和创伤还不够，男孩的父母在分居离婚的过程中，又再次想找一个安全的地方把他安顿下来。他们找到了一所学校，在威尔逊的回忆中，"那是一段被精心设计的可怕经历，是为了教化那些没有受过教育、没有纪律的人而设计的"。[10]墨西哥湾海岸军事学校（Gulf Coast Military Academy）位于密西西比州格尔夫波特（Gulfport）市郊，距离他家 130 英里。"尽管从许多方面来说，这个可见的世界似乎是在爱中形成的，"梅尔维尔在总结他对自然界中的空白与不透明的看法时说，"但那不可见的领域是在恐惧中形成的。"[11]

　　对威尔逊而言，回顾他的一生，7 岁时的这些经历说明了"博物学家是如何被造就的"。如果说他之前不理解，那么在军校的这六个月则教会了他一个道理——抱怨是徒劳的，只有征服才值得称道。他写道："造就一个博物学家的关键，是在关键时刻的亲身经验，而不是系统的知识。最好在一段时间内做个没受过教育的野人，不知晓事物的命名或解剖学细节。最好花相当长的时间只是去探索和做梦。"[12]他既探索也追逐了梦想，甚至稍稍窥探了一下梅尔维尔所说的那空白的"不可见的领域"。那次让他处于恐惧和期待之中的遭遇，促使他下定决心要把它们弄清楚。但他此时还只是个未受过教育的孩子，他还不知道该怎么做。

威尔逊的父母离婚后，他的母亲获得了监护权。然而，她当时无力抚养他，所以他那嗜赌成性、抽烟酗酒的父亲就负责抚养他。他父亲的工作是审计农村电气化项目，需要经常变换工作地点；在老埃德再婚之前，男孩和他的父亲一直住在寄宿公寓里。威尔逊回忆起自己辗转于"彭萨科拉、莫比尔、奥兰多、亚特兰大、华盛顿哥伦比亚特区（简称华盛顿特区）、埃弗格林（亚拉巴马州），然后再回到莫比尔、回到彭萨科拉，最后在亚拉巴马州的布鲁顿和迪凯特，这期间的夏季，他还在童子军营地和亚拉巴马州、佛罗里达州、弗吉尼亚州和马里兰州的朋友家中旅居"。[13]在从小学四年级到高中毕业的九年间，他曾就读于 14 所不同的公立学校。

"旅居的生活方式让大自然成了我的首选伙伴，"威尔逊写道，"因为户外是我能够感知到的世界中可以保持稳定的那一部分。我可以信赖动物和植物，但人与人之间的关系要想保持稳定就要困难得多。"[14]在 1937 年夏天，这个 8 岁的小男孩从墨西哥湾海岸军事学校毕业后，再次被寄养出去，这次是被寄养给他们家族的一个朋友，一位他称为"劳布妈妈"（Mother Raub）的养祖母。整个学年，他都跟着养祖母和她的退休木匠丈夫住在彭萨科拉。那年他跳了一级，这让他成了"班上的矮子"，他意识到自己在和欺负他的人做斗争，并且变得越来越害羞和内向。[15]他回忆说："自己一个人待着也很开心。我那时越来越把注意力转向大自然。"[16]

在那个时代，荒野探险很流行，广播和电影刚刚兴起，摄影照片刚刚开始为杂志、书籍增色不少。在雷电华影业（RKO Pictures）　**30**

的电影《生擒活捉》（*Bring 'Em Back Alive*）中，动物收藏家弗兰克·巴克（Frank Buck）的冒险经历让威尔逊激动不已。（"我没有杀它们——我把它们活着带回来！"）他读了阿瑟·柯南·道尔（Arthur Conan Doyle）1912 年的惊悚小说《失落的世界》（*The Lost World*），书中讲述了一群探险者在亚马孙丛林深处发现了一片高地，那里有恐龙和猿人出没。这群人的领队是才华横溢、脾气古怪的动物学家乔治·爱德华·查林杰（George Edward Challenger）教授，他指导一个小野人进行探险。"那就是我的经历，"谈到早期的亚马孙探索时，查林杰对小说中的记者说，"探索这个鲜为人知的偏远地区并研究其动物群，这为我的那部伟大的动物学巨著提供了几个章节的素材，这将成为我毕生的事业。"[17]

1938 年，小埃德的父亲和他的新继母珀尔（Pearl）——威尔逊称她为"一位来自北卡罗来纳州国王山的乡下女士"——带着他搬到了华盛顿特区，老埃德在那里的农村电气化管理局接受了为期两年的工作任务。现在，这个男孩已经 9 岁了，他已经成为《国家地理》杂志的忠实读者，这本杂志是野生动物和荒野报道的黄金标准。这本杂志里的文章让他接触到了昆虫世界，"主要是来自热带地区的金属色的大甲虫和艳丽的蝴蝶"。[18]让他印象深刻的是 1934 年的一篇报道，作者是附近的国家动物园园长 W. M. 曼恩（W. M. Mann）发表的《追踪蚂蚁、野蛮与文明》，文章配了一个夸张的副标题——《一位博物学家在多地强忍叮咬以了解一种昆虫（这种昆虫的行为方式在很多情况下与人类相似）》。[19]

曼恩描述了蚁科（Formicidae）令人震惊的繁多种类，从"像古代匈奴人或蒙古人一样凶狠无情的蚂蚁"，到"自己建造花园并养殖自己特殊食物的蚂蚁……养'奶牛'的蚂蚁；还有蚂蚁收集蜂蜜并将其储存在活生生的巢友用身体形成的贮藏桶里"。书中用一套全彩色绘画描绘了这些故事，其中还有一个战斗场景，图题是"红色亚马孙战士在一次绑架袭击中用冰钳杀死对方"。[20]

　　威尔逊写道，曼恩的文章"促使我去寻找这些昆虫"。[21]他梦想到遥远的地方去勘探。[22]那一天终会到来；与此同时，对于一个 9 岁的孩子而言，他可以前往的远方正在向他招手，那里离他家位于十四街和费尔蒙特街交叉口的地下室公寓只有几个街区。华盛顿特区的岩溪公园于 1890 年被批准成为美国的第三个国家公园，在首都的中心地带开辟了 3 平方英里的森林景观。在 1918 年的一份报告中，其建筑师描述这里拥有"大片森林、[一个]河谷、幽深的峡谷、陡峭而连绵起伏的山丘，偶见草地"；对于一个从亚拉巴马州那个半荒野地带来到北方的小男孩来说，最主要的一点，这是一个昆虫宝库。[23]

　　在那里，小埃德大胆地进行了探险。"到处都是大批昆虫，"威尔逊回忆道，"岩溪公园变成了微缩版的乌干达和苏门答腊，我开始在家里收藏采集到的昆虫，就像国家博物馆一样。"[24]国家自然历史博物馆距离也不远，乘坐有轨电车即可到达，曼恩管理的国家动物园几乎就在公园的隔壁。两家机构都是免费的，而且一周七天全部开放。

　　"我正在捕捉偶然遇见的外来物种——大个儿中华绿螳螂，"威尔逊告诉我，"它们曾经遍布各地，现在也仍然如此。我在六年级

31

时写过关于它们的故事。我的父母收到了一份关于我和我写的故事的成绩单，上面写着'埃德做得很好。他文采极佳，对昆虫也很了解。如果他能将两者结合起来，可能会取得特别的成就'。是的，反正也没什么坏处。"

那一年，小埃德交了一个新的好朋友，也是他的探险同伴埃利斯·麦克劳德（Ellis MacLeod），他比埃德大 1 岁，住在街的另一头，两人就读于同一所学校，都上六年级。麦克劳德是个蝴蝶收藏家；他听说埃德也在搜集蝴蝶后，就找到埃德并告诉他，他觉得自己曾经在公园里见到过一只红色的优红蛱蝶（Vanessa atalanta）。优红蛱蝶是一种引人注目的黑翅蝴蝶，蝶翅上靠近尖端处有白色斑点，翅膀中部和边缘呈红色带状，它在北美、墨西哥、危地马拉以及世界其他各地都有分布，其成虫以树汁、发酵的水果和鸟粪为食。这两个男孩一起在公园里搜寻，但是那只红色的优红蛱蝶已经离开了。

然后，令年轻的埃德印象更深的是，他揭开了一个谜团，它就像之前令人惊叹的闪着乳白色光泽的粉红刺水母一样引人入胜。"大约这个时候，"威尔逊回忆道，"我也开始对蚂蚁着迷了。"有一天，他和麦克劳德一起在公园里探险，从一个树木繁茂的陡坡爬下来后，他扯开一个烂树桩的树皮，发现下面有一大群香茅蚁。香茅蚁生活在地下和朽木之中；小埃德扒出来的工蚁"个头矮小，身形肥胖，呈亮黄色并散发出浓烈的柠檬味"。多年以后，威尔逊针对这种气味的来源和功能写了一份研究报告，这是一种从蚂蚁下颚腺中释放出的香茅醛和柠檬醛的化合物，当蚁群感受到威胁时，它可以作为警报物质和武器。[25]"那天，这支小军团的成员数量迅速减少，消失在了树桩芯材内部的黑暗之中。但它给我留下了生动而持久的印象。我短暂一瞥见到的是什么地下世界？在土壤深处正在发生些什么奇怪的事?"[26]这些问题呼应了男孩早先对海洋深处的好奇心，刺水母就是从那里浮上来的。

　　埃德和埃利斯花了几个小时在国家自然历史博物馆的大厅里闲逛，威尔逊写道："他们被那里展出的种类繁多的动植物所吸引，拉出装有蝴蝶和其他昆虫的托盘，沉迷在对遥远的丛林和热带草原的遐想中。"在博物馆的探索也让他们开阔了视野，威尔逊回忆道：

> 一个新的从事科学职业的愿景形成了。我知道在沿着环形楼座关闭的门后，馆长们在努力工作，穿制服的警卫在保护他们的隐私，馆长是我新世界里的萨满。我从未见过这些重要人物中的任何一个；也许他们中有几个人在展览厅里曾与我擦肩而过，而我浑然不觉。但是仅仅意识到他们的存在……就使我坚信从事科学研究是一个理想的生活目标。我想象不出有什么事情能比获取动植物的知识、成为动植物的管理者并将这些专业知识用于公共服务更令人振奋的了。[27]

　　"我已决定了未来要走的路，"威尔逊总结道，"埃利斯和我约定长大后要成为昆虫学家。"[28]（埃利斯·麦克劳德一生都在研究绿草蛉虫，并在伊利诺伊大学从事昆虫学教学，于 1997 年去世。）两个男孩子那时候都专注于蝴蝶。当小埃德和家人在 1941 年回到莫

33

比尔时，他用墨西哥湾沿岸丰富的新动物种群扩充了自己的蝴蝶收藏，威尔逊回忆说："喙蝶、银纹红袖蝶、巴西白斑弄蝶、细尾青小灰蝶，以及一些华丽的燕尾蝶——大黄带凤蝶、斑马凤蝶和银月豹凤蝶。"[29]他用一块粗棉布、一个环形衣架和一段扫帚柄做了个锥形捕虫网，有了它，他就能很好地捕捉和观察蝴蝶了。但蚂蚁还是不断以它们的方式引起他的注意。1942 年夏天，才 13 岁的他在家隔壁的空地上取得新发现，这让他明白，系统性的工作是有回报的。

威尔逊家在莫比尔的房子自 19 世纪 40 年代以来就一直属于他们家族，当时威尔逊的高祖父亨利·J. 霍金斯（Henry J. Hawkins）是一位来自罗得岛普罗维登斯的海军工程师，他在查尔斯顿街建造了这栋房子，那里距离莫比尔河沿岸的码头只有五个街区，河流在那里汇入莫比尔海湾。当威尔逊还是个小男孩时，他曾住在查尔斯顿街。那是 20 世纪 30 年代，这座很大的老房子成为收留落魄的威尔逊家族成员的地方。

"这个房子大到足以住下三家人，"威尔逊写道，"在大萧条的最初几年，房子里住满了人。"1932 年，老埃德带着妻子和与他同名的儿子搬了进来，当时小埃德只有 3 岁。"我们加入了亨利叔叔和他的小家庭……［并且］在一楼的小公寓里过得还不错。"赫伯特叔叔住在一楼的一间卧室里，他是经历了一战的残疾老兵，当时在莫比尔码头当保安，每天给小男孩读《空中接力》（Alley Oop）连环漫画。往楼上走，二楼是小埃德的祖母和两位未婚的姑祖母的住处，小男孩不得进入。[30]1941 年，老埃德带着家人从华盛顿特区回到这座已经破旧不堪的房子。

　　学年结束时，埃利斯·麦克劳德从华盛顿特区来到这里过暑假。1942 年，小埃德在采集黑寡妇蜘蛛和蝴蝶。他把有领地意识且有毒的雌蜘蛛放在宽口玻璃罐里，一个罐里装一只，就放在后院的桌子上，但似乎也没有人介意。"我带他去了我最喜欢去的地方，"威尔逊回忆起和朋友一起度过的那个夏天，"我们再次分享了以前的梦想，并重新强调我们想成为昆虫学家的愿望。"[31]

　　也许是因为他们再次明确人生目标而受到了激励，小埃德决定在麦克劳德回家后做一次全面的实地调查。"那时我已经 13 岁了，"威尔逊在采访中跟我说，"在那个年龄，我自然想找出所有我能找到的东西。我家房子隔壁有一块空地，堆着各种垃圾，还长着杂草和灌木丛。我的梦想是找出那块地里每一种蚂蚁的巢穴并绘制地图。我觉得那是件值得一做的好差事。"

　　那个秋天，他做到了。"我带着捕虫网，手脚并用地趴着仔细检查了那片肮脏的废弃空地上的每一平方英尺。我把那个地方翻了个底朝天。"他不知道他找到的物种的名称——他那时也没有比野人先进太多——但是他绘制出了地图。他为隔壁空地上的蚂蚁种群自创了一个生物学上的 ATBI——一个全类群的生物多样性清单——在这种条件下，他在隔壁的空地上开展了蚂蚁种群的研究。

　　他发现了四种蚂蚁。后来，他知道了它们的学名。第一种是血色大齿猛蚁（Odontomachus haematodus），即锯针蚁。这是一种黑色的大型肉食性南美本土蚂蚁，有长长的捕捉颚和蜇人很痛的刺。小埃德追踪着这个种群，找到一棵无花果树下的泥土堆和被丢弃的

34

屋顶板；但兵蚁的毒刺使他无法近距离地观察。

第二种是佛罗里达大头蚁（Pheidole floridana），它是大头蚁这一占优势属中一种又小又胖的黄色蚂蚁，仅在新大陆就有 600 多个品种。这块空地上的小蚁群正在一个空威士忌酒瓶下面筑巢；男孩希望能找到蚁后，于是整个冬天都在继续观察它们，并发现它们中的工蚁在寒冷的日子里，在威士忌酒瓶做的日光浴室里晒幼虫和蛹。终于，蚁后出现了。然后小埃德采集了这个蚁群，将之搬到室内，安置在一个人工巢穴里——在两个分开的玻璃板之间倒上沙子——并且设法让它们在他研究期间存活了一个月。2003 年，74 岁的威尔逊完成并出版了一本 794 页的大型科学目录《新大陆的大头蚁》（*Pheidole in the New World*），这本书为他这辈子对这个优势属的观察画上了句号。[32]

小埃德遇到的第三个蚂蚁品种是阿根廷蚁（Linepithema humile），一种黑色的外来火蚁，它是小型入侵害虫，在整个南方都很常见。庞大的蚁群中有多个蚁后——如今，其中一个超级蚁群沿着加利福尼亚海岸，从圣地亚哥向北越过旧金山一直到尤凯亚（Ukiah），扩展了 615 英里——这使它们很难被彻底清除。威尔逊回忆说："在温暖的天气里，这个物种会排成一长串出来在空地上觅食。"

威尔逊将他 1942 年秋天在莫比尔的空地上发现的第四个也是最后一个品种称为"千载难逢的发现——或至少是在他整个少年时代难逢一次的发现"。[33]这些红蚂蚁在空地远处角落一个 1 英尺高的土堆上繁衍生息，这个土堆是蚁群挖出来的。男孩立刻意识到，尽管他采集了这么多种蚂蚁，但他从未见过这种蚂蚁。根据它们尖锐且蜇人后让人感觉灼热的刺，他认出它们是火蚁，但它们与他所熟悉的黑火蚁不同：它们是红色的，筑有土堆，头很小并有齿状颚，最重要的是，数量众多的黑火蚁从未在这里出现过。事实上，正如他后来了解到的那样，无论在哪里遇到黑蚂蚁，这种奇怪的红蚂蚁都会迅速地消灭黑蚂蚁的种群。

"我知道我发现了一个新的蚂蚁种类，"威尔逊告诉我，"但是一个 13 岁的孩子对报告或者研究工作又了解多少呢？"不到一年，小埃德在空地上调查到的那种奇怪的筑丘蚁开始引起人们的注意，因为它将成为传播疾病的害虫。他发现了外来的红火蚁，这是一种通过货船从阿根廷进入美国的入侵物种，其最初是从巴西的马托格罗索（Mato Grosso）地区扩散开来的。威尔逊位于查尔斯顿街上的住宅距离莫比尔港口只有五个街区，而很多运入港口的货物来自阿根廷和乌拉圭。老埃德十几岁时曾是海员，曾从莫比尔航行到乌拉圭首都蒙得维的亚（Montevideo），然后返回。当小埃德第一次在空地上发现外来的红火蚁时，还没有人报告过它的入侵；他是最早识别出它外观的人之一，尽管它可能在 20 世纪 30 年代的某个时候就到达这里了。

红火蚁从到达的地方慢慢地向外扩散。"既有的种群规模迅速扩大，"威尔逊后来写道，"它们开始产生并散布新的蚁后，从而在一两年内产生新的种群。"在接下来的十年里，这种不间断的扩散方式仍在继续，每年向外扩展 5 英里，蚁群如冲击波般不断扩大，逐渐"殖民"了莫比尔，并入侵到更远的地方： 36

很快，始于莫比尔的问题成了全国性问题，然后又成为全球性问题。这种外来蚂蚁扩散到了南北卡罗来纳州，然后是得克萨斯州和加利福尼亚州。它在夏威夷登陆，也在澳大利亚、新西兰和中国抢滩登陆……它遍布草坪、路边和农田，每英亩面积上有多达 50 个丘巢，每个巢穴里挤满了多达 20 万只蓄势待发的工蚁。在［亚拉巴马州］周边县的农场，蚂蚁啃食萝卜、苜蓿和其他经济作物的幼苗。它们导致养牛的牧场难以为继。它们的工蚁甚至设法去农户的房子里觅食。[34]

在接下来的几年里，威尔逊的生活将与外来的红火蚁有更明显的交集，但此时的他则埋头学习和工作。"我其实是个小工作狂。"他在《博物学家》中这样说自己。[35]他每天早晨骑着自行车在莫比尔市的中心区送 400 多份报纸，这份艰苦的工作让他每周可以赚到 13 美元。这笔钱相当于今天的 200 美元，让他足以购买自行车零件、糖果、电影票，以及为新的业余爱好购置装备。这一爱好将他的时间占满，令他疏于学业，却使他在美国童子军的自学阶梯上一级级攀登。"当我发现这个奇妙的组织时，我在 12 岁之前所做的一切、我遭受的一切偏见和成见、所有我曾经珍藏和品味过的梦想，让我就像一个精雕细琢的球恰到好处地装进了机器的槽里。美国的童子军活动仿佛就是为我创造出来的。"[36]

如今的童子军活动在美国已日渐式微，但在二战开始时它正值鼎盛时期，参与者达到 160 万名，且全是男孩。（在 1942~1945 年，童子军为战争收集了 21 万吨废金属、59 万吨废纸以及足够填充近

200 万件救生衣的马利筋绒。）童子军组织认真地对待自己的目标，即把男孩们培养成正直的人，为此他们采取军事风格的徽章和制服，开展户外活动，并在教育、职业活动和测评基础之上建立起全面的晋级体系［从新手级（Tenderfoot）到鹰级（Eagle）］。小埃德对学校感到厌烦；他在《童子军手册》中找到了他最喜欢的科目——"户外生活和自然史"："露营、远足、游泳、卫生、旗语信号、急救、地图制作，最重要的是有动物学和植物学，一页又一页图文并茂的动物和植物的精美插图，解释了在哪里可以找到它们，如何识别它们。公立学校是不会教这些内容的。童子军让大自然成了我生活的中心。"[37]他在三年内就获得了鹰级勋章，他的奖章绶带上有 46 枚奖章——比佩戴奖章绶带所需的 21 枚多出一倍多。他总结说："童子军项目相当于我的布朗克斯科学高中。"那是纽约的一所精英公立高中，许多杰出的科学家最初都是在那里受到启发的。[38]

　　童子军活动拓展了小埃德的社交生活，也让他第一次体验了当老师的感觉。1943 年，14 岁的他正在深入研究蛇，由于年龄较大的童子军都去参战了，他被邀请担任莫比尔地区童子军营地普什马塔哈营（Camp Pushmataha）的自然顾问，该营地以一名著名的查克托族酋长的名字命名，他于 1824 年在保护他的人民免遭驱逐时于华盛顿特区逝世。威尔逊处理蛇的技巧让他得到了"蛇"的绰号，也让他的童子军同伴们敬佩不已，但是在一次和侏儒响尾蛇的交手中，他由于过度自信，被蛇的尖牙咬到了食指尖，赶紧去找医生对伤口做了抽吸，然后在家里沙发上痛苦地休养了一周。此后，营地负责人就禁止威尔逊在笼子里养毒蛇了。[39]

那一年，当他再次回到"劳布妈妈"身边时，从她对信仰不假思索的坚定中受到了鼓舞，于是小埃德有了宗教信仰，但几乎又同样快地失去了信仰。他从一首赞美诗中感到了召唤，那是一名访问他们学校的男高音歌唱家在一天晚上的独唱会上的清唱。当时他的父亲日益沉迷于酗酒，于是他把这首赞美诗与"失去父亲"联系了起来。[40]这位男高音忧郁地唱道："当他们钉死我的主时，你在那里吗？……当他们把他钉在十字架上的时候？"威尔逊记得自己"深受触动"，哭了起来。他那时"感觉就像失去父亲一样"，但似乎这种失去"可以通过与基督的神秘结合而获得救赎，也就是说，如果你相信，如果你真的相信，而我确实是真的相信，我受洗的时候到了"。[41]

为了安排洗礼，他与"劳布妈妈"所在教堂的牧师见了面，当时的场景令人震惊：华莱士·罗杰斯（Wallace Rogers）牧师在他的教堂办公室里穿着运动衫，抽着雪茄。"劳布妈妈"曾要求小埃德承诺终生不吸烟、不喝酒、不赌博——威尔逊感伤地指出这都是他父亲的恶习——而现在她的宗教导师违反了这些坚定准则的第一条。在男孩看来，这是一种亵渎，而"劳布妈妈"在事发和事后对此的沉默则是一种虚伪。[42]

此外，"在教堂前面唱诗席的一大箱齐胸深的水中"进行浸水礼也无法满足男孩渴望的那种"神秘结合"。全身心地浸入水中，感觉并不神秘，"就像穿上泳裤，从彭萨科拉湾澡堂的高架上跳下来一样"。男孩想要寻求超越，却发现只有窘迫和尴尬，浸泡在一个普通的水箱中只让人感到寒冷。他擦干身体回到会众中间时，因为洗礼没能成功点亮他的宗教体验而感到失望："某个地方出现了细微的裂缝。我就像曾握着一颗精致完美的宝珠，但现在，在把它翻过来对着一道光线时，我发现了一条破坏性的裂痕。"[43]

威尔逊在《博物学家》中回忆起这一经历，并将之与怀疑论者对科学和宗教提出的最深刻的一个问题联系起来："说到底，整个世界都是物质的吗？"至少在回忆中，这次洗礼标志着威尔逊开始致力于将科学"作为解释物质世界的一种手段，在我看来，物质世界越来越像是一个完整的世界"。科学以其毫不妥协的物质性，将成为他的"新的光和道路"。等时机成熟时，他甚至会设法把宗教本身置于科学的范围之内。

在接下来的两年里，小埃德开始把童年时光抛在脑后。他仍然忙于研究蛇，但他此时在学习关于蛇的细节知识，就像他的同龄人努力记住他们最喜欢的汽车特征一样。威尔逊的父亲再次举家搬迁，这次是搬去亚拉巴马州的布鲁顿（Brewton）小镇，该镇位于彭萨科拉以北 60 英里处，在佛罗里达州狭长地带的亚拉巴马一侧。在 15 岁时，小埃德和佩里（Perry）先生成了朋友。佩里是一个 60 多岁的英国人，在小镇西部的沼泽边经营一家金鱼孵化厂。小埃德与这位老人进行了长时间愉快的交谈，他们一起跋涉沼泽，搜集和研究该地区 40 种蛇中的许多种。在 1945 年春末，他家又搬去了亚拉巴马州的迪凯特（Decatur），那个地方在莫比尔以北 340 英里的田纳西河（Tennessee River）河边，小埃德在那里结束了对蛇的专注研究。

39

　　无论如何，埃德此时都专注于为读大学攒钱，威尔逊回忆说："我做过报童，在市中心一家杂货店做过午餐柜台服务员和快餐厨师，在廉价百货商店做过仓库管理员，以及……在附近的一家钢铁厂做过勤杂工。"他并不喜欢这些苦差事："这些经历告诉我，以后要尽自己最大的努力以走得更远，要精通一些学科，敢于冒任何风险，去成为一名职业科学家，从而避免再一次从事这些枯燥乏味的工作。"[44]

　　那时，埃德已经知道自己想成为一名野外生物学家。他明白自己需要选择一种生物，让自己成为研究这种生物的专家。作为一名16岁的高中生，他像之前研究蛇和蝴蝶以及积累童子军奖章时那样，坚定并有条不紊地去解决这个问题。"我查阅了所有我能找到的动物信息，想要决定研究哪一种。在田纳西河边的迪凯特有一个研究实验室。他们收藏了一些瓶装的鱼类标本，你能想象到的每一种鱼都有，我对它们进行了研究，知道了其中大多数鱼的名字。"

　　尽管有了这些经历，埃德发现自己又被昆虫学所吸引，因为他40在寻找一种鲜有人研究的生物时，发现了一个大的长腿捕食性苍蝇类别——长足虻科（Dolichopodidae），它们以小昆虫为食。威尔逊回忆说，那是"一种美丽而具有金属光泽的深绿色苍蝇"，常见于南方小溪和池塘周围，广布于整个美洲。他对捕食性苍蝇（而不是粪蝇或蚊子）的偏爱似乎在一定程度上是出于审美的："我喜欢它们干净的外表、杂耍般的动作和漫不经心的态度。"他写道，它们是"大自然钟表上的小宝石"。[45]然而，一个历史偶然事件让他放弃了对苍蝇的研究。为了以专业的方式采集苍蝇，他需要专业的设备，特别是一种几乎只在捷克斯洛伐克制造的长长的黑色昆虫针。在 1945 年，他无法获得哪怕一根这种昆虫针，因为捷克斯洛伐克刚刚开始从战争灾难中恢复，并被限制在温斯顿·丘吉尔（Winston Churchill）不久后所称的"铁幕"之后。

机会总是垂青有准备的人。威尔逊告诉我："后来有一天，我在杂草丛生的后院里，看到从某处的宿营地出来的一列行军蚁经过。这些是小蚂蚁，却是真正的行军蚁——内瓦蚁（Neivamyrmex），它们组成像罗马军团一样的纵队前进。我跟上它们，希望能看到蚁后。它们爬过篱笆，穿过邻居的后院，穿过街道，消失在一片林地中。"他从来没见过这些肉食性蚁群的蚁后，但是他对跟在队列最后的跟随者们很感兴趣——蚁冢昆虫（myrmecophiles），这些喜蚁昆虫跟踪蚂蚁并偷走它们的食物。后来，在大学一年级时，他采集了内瓦蚁蚁群，并把它们养起来做实验室研究。他回忆说："我最早的研究之一，就是研究这些靠蚂蚁生活的小甲虫，它们以蚂蚁的油性分泌物为食。"

威尔逊在《博物学家》中写道，在他形成研究方向的过程中，他狭隘的视野限制了自己的选择，却也为他开启了其他具有巨大潜力的领域：

> 我命中注定要成为一名昆虫学家，致力于研究微小的爬行和飞行昆虫，这并不是靠什么天赋异禀，也不是靠先见之明，而是因为生理机能的意外受限。我必须要研究一种动物，一种不行就换一种，因为火已经被点燃了，所以我拿了我能拿到

41

的。我幸存的那只眼睛的注意力转向了地面。此后，我将赞美世界上的这些小东西，那些可以用拇指和食指捡起来近距离观察的动物。[46]

那时，他并不是出于对蚂蚁本身的热爱，而是他对世界的探索聚焦于这个方向上：他的部分失明状态、岩溪公园、香茅蚁、火蚁、他打算选择一个鲜有人研究的物种的决定、捷克斯洛伐克昆虫针的短缺，以及穿过后院的行军蚁。这个领域取得的发现还比较少，也是更明智的选择，是一个大到足以延续一生的有前途的研究领域。蚁科（Formicidae）就是满足上述条件的一个科，蚂蚁在社会策略上和我们自己的物种一样成功，但其演化方式与人类迥然不同。这一极端的陌生感反映出这个孤独的男孩在另一个极端发现的家庭和人性的陌生感。

选择一种生物作为研究对象固然很好，但威尔逊到底怎么样才能付得起大学的学费呢？对他的长辈们来说，读大学并不是必需的；在二战结束时，上大学仍被认为是奢侈的。（1945 年，只有不到50%的美国人高中毕业，大学毕业的只有5%。）更糟糕的是，在1945 年冬天威尔逊读高中四年级那年，他的父亲患上了出血性溃疡，并接受了一次几乎致命的肠道切除手术，然后回家接受长期的康复治疗。用威尔逊的话来说，"我无助又绝望地目睹我父亲的生活因为酗酒陷入了恶性循环"。[47] "我意识到自己无法从他那里获得未来的支持了，"威尔逊写道，"我担心我可能不得不推迟上大学的计划并且要去工作以照顾他和珀尔。"他的母亲当时已经再婚，嫁给了一位成功的商人，她本可以提供帮助，后来她也确实帮了，但是他当时太过拘谨以致没有向她求助，"坦白地说，一个骄傲又沉默寡言的孩子对这种事情还是懵懂无知的"。[48]

绝望之下，威尔逊决定应征入伍。1944 年 6 月 22 日，富兰克林·D. 罗斯福（Franklin D. Roosevelt）总统签署了《退伍军人权利法案》（GI Bill of Rights），如果他在 1946 年 6 月过完 17 岁生日后参军，这个法案将使他受益。经过三年军旅生涯，再加上四年大学生活，他就可以在 24 岁时毕业。老埃德和珀尔同意了。"所以在 1946 年 6 月，"威尔逊写道，"我乘坐灰狗长途巴士前往亚拉巴马州安尼斯顿（Anniston）附近的麦克莱兰堡（Fort McClellan）征兵中心，打算在那里入伍。"[49]如果他在战争期间早一年成年，那他可能会被征召入伍；在 1941 年 12 月战争开始时，视力标准降低了很多，甚至有一只眼睛失明的志愿者也被接受来执行非战斗任务。[50]然而，威尔逊被拒绝了，他被告知，"对身体的标准随着热战的结束而收紧了"。他想好的获得大学资助的最后一条途径也被堵上了。[51]

在行政大楼外面等巴士的时候，威尔逊感到愤怒又痛苦，抱怨他遇到的不公平对待：

> 我发誓，尽管我在这里碰了壁，但我还会坚持下去，一定要想办法读上大学，必要的话我就半工半读，要我住在地下室或者阁楼也行，我会继续努力争取奖学金，接受我父母能提供的一切帮助，但是不管发生什么，都不能阻止我。出于青春期对命运的叛逆之心，我发誓我不仅会从大学毕业，而且有朝一

日会成为一位够分量的科学家。[52]

和大多数州立大学一样，位于塔斯卡卢萨（Tuscaloosa）的亚拉巴马大学接受所有从高中毕业的亚拉巴马居民就读。威尔逊接下来申请了那里并被录取。如果不仅在学期内修课，而且参加暑期课程，他算出自己可以在三年内读完四年的本科课程，而且他也真的做到了，总共只花费了 2000 美元（相当于今天的 27000 美元）。[53]从那时起，他一直是一位忠实的校友。他的父母亲也伸出援手，让他免于陷入住在地下室或阁楼里的窘境。在威尔逊 1946 年 9 月入学时，老埃德已经从手术中恢复过来，并在莫比尔的布鲁克利空军基地找到了一份会计工作。他为儿子支付了一部分费用。当威尔逊的母亲听说了他的需求以后，也提供了资助。

43　　亚拉巴马大学的校园里挤满了前来求学的学生，他们中很多人是最近刚退役的老兵。为了解决人满为患的问题，大学购置了战争时期遗留下来的建筑，包括一家宽敞的军事医院，威尔逊分到了其中精神病房的一个单间——实际上是一间软壁病房——他从那里出去上课，大部分课都在美军活动房屋和娱乐大厅里上，那些场所都是战争时期遗留下来的建筑。

由于不了解大学录取程序，也没有知识渊博的家人给他建议，威尔逊以为自己应该立即提出自己想学的专业，并证明自己有资格申请。他在高中时曾与美国农业部昆虫学家马里昂·R. 史密斯（Marion R. Smith）通信，后者是一位昆虫鉴定专家，曾寄给威尔逊一份他准备的关于密西西比蚂蚁的油印清单，并附上了鉴定它们的关键因素。威尔逊决定，他在亚拉巴马大学的课题就是采集他家乡所在州的蚂蚁并做相应的记录。

"我打算研究整个州所有的蚂蚁，"他回忆道，"我把采集到的蚂蚁都贴上标签，放在一个别人给我的施密特盒（Schmitt box）里进行展示，那是一个密封的木质盒子，里面有泡沫衬里，用来钉住标本。所以，在我作为大学新生的第一周里，我做了我认为正确的事，我直接去生物系办公室要求见系主任。我被领到了系主任的办公室，我在那里说：'我来自莫比尔，我是来向您展示我的计划的。'"

于是威尔逊拿出他的施密特盒，打开它，开始解释他打算做什么。他说，系主任"是一位有礼貌的绅士。他安静地坐在那里听着"。过了一会儿，系主任说"你先等一下"，然后给某人打了电话。他挂断电话后跟威尔逊说："跟我来。"他们走了一段楼梯，来到年轻的植物学教授伯特·威廉斯（Bert Williams）的办公室。"系主任让我先等一下，他低声和威廉斯教授交谈了一会儿。然后他和我握了握手，就回他的办公室去了。"

威廉斯和威尔逊讨论了他计划的项目。"然后威廉斯说：'跟我来。'我们走回他正在布置的新启用的研究区域。那里有一排小隔间，每个小隔间里都有一台显微镜，还有放书的地方，等等。他走到其中一个隔间，指着它说：'这是你的隔间了。'"这些隔间是给研究生准备的。系主任和植物学教授都认可这位新来的 17 岁年轻人的热情和潜力，并欢迎他加入科学家的行列。"这就是我爱亚拉巴马大学的原因之一，"威尔逊总结说，"这是不是个很棒的故事?"

在威尔逊大一那年，威廉斯一直很照顾他，还邀他一起去做实地考察，并为他安排了一项兼职研究助理的工作：利用放射性磷来追踪植物对这种必要矿物质的吸收情况。威尔逊在第二学年加入了一小群退伍军人的行列，他们选择就读亚拉巴马大学是因为他们想与一位名叫拉尔夫·查莫克（Ralph Chermock）的年轻生物学助理教授合作，他既严厉又有魅力。查莫克不久前刚从康奈尔大学（Cornell University）来到这里，他全身心地投入了进化生物学的研究，还是北美拥有最多蝴蝶收藏品的人之一，这些收藏品是查莫克和他的兄弟在童年时期收集的。威尔逊参加的这个退伍军人团体很快就开始自称为"查莫克人"。

查莫克是位严厉的导师，尤其是对威尔逊，他认为威尔逊被高估了且很自负。他有时指派威尔逊进行一些西西弗斯式的调查，这非但没有让这位年轻的科学家疏远导师，反而让他很珍惜自己的导师。"我一生中最好的几位老师，"他写道，"包括查莫克在内，都告诉我，我尽全力做的东西还不够好。"[54]

"查莫克人"中的一员巴里·瓦伦丁（Barry Valentine）是个纽约人，他母亲在 1944 年创办了《17 岁》（Seventeen）杂志，他拥有一辆车。"天啊，这是多大的差别啊！"威尔逊说：

> 周末和假日的时候，我们在全州范围内来回奔波，直到最远的角落。我们把车停在路边，爬到月桂树湿地，沿着泥泞的溪岸徒步，在偏远的山坡森林里进进出出。在春雨绵绵的夜

晚，我们驱车行驶在荒芜的乡间小路上，静下心来听青蛙大合唱……还有一些夜晚，我们走在塔斯卡卢萨的街道上，观察和采集被店面和加油站的灯光吸引来的昆虫。[55]

在这四名退伍军人和一名新人中，有在鱼类、两栖动物、爬行动物、软体动物、甲虫和蚂蚁方面崭露头角的专家。"我们整天都在谈论昆虫，然后是蛇和其他东西，"威尔逊总结道，"那就是我们的帮派，它太棒了。"

但野外作业并不是他们所做的全部。查莫克从康奈尔大学带来了他热衷的生物学的现代综合理论。威尔逊写道，在过去的三十年里，这种思考和探索的框架拯救了进化生物学，使其不至于陷入"一团混乱的自然史观察……作为达尔文理论核心的自然选择原则[一直]受到质疑"。[56]新综合理论的核心著作之一，即德国鸟类学家恩斯特·迈尔（Ernst Mayr）在 1942 年发表的《分类学和物种起源》（*Systematics and the Origin of Species*），成了"查莫克圈子里的神圣读本"，威尔逊说。[57]迈尔和他的前辈们通过斗争，成功地扩大他们的科学范围，这不同寻常地预示了威尔逊和 DNA 结构的共同发现者詹姆斯·沃森将在 20 世纪 50 年代中期围绕进化生物学的未来走向进行的那场论战。那是一场激烈的争论。

第 3 章

自然选择

46　　1859 年，当查尔斯·达尔文（Charles Darwin）出版他的革命性著作《物种起源》（*On the Origin of Species*）时，物种会随着时间的推移而变化的观点几乎没有受到质疑。但随着大量的化石被挖掘出来、大量的动物种类被加以比较，科学家们开始对这个问题提出质疑，尽管有神学倾向的人一直在质疑这个问题。在达尔文时代，大家激烈争论的不是进化的证据，而是进化的机制。

　　达尔文提出的进化机制就是自然选择。此处作为形容词的"自然"将其与鸽子、马、牛和其他家畜饲养者所实施的人工选择区分开来。《物种起源》第一版第 5 页记载的达尔文最初的表述值得我们在此引用：

　　　　由于每个物种出生的个体数都比可能存活下来的个体数量要多；因此，经常出现为了生存而进行的斗争，所以对于任何生物，在复杂且时有变化的生活条件下，如果它做出任何对自身有利的微小变化，将会有更好的机会存活下来，从而被自然47　　　选择。根据继承优势的原则，任何被选择的种类都倾向于将其新的、改良了的形态遗传给后代。[1]

　　然而，更锋利的爪子、看得更清楚的眼睛，以及更好的伪装——这些经自然选择的变化是什么导致的？在家畜新品种的人工选育中，最近似的答案是现有品种的杂交。这些品种最初是如何产生的，这是一个更复杂的问题。归根结底，它们是在被驯化的过程中从野生祖先种群中被选取出来的。但达尔文指出，野生动物种群的变异要比家畜少得多。

　　让他沮丧的是，自然变异是如何发生的，他并没有找到这个问题的答案。他把《物种起源》一书的早期副本寄给了他的人生挚友——比较解剖学家托马斯·亨利·赫胥黎（Thomas Henry Huxley），赫胥黎称赞了他，但也发现了这一遗漏。达尔文承认："你很聪明地提到了这个让我非常困扰的问题。如果如我所想，外部条件几乎不产生直接影响，那么究竟是什么决定了每一个特定的变化呢？是什么让公鸡的头上出现了一簇鸡冠？又是什么让苔藓玫瑰上面有苔藓状物体？——我很想和你谈谈这些。"[2]

　　其他人也注意到了这一遗漏，并因此批评达尔文。赫胥黎那时是达尔文的坚定捍卫者，他为他的科学家同事辩护说，达尔文有权利忽略物种最初是如何出现的问题，而专注于"完全不同的问题，即已经存在的生命体的演化和延续"。赫胥黎援引了以前最伟大的科学家的例子来捍卫这一观点：

　　　　对于牛顿或开普勒的非凡发现……你对他们说——"你已

经告诉我们行星是如何运转以及如何保持在它们的轨道上，但你并不能告诉我们太阳、月球和星星的起源是什么。那么你所做的这些有什么用？"提出这样的异议是否公平？然而，这些反对意见与对《物种起源》提出的反对意见一样荒谬。因此，达尔文先生完全有权根据自己的意愿界定他的研究，对我们来说，鉴于调查非常有限，唯一的问题是要确定他的研究方法合不合理。[3]

这本书名为《物种起源》，却省略了对变异的起源的讨论，这确实有点讽刺，因此达尔文很难回避这个问题。他的批评者们所支持的替代方案是宗教——物种是上帝的想法，"是造物主的心理活动"，哈佛大学古生物学家路易斯·阿加西斯（Louis Agassiz）声称。[4]要不然他们就是生机论者——生物之所以是有组织的整体，是因为它们包含了一种非物质的生命力，法国哲学家亨利·柏格森（Henri Bergson）称之为一种**生命冲动**（elan vital）[5]——这种生命力引导了生物的进化。达尔文转而着眼于研究环境挑战，认为是它提供了自然选择所需的变异，他借鉴了法国博物学家让-巴蒂斯特·拉马克（Jean-Baptiste Lamarck）在 18 世纪倡导的一种解释。在《物种起源》的后面几页里，达尔文对导致变异的原因提出了一个初步猜测："我十分怀疑，最常见的变异原因可能是男性和女性的生殖因素在受孕行为之前就受到了影响。"[6]或者，用一位科学史学家更直接的说法就是："生活条件的变化导致生殖器官出了问题，从而产生了变异。"[7]

48

达尔文认为，不仅是生殖器官，整个身体都可能受到这种条件的影响。他在之后的一本书中断言，"条件变化［对身体］的直接作用"足以导致变异。他列举道："炎热国家的羊毛……寒冷国家生长的玉米……遗传的痛风。"[8]炎热国家的绵羊可能会长出更轻的羊毛，寒冷国家的玉米可能会变得更耐寒。从另一个角度来看，遗传性痛风的例子可能不合适：这位英国博物学家指出，"自然选择几乎不可避免地会导致许多不太完善的生命形态的消亡"。[9]

在自然选择理论中，达尔文确定了进化的第二阶段。但他不知道，也从未完全搞清楚，是什么导致了自然选择可能产生作用的变异。他所有假设的作用机制都假定，在生物体的一生中（或者在其祖先的一生中）获得的特征是可以遗传的。事实上，生物学家们在达尔文去世后才弄明白：遗传在受孕时就完成了，后天获得的特征并不能直接遗传给后代。

达尔文似乎已经得出初步结论，他没有发现产生变异的机制，因为它是微妙和难以捉摸的。他推测，进化必须在微观层面极其缓慢地发生，其中许多是不可见的。通过如此微小、缓慢的变化进行自然选择需要经历长达整个地质时代的时间才行，因此至少需要数亿年的时间才能完成。这一估计与和他同时期的英国著名物理学家威廉·汤姆森（William Thomson）对地球年龄的计算结果大相径庭，后者的计算基于一个简单的模型，即地球从原始火球冷却到坚硬的岩石所用的时间。

汤姆森，后来被封为开尔文勋爵，当时已经因为提出热力学第二定律而声名远扬，他估算地球年龄不超过 1 亿年，甚至可能只有

2000 万年。这个时间范围对于达尔文的进化论来说太短暂了，无法完成其缓慢的变化，这导致汤姆森拒绝接受达尔文的理论。事实上，汤姆森算错了几十亿年（目前对地球年龄的估计是 45.4 亿±0.5 亿年），因为他是根据有缺陷的地球结构图来计算的。他想象地球是个固体岩石球，而实际上地球的内部深处是半液态的：熔岩通过对流循环，限制了内核热量的流失。汤姆森所不知道的另一个因素是地核中铀和钍等放射性元素衰变会产生热量；直到 1896 年，也就是在汤姆森的晚年，放射性元素才被发现。这种衰变产生的热量占地球热量的 50%左右。[10]

达尔文求助于权威的苏格兰地质学家查尔斯·莱尔爵士（Sir Charles Lyell）来回答汤姆森的问题。莱尔爵士在 1833 年完成的三卷本《地质学原理》（*Principles of Geological*）中断言地球的年龄很大，达尔文在"贝格尔号"（*Beagle*，亦作"小猎犬号"）上携带了这套书，并在船上深入研读了这套书。[11]不过，在自然变异的问题上，他没有这样的权威。很明显，这是由某种原因引起的，达尔文在 1868 年写两卷本《动物和植物在家养下的变异》（*The Variation of Animals and Plants Under Domestication*，以下简称为《变异》）的纲要时，决定不管这种变异是什么都为其做一个位置标记。

他在《变异》一书中写道："我是被引导，或者说是被迫形成了一种观点，这种观点在某种程度上通过成文的方式将这些事实联系起来……我知道我的观点只是一个临时的假设或推测；但在有更好的观点出现之前，它可能还是有用的。"[12]然后，为了解释自然变异，达尔文提出进化遵循一个他称之为"泛生论"的过程。他写

50

道，他的模型假设"整个组织［即有机体］，就每个单独的原子或单位而言，都在进行自我复制"。[13]

他推测，环境的挑战刺激了生物体内受影响的细胞，使其产生一种极小的颗粒状物质。他向赫胥黎解释他的想法："每个细胞或组织的原子都会脱落一个小芽。"[14] 他把这些颗粒称为"芽球"（gemmules），借用了拉丁语芽孢（gemma）的缩略词，即芽。这样产生的芽球进入血液，"在系统中自由循环，当有合适的营养供应时便通过自我分裂繁殖，随后发育成与其原来的细胞类似的细胞"。更进一步说，芽球"是……由父母传给后代的"，在直系下一代中发育，但也可能"经常在许多代中以休眠状态传递"然后再发育。达尔文总结道："最后，我假设这些芽球在休眠状态下彼此之间会互相吸引，使他们聚集成芽或者成为性元素［比如，种子、精子、卵子］。因此，严格地说，产生新有机体的不是生殖元素，也不是芽，而是整个身体的细胞本身。这些假设构成了我称之为'泛生论'的临时假说。"[15]

达尔文并不是唯一对变异和繁殖感到困惑的人。一位科学家在1903 年写道，在 19 世纪下半叶，有 30 多种不同的遗传理论被提出来。[16] 对达尔文以及他同时代的人而言，遗传是融合式的而非颗粒式的：在融合遗传理论中，整个有机体将其特征和经验遗传给它的后代。与之不同的是，现代观点认为遗传是在生殖细胞中编码的一组指令，随机变化并分别遗传。达尔文提出的芽球，即积累成有性细胞或体细胞的小芽，通过分裂进行繁殖，并将这个过程推广到所有不同的生命形式，从植物到动物，从微生物到真菌。达尔文认为芽球太小了，在显微镜下无法看到，这强调了当代显微镜发展的重要性，特别是它在细胞学上的应用——在研究各种形式的细胞方面。

在达尔文中老年时期，细胞学发展迅速（他于 1882 年 4 月 19 日去世），部分原因是更好的显微镜镜头的发展。在 19 世纪 30 年代这一发展之前，那些校正不良的镜头上的色差会在图像周围产生令人困惑的色晕，尤其是在阳光下进行观测时，因为那个时代只有油灯或蜡烛来提供微弱的照明。[17]可以校正色差的新型复式透镜系统，以及为组织染色以增加其对比度的技术，打开了达尔文曾无法涉足的微观生物学的视野。

在达尔文生命的最后十年里，拥有更好的显微镜和更复杂染色技术的德国细胞学家能够从研究细胞核转向研究细胞的各个组成部分。德国生物学家瓦尔特·弗莱明（Walther Flemming）在 1880 年写的一篇论文中，把生殖细胞核中容易被染色的线状物命名为染色质（chromatin），即"可染色物质"。[18]1888 年，另一位德国生物学家海因里希·威廉·瓦尔代尔（Heinrich Wilhelm Waldeyer）根据这个词创造了"染色体"（chromosome）这个术语。[19]也是弗莱明首次描述并命名了细胞分裂的基本过程，即有丝分裂，并明确地证明了是细胞核中的染色质，而不是整个细胞核，启动并控制着分裂的过程。他总结道："在基于必要的谨慎并采用适当的方法研究的每个案例中，都发现细胞分裂涉及细胞核的间接分裂。"[20]

然而，尽管回到实验室做了对繁殖的物理机制的追踪研究，这些科学家还是不能确定是什么导致了作为自然选择基础的变异。拉马克的 18 世纪进化"法则"认为：首先，生物体使用或不使用某一性状将导致该性状的增加或减少；其次，这种变化是可遗传的。达尔文曾列举了许多例子，他认为后天获得的性状是可以遗传的。

拉马克学说的遗传理论是不合逻辑的。它吸引追随者的部分原因在于，它似乎赋予了生命以目标，使自然和人类有可能朝着改善的方向努力，这基本上是一种宗教观点。1894 年，牛津大学动物学教授爱德华·B. 波尔顿（Edward B. Poulton）给英国的《自然》（Nature）期刊写了一封信，简明扼要地指出了拉马克理论的不合逻辑。这位法国博物学家假设了一个古老的地球，它有足够长的时间来发生极其缓慢、逐渐推进的变化。考虑到这个漫长的历史时期，波尔顿发现拉马克的前两个定律"相互对立"。波尔顿指出，第一条定律"假定一段无限长的历史时期无法产生一种可以控制当前的偏差；而第二条定律又假定当前的短暂历史很容易产生一种可以控制未来的偏差"。[21]用不那么维多利亚时代的话来说就是：经历了无数年进化而来的性状可以在一个生命体短暂的一生中被改变，并产生变化的性状，这个新的性状再持续无数年，这是不合理的。性状要么是可变的，要么就是不可变的。从逻辑上来说，两者不可能同时存在。

到 19 世纪末期，在生物学家们快要全面否定达尔文的进化论的时候，自然变异的真正原因浮出水面。这个原因已经在众目睽睽之下隐藏了三十多年。奥古斯丁修道院院长、捷克①科学家格雷戈尔·孟德尔（Gregor Mendel）的研究并不像传统历史中说的那样鲜为人

---

① 原文如此。孟德尔出生于奥地利帝国西里西亚地区，后在布隆的修道院任职，这两个地方今天都属于捷克，但在当时属于奥地利帝国。——译者注

知。他的《植物杂交实验》（"Experiments on Plant Hybridization"）于
53　1866 年发表在一本广为流传的期刊上；它甚至在《大英百科全书》
（Encyclopedia Britannica）第九版的一篇文章中被引用。[22]为什么这
篇突破性的论文被忽视了，这是本书综述范围之外的另一个复杂故
事：一部分是因为孟德尔研究的是豌豆的**种类**，而当时进化科学研
究的重点是**物种**；另一部分原因正如两位学者所写的，是由于这篇
论文关注"遗传性状的传递……因此在他同时代的人看来是一个局
部研究，该研究里不可能包含遗传学的理论"。[23]达尔文直至去世都
没有注意到这篇文章。

　　不管怎么说，孟德尔的论文及其具有革命性的观察结果被三位
在不同国家做独立研究的欧洲植物学家重新发现了，而且恰逢其
时——在 20 世纪之初，将自然选择的研究从芽球理论、拉马克理
论和其他死胡同里拽了出来。［拉尔夫·查莫克是埃德·威尔逊的
导师，也是威尔逊在亚拉巴马大学时偶尔的苦难之源，他是三位重
新发现者之一、奥地利农学家埃里克·冯·切尔马克（Erich von
Tschermak）的亲戚。］孟德尔的研究为拼图拼上了缺失的一块，即
自然选择所依据的变异是如何产生的。他的答案是，从根本上说是
随机突变；今天我们认为其原因是基因有时会受损或自身发生错误
复制。细胞会修复大多数此类错误。而那些保存下来的基因则作为
可遗传的显性或隐性性状而存在，然后自然选择根据其生存价值将
其剔除或散布到整个种群之中。"即使是一个只有轻微竞争优势的
品种，"一位历史学家总结道，"经过多次传代，也会像银行业的复
利过程一样，在一个群体中占据主导地位。"[24]

　　在重新发现了孟德尔的理论之后，又用了一代人的时间，直到
20 世纪 30 年代和 40 年代，生物学才将达尔文和孟德尔的见解进行
了卓有成效的融合，尽管这个过程中有很多分歧和相互的不理解。
从一开始，达尔文对自然选择的发现就冒犯了一些人的信念，那些
人希望并相信进化带来的变化会推动人类走向进步。孟德尔的见解
被重新发现后，首先被用来试图全面质疑达尔文的进化论，那些人　　54
声称即使没有自然选择，突变也足以导致渐进式进化。

　　在他们寻找证据方面的努力全都宣告失败之后，才出现了把这
两个伟大的生物学发现合并成一个富有成效的整体的可能性。德国
鸟类学家恩斯特·迈尔在撰写有关这一转变的文章时，强调了与实
验生物学家相比，进化论博物学家做出的重要贡献。迈尔指出，
"博物学家们感兴趣的特定进化问题是物种形成"，即新物种的进
化。"他们延续了达尔文学说的加拉帕戈斯地雀传统"，加拉帕戈斯
地雀进化出多种喙部适应形态，以适应那些远离阿根廷海岸的孤岛
上空旷的觅食环境，这一点非常著名。"他们发现的所有一切似乎
都证实了达尔文对渐变论的坚持，并驳斥了孟德尔的骤变论。"[25]
［迈尔另外定义了"突变"，该词来自拉丁语的"跳"（saltare），
意为"跳跃、跳过、跨越"。也就是说，他相信"新物种的突然起
源"，而不相信自然选择可能会起作用的小变异的逐渐积累。］

　　另外，迈尔强调，"毫无疑问，实验生物学家认为他们的方法
更客观、更科学，因此要优于进化论博物学家的'思辨'方法"。[26]
迈尔引用了托马斯·亨特·摩尔根（Thomas Hunt Morgan）的话，
后者在哥伦比亚大学建立了著名的"蝇室"进行果蝇突变实验，摩

尔根在 1932 年写道，生物学要取得进步只能是通过"实验……在物理科学中这早已是被公认的，［是］形成对外部世界解释的最可靠的方法"。[27]实验生物学家和野外生物学家之间的激烈竞争也将对威尔逊早年在哈佛大学的教学生涯产生挑战。

　　威尔逊在长大成人的过程中恰好目睹了生物学界这场伟大的论战及其产生的成就，拉尔夫·查莫克带领着威尔逊和他的退役军人小队，在野外、在塔斯卡卢萨的药店和加油站周边的灯光下调查亚拉巴马州的昆虫群。

　　当威尔逊作为一名大学生，在从描述性的自然史研究中抬起头来探索进化过程时，他的职业视野扩大了。他写道："我学着去提问，生物多样性产生于怎样的过程中？物种经历了怎样的过程才分散到它们现在的地理范围中？"他认识到这两种情况都不是随机发生的，两者都是"可理解的因果关系的产物"——这使得它们可以被进行科学研究。他回忆说："我已经全身心地投入自然史研究的事业，作为一名昆虫专家，或是一名政府昆虫学家，或是一名公园管理员，或是一名老师。现在我很高兴。我也可以成为一名真正的科学家了！"[28]

　　威尔逊 13 岁那年在莫比尔的家旁边的空地上第一次遇到的入侵红火蚁，正不断地从它侵入的地点——莫比尔港口以每年 5 英里的速度稳定向外扩散，就像慢动作的冲击波一样。1948 年，红火蚁再次与威尔逊产生了交集，那时《莫比尔新闻公报》（*Mobile Press Register*）的户外活动记者在一系列有关这种破坏性越来越大的害虫的报道中引用了他的观点。威尔逊在大学里提升的专业知识引起了公众的关注，于是亚拉巴马州的自然保护部门聘请他进行一项关于蚂蚁及其环境影响的研究。

"我在［1949 年］春季学期向学校请了假，"威尔逊写道，"在 19 岁时，我开始了为期四个月的昆虫学家工作，这是我作为职业科学家的第一份工作。"他与拥有汽车的退伍军人同事詹姆斯·伊兹（James Eads）合作，绘制了蚂蚁的分布范围，挖出蚂蚁的种群以研究它们的结构，采访农民，并调查了作物受损情况。"7 月，我们向位于蒙哥马利的自然保护部门提交了一份长达 53 页的分析报告，标题是《关于亚拉巴马州入侵火蚁之残暴火蚁（Solenopsis saevissima）变种里氏火蚁（richteri Forel）的报告》。"[29]［1971 年一项新调查将其更名为无敌火蚁（Solenopsis invicta），这个物种名称的意思就是"未被征服的"，正好反映了这种入侵火蚁过去和现在的情况。[30]］

1949 年，威尔逊在亚拉巴马大学获得了生物学学士学位，次年又在亚拉巴马大学获得了硕士学位，同样也是生物学专业。在那时，他知道了要成为一名"真正的科学家"就必须获得博士学位，但是他至此为止对南方以外的世界还知之甚少。他告诉我："我没有太多想象过离开莫比尔去某所北方大学的事情，像是明尼苏达这样的地方，我连名字都拼不出来。所以我说，如果我被诺克斯维尔的田纳西大学录取，我就去北方的田纳西州。那里有位昆虫学教授叫亚瑟·科尔（Arthur Cole），他专门研究蚂蚁分类。然后我就被录取了。"两年前，科尔曾是一个研究比基尼环礁动物群的小组的成员。科尔从美国各地以及菲律宾和印度收集的大量资料给了威尔

56

逊一个机会，他写道，这让我有机会"磨炼昆虫解剖和分类方面的技能"，[31]这是一种乏味但又必要的能力。

然而，田纳西大学犹如一潭死水，威尔逊很快就厌倦了。从大学一年级开始，他就与哈佛大学昆虫学博士生威廉·L. 布朗（William L. Brown，昵称比尔）通信。（威尔逊记得自己当时还是个"既经验不足又未受过良好教育的 18 岁青年"，尽管那时候，他随身携带着恩斯特·迈尔那本经典的《分类学和物种起源》的摹本，并把这本书视作宝贝一般多次查阅。[32]）"虽然比尔只比我大 7 岁，"威尔逊写道，"但他已经是蚂蚁研究领域的世界权威。那时候全世界只有十几个研究蚂蚁的专家，而他就是其中之一。"[33]和威尔逊一样，布朗从小就是一名昆虫爱好者。他在费城长大；当他的父母夏天带孩子们去泽西海岸的时候，他们会给比尔准备一袋午餐并把他带到新泽西松林泥炭地（New Jersey Pine Barrens），这样他就可以在费城和纽约中间的半荒野地带花上一整天时间去做采集。他是名退役军人，在战争期间曾作为空军疟疾调查组成员在中国西部和印度服役。他于 1947 年毕业于宾夕法尼亚州立大学，将在 1950 年获得哈佛大学的博士学位，并先于威尔逊前往澳大利亚。[34]

布朗"是……我所认识的人里最热心、最慷慨的人之一"，威尔逊回忆道。[35]在威尔逊的本科学习期间，布朗向他提供的建议和对他的鼓励总是能扩大他的视野。当威尔逊提出要去调查亚拉巴马州的蚂蚁时，布朗建议他去调查整个大洲甚至全球的蚂蚁。现实是，威尔逊对一个名为"dacetine"的大型蚁族进行了研究，最初是他独自一人，后来他与布朗合作开展研究。

　　到了 1950 年，威尔逊的目标是进入哈佛大学——他当时相信这就是他的命运，因为哈佛大学有世界级规模的蚂蚁收藏及其"悠久而深厚"的蚂蚁研究传统。[36]田纳西大学的植物学教授阿伦·J.夏普（Arron J. Sharp）鼓励他去申请，并为他做了推荐。威尔逊告诉我："夏普给哈佛大学的几个人写了信，信中说：'这孩子不属于这儿。他属于哈佛。'"布朗也支持他。有一天，布朗的导师、著名的古昆虫学家弗兰克·莫顿·卡彭特（Frank Morton Carpenter）寄来一封信。卡彭特是哈佛大学比较动物学博物馆昆虫化石收藏的创始人和负责人，他邀请这个亚拉巴马年轻人前去参观。

　　威尔逊在 1950 年 6 月底踏上旅程，他从莫比尔到波士顿要坐72 小时马拉松式的灰狗长途汽车，汽车几乎在沿途的每一个小镇都要停，这让他因为缺乏睡眠而昏昏沉沉。比尔·布朗和他的妻子多丽丝欢迎他的到来。布朗先带他参观了一个房间，然后让他在他们剑桥公寓的沙发上稍事休息，这个房间后来成为威尔逊的第二个家。

　　哈佛大学比较动物学博物馆的蚂蚁室里有一个个保存着来自世界各地的标本的抽屉，总共有近 100 万只蚂蚁标本，每一只黑色、棕色、红色或黄色的蚂蚁都被整齐地固定在带有识别标签的针上。昆虫学家先驱威廉·莫顿·惠勒（William Morton Wheeler）于 1908 年从纽约的美国自然历史博物馆来到哈佛大学担任教授时，创立了哈佛大学比较动物学博物馆并收藏了无与伦比的研究标本。惠勒在 1910 年的著作《蚂蚁：它们的结构、发育和行为》（*Ants: Their Structure, Development and Behavior*）是以他 1905 年在哥伦比亚大学的讲座为基础写成的，这是对蚂蚁生活的一项开创性研究。2011 年，威尔逊在接受采访时说："在我 16 岁决定要成为一名蚁学家时，我把那本书背下来了。"[37] 此时 21 岁的埃德·威尔逊正站在惠勒、卡彭特和他们的同事从世界各个角落采集到的藏品中间。

在威尔逊拜访期间，几位教职员建议他申请到哈佛大学读研究生。回家以后，他提交了申请，然后他的整个秋季和冬季都在田纳西大学工作，为一项关于蚂蚁等级制度起源的重要研究搜集资料，他将于 1953 年在《生物学季刊》（*Quarterly Review of Biology*）上发表一篇论文。[38]（他的结论是，像蚁后和工蚁这样的等级，是由蚂蚁种群中个体的大小和解剖结构的自然变化演化而来的。）

他父亲的健康状况几年来一直在急剧恶化。老埃德控制自己酗酒的努力收效甚微。尽管他设法保住了工作，但他经常要去康复中心戒酒，回家之后又逐渐开始酗酒。那年秋天的某个时候，这位父亲劝儿子放弃攻读博士学位，留在家里。老埃德对威尔逊说："你已经有一个硕士学位了，有了这个学位你就可以留在亚拉巴马州，找到一份好工作，照顾我和珀尔。"威尔逊尽可能客观地评估了父亲的恳求。一方面，他待在家里可能会让老埃德多活几年，但这将降低他从事全职科学工作的可能性。另一方面，威尔逊争辩说："当你把我们两个人的生活联系起来的时候，我必须放弃一个有可能对我们俩都有好处的事业。"所以他总结道："我拒绝了。"

由于未能将个人责任的重担转移给儿子，病痛和绝望中的老埃德在 1951 年 3 月 26 日那个星期一的早上，从他的枪支收藏中选了一把标靶手枪，开车到镇上的一个偏远地区，坐在路边，把手枪对准太阳穴后开枪自杀。他被发现时已不省人事、奄奄一息；当天晚些时候，他在医院去世了。珀尔哭着给在田纳西的威尔逊打电话，把这个噩耗告诉了他。

大巴车从纳什维尔到莫比尔要开 24 小时。威尔逊的父亲在 1920 年 17 岁时应征入伍，是一战的退伍军人；当威尔逊到达莫比尔时，其他老兵们已经伸出了援手。终年 48 岁的老埃德按照军人葬礼的仪式被安葬在威尔逊的祖先们所在的莫比尔木兰公墓。"我对自己之前决定不留下来帮忙而感到闷闷不乐，"威尔逊评估他自己当时的回应说，"但这不会让他的寿命延长太多，而且会毁掉我的生活。"老埃德留下的唯一信息是，在一张破纸上潦草地写着：⁵⁹"我很抱歉。"

威尔逊的继母珀尔是个坚强的女人，她很快从悲伤中走了出来，找到了工作，并最终再婚。

很久以后，威尔逊在他的回忆录中写道，他对父亲勇气的钦佩取代了他早先的"悲伤和略带愧疚的解脱感"。[39]他写道，说他的父亲"应该拿出更大的勇气再试一次，把自己拉回正轨，努力过上正常生活，这样说说是很容易的。但是，我有理由肯定，他已经非常仔细地考虑了这个问题，然后做出了不同的决定"。老埃德以前总是说他很怕自己变得"像个流浪汉"。[40]威尔逊认为他父亲的自杀是为了避免这一结果而有意为之："我认为他宁愿死去也不愿接受他所定义的羞辱或耻辱。事实上，他最后就是这么做的。"[41]

这样做，他就使威尔逊不必承担在他身体衰弱时赡养他的任何义务，让他的儿子得以继续前行。有人曾将国际科学界比作一个大村庄，缺乏财力的杰出科学人才往往会从资深科学家那里获得悄悄的招募和默默的支持。招募有前途的新手是将科学的隐性知识（即教科书上没有的那部分）传递给下一代的一种重要方式。与这种隐性知识一并传递的，往往是资深科学家提出或认可的思想框架。

威尔逊也得到了这个非正式网络的支持。就在他失去父亲的时候，如父亲一样的人们挺身而出，帮助他一路向北，进入了一个令人振奋的新世界。从田纳西大学的植物学教授说"这孩子……属于哈佛"到他被哈佛大学录取，再到 1951 年秋天，哈佛大学对于他作为一名 22 岁的博士生所受基础科学教育的不足所抱的宽容，威尔逊得到了各种各样的帮助。"他们认为我是田野生物学和昆虫学方面的天才，"他证实说，"并且允许我去补习因为在亚拉巴马州度过的快乐时光而缺少的许多基础生物学知识。"[42] 他得到一份奖学金和一个助教职务，这让他能够承担得起学费。

60　　他也遇到了值得尊敬的同龄人，特别是哈佛大学的一个大四学生，后来成为昆虫学方向研究生的托马斯·艾斯纳（Thomas Eisner，昵称汤姆），他也是一位天才，但背景与威尔逊非常不同。艾斯纳是犹太人，出生在柏林。他和家人是从纳粹德国前往巴塞罗那的早期移民，然后艾斯纳一家却发现自己正处于西班牙内战之中——"斯图卡轰炸机俯冲着轰炸城市"，威尔逊记得艾斯纳这样说过——他们最终移民到了乌拉圭，艾斯纳在那里长大。威尔逊评价说："他在更大的尺度上重复了我的童年模式，被从一个地方拖到另一个地方，带着焦虑和不安全感，转而将自然历史作为一种自我慰藉。"[43] 他比威尔逊小十天，也是一位同样热心的昆虫学家，但他们的爱好不同。他的父亲是位化学家，师从德国化学家弗里茨·哈伯（Fritz Haber）。弗里茨·哈伯发明了一种用大气中的氮气合成氨的方法，这是现代化肥工业的基础，也是一战期间德国制造推进剂和炸药用氨的主要来源。从哈佛大学毕业后，年轻的艾斯纳将继续在康奈尔大学任教；在那里，他和同事杰罗尔德·迈因沃尔德（Jerrold Meinwald）一起创立了生物科学的一个新领域——化学生态学，致力于研究昆虫的化学通信和防御机制。

两位年轻的科学家在哈佛大学共事时最精彩的时光，是他们在1952 年夏天一起采集蚂蚁的 12000 英里之旅——威尔逊称他们自己是"博物学家流浪汉"。[44]"向北进入加拿大，"他回忆道，"再一路穿过加拿大直达太平洋，沿着太平洋海岸穿过华盛顿州、俄勒冈州和加利福尼亚州——我们在 7 月一个炎热的夜晚，头上顶着湿手帕，穿过了死亡谷——穿过南方然后又回到剑桥，一边采集一边交流，那是一次非凡的经历。"他们是一生的挚友；艾斯纳在事业上成就显著，最终于 2011 年因帕金森病的并发症去世。

1953 年，威尔逊当选为哈佛大学的青年研究员，他首先申请了对加勒比海地区进行实地考察，这让他对环境破坏有了初步的感受。他写道："1953 年，我的知识之旅始于古巴的特立尼达山脉，61 我跋涉在泥泞的道路上寻找雨林，与装着树木最后的残存部分前往西恩富戈斯的伐木卡车擦身而过。"[45]多年后他告诉一位采访者，他在 20 多岁的时候做了很多考察。"即便在那时，你也能看到自然界遭受到的破坏，而我也意识到了物种的灭绝。那时候，我还没有觉得这种破坏已经在全球范围内严重到需要立即采取行动的程度。也许那时的我会认为世界上的动植物是永远存在的。"[46] 我也希望如此。

继加勒比海地区之后，第二年他又长途跋涉穿越南太平洋。1955 年 3 月，威尔逊在新几内亚岛的莱城收到比尔·布朗的来信，信中说哈佛大学的一个公开讲师职位被安排给了别人。"没有人怀疑我的资历是这些人中最好的，"他写信给艾琳说，"但是教师的选择完全掌握在负责初级动物学课程的格里芬教授手里。作为一名神经生理学家，他决定利用这个机会，请一位更年轻的神经生理学家到哈佛大学工作几年。"已经拿到佛罗里达大学录用通知书的威尔逊，向未婚妻解释了自己还想为哈佛大学另一个空缺职位赌一下的理由：

> 这并不意味着我们会去佛罗里达。经过深思熟虑和一些自我反省，我已经决定放弃佛罗里达大学职位的候选人资格，这是我连续第二年放弃这个职位了。我决定以初级研究员的身份过完第三年。做出这个决定的原因是我试图回答那个老生常谈的问题："我应该现在接受一份体面、舒服的工作，还是应该接受一份薪水较低、不太稳定，但能提供最多培训和未来晋升机会的工作？"一方面，如果我去了佛罗里达，我们马上就会有相当可观的薪水、舒适的环境和有保障的稳定工作。另一方面，如果继续做初级研究员，那么我们一年（1955～1956 年）会少赚 1000 美元，"工作"只能维持一年，但是我可以在这一整年里继续使用哈佛大学的设施进行研究并且在研究员学会这

个充满新思想的环境中生活……卡彭特教授和布朗教授都强烈 62
建议我再在哈佛大学待一年。甚至有传言说，下一年我会在哈
佛大学获得一个教授级别的职位，但现阶段这仅是说说而已，
我们还是不要对此抱有希望比较好。[47]

事实证明这不仅是说说而已。在威尔逊从南太平洋回来后，哈
佛大学生物学系向他提供了一个助理教授的职位，从 1956 年的教
学年度开始。这就是他下的赌注，他欣然接受了这个奖励。

詹姆斯·沃森于 1953 年与弗朗西斯·克里克共同发现了 DNA
的双螺旋结构，他在 1955 年获得了与威尔逊一样的哈佛大学助理
教授职位。他接受了这一职位，但马上就休假一年以继续在英国剑
桥大学工作，他就是在那里发现了 DNA 的结构。于是，1956 年秋，
他和威尔逊将同时开始在哈佛大学任教。但是，威尔逊是野外生物
学家，而沃森是实验室生物学家，且沃森认为现在研究生物学的最
好方法就是在实验室里进行，因此，他决心清除哈佛大学生物系的
野外科学家。他以嘲笑的眼光看待他们，称呼他们为"集邮者"。[48]

第 4 章

集邮者与快枪手

虽然吉姆·沃森认为他的助理教授同事埃德·威尔逊是他所嘲笑的"集邮者"中的一员，但威尔逊是沃森和克里克的发现的忠实崇拜者，至少他最初是沃森本人的崇拜者。"我是对分子生物学的早期进展最为兴奋的哈佛大学研究生之一，"威尔逊写道，"在自然科学领域，沃森是男孩们心目中的英雄，是一个骑着马进城的年轻快枪手。"[1]

早期的兴趣和一本书，为威尔逊对沃森的赞赏做了铺垫。在高中的最后一年，威尔逊对原子能的新闻和 J. 罗伯特·奥本海默的突然成名兴奋不已。罗伯特·奥本海默是一位身体硬朗但又瘦削的美国理论物理学家，曾在二战期间领导美国的秘密原子弹实验室。"我对《生活》（Life）杂志上刊登的一张他戴着卷边帽的照片印象特别深刻，"威尔逊回忆说，"那张照片拍的是第一次核爆炸后他和［曼哈顿计划指挥官］莱斯利·格罗夫斯（Leslie Groves）将军在核爆点对话的场景。"第一次爆炸是 1945 年 7 月在新墨西哥州的沙漠中进行的一次试验，当时还没有在日本投放原子弹，不过这张照片是在战后拍摄的。"奥本海默是个瘦高个，就像我是个瘦瘦高高的男孩一样，"这个高中毕业生觉得，"他和我一样，看起来很脆弱，但在将军的陪伴下却很自然地微笑着。他们俩站在一起，是因为这位物理学家……已经为人类驯服了自然界中最强大的力量。"[2]

影响威尔逊的那本书，是奥地利流亡物理学家埃尔温·薛定谔（Erwin Schrödinger）1944 年出版的那本薄薄的《生命是什么？》（*What Is Life?*）。[3]威尔逊回忆说，当他在大学一年级读到这本书时，这本书已经"在生物学家中引起了轰动……这位伟大的科学家不仅认为生命完全是个物理过程，而且生物学可以用物理和化学原理来解释。想象一下：生物学被与分裂原子同样的思考所改变！我梦想能成为薛定谔的学生，加入这个伟大的事业"。[4]那时更大的威胁是，年轻的快枪手吉姆·沃森正在鼓动哈佛大学清除脚踏泥地的野外生物学家，并以一群穿着白大褂的实验人员取代他们。

野外和实验室之间存在紧张关系并不是新鲜事。这个问题是随着生物科学在 20 世纪初的出现而出现的。到了 20 世纪 30 年代，这种紧张关系已经显而易见。一位生物学史学家写道："许多新的实验生物学的从业人员，越来越背弃了老一辈以野外和博物馆为导向的'博物学家'的发现和理论。"[5]恩斯特·迈尔呼吁用"具有广泛知识和兴趣的杰出人士"来弥合这一差异。[6]在那之前，双方必须一决雌雄——在 20 世纪 50 年代末的哈佛大学，这体现在威尔逊和沃森这样的典型代表身上。

薛定谔的这本小书改编自这位诺贝尔奖得主 1943 年在都柏林三一学院（Trinity College）发表的演讲，他从被纳粹占领的奥地利流亡至此。这本书也影响了沃森和克里克，促成了他们伟大而根本性的发现；在 1953 年发表了他们的发现后，沃森和克里克感谢这位流亡物理学家为他们提供的研究线索。[7]沃森甚至更进一步，认为薛定谔的讲座在他决定从鸟类学——讽刺的是，这就是他在哈佛大学时不屑一顾的野外生物学领域——转向遗传学研究时起到了关键作用：

> 在芝加哥大学读［本科］的第三年，我迷上了基因。在那之前，我都计划成为一名博物学家，并期待着远离我长大的芝加哥南区的城市喧嚣，开启职业生涯。我改变心意的原因并不是一位让人难忘的老师，而是一本 1944 年出版的小书——《生命是什么？》。[8]

薛定谔推测的核心是，他主张父母传给后代以指导新个体发展的不是一个小副本、一个小的同质体，而是信息。他写道，染色体"在某种密码本中包含了个体未来发展的全部模式及其在成熟状态下的功能。每一组完整的染色体［几乎存在于人体的每一个细胞之中］都包含了完整的代码"。[9]

此外，正如薛定谔强调的那样，"密码本"必须是比指令清单更实质性的东西；它必须是一些有形的东西，就像钥匙上的凹槽一样，可以将锁里的滚珠排成一排。要制造生物体这么复杂的东西，必须传递大量的信息。举个例子，一部人类基因组的百科全书将包含数千卷，那么多信息是怎么储存在像染色体这样小的东西里的呢？

65

考虑到尺寸的限制和负载的信息，制造和操作新生物的指令显然采取了大分子的形式，薛定谔怀疑，其原子排列可能形成了必要的密码本。在这里，"大"是相对而言的。如果细胞小到必须要在显微镜下才能观察到，那么即便是大分子也很小。细胞内的一个大分子的大小相当于游轮上的一只猫。而在猫和游轮的尺度下，一粒葡萄可以代表一个原子。薛定谔推测，携带遗传信息的大型复杂分子，即钥匙凹槽，一定就是他所说的一个"非周期性晶体"或 66 "非周期性固体"。周期性晶体，如钻石，是由晶种通过在三维空间不断重复相同的结构而形成的。这种重复的结构，是一种噪声而不足以被称为信号，可以携带的信息非常之少。

"另一种方式，"薛定谔指出，"是在没有单调重复的情况下建立一个不断扩展的集合。这就是越来越复杂的有机分子的情况，在这种有机分子中，每一个原子、每一组原子，都单独发挥作用，并且不完全等同于许多其他原子发挥的作用。我们可以很恰当地称其为非周期性晶体或固体，并通过以下方式表达我们的假设：我们认为一个基因——或者可能是整条染色体丝——是一种非周期性固体。"[10]（一位有机化学家对薛定谔笨拙表述的构想提问道："这个人难道没听说过聚合物吗？"聚合物是由重复结构单元组成的化合物。天然聚合物包括丝绸、羊毛、棉花等，以及脱氧核糖核酸即DNA。）"直到后来我才看到它的局限性，"弗朗西斯·克里克在谈到薛定谔的构想时这样写道，"就像许多物理学家一样，他对化学一无所知，但他确实让人感觉到伟大的事情就在眼前。"[11]克里克在开始从事分子生物学研究之前是名物理学家，他自己是个例外。

对沃森和克里克未来的成就来说，幸运的是，在 20 世纪 40 年代，甚至直到 1952 年，携带遗传编码的候选物质都被认为是一种蛋白质——一种复杂的有机分子、非周期性的固体——而不是核酸。"当我 1951 年作为一名研究生来到哈佛大学时，"威尔逊回忆道，"生物化学界以外的大多数人都认为基因是一种难以处理的蛋白质组合。我们认为，它的化学结构和它指导酶组合的方法，要到下个世纪才会被破译。"[12] 1944 年，在薛定谔的都柏林讲座之后不久，加拿大遗传学家奥斯瓦尔德·艾弗里（Oswald Avery）和他在纽约洛克菲勒研究所医院的同事们证明，DNA 实际上就是他们所说的"转化因子"，至少在他们研究的导致细菌性肺炎的细菌中是这样的。与威尔逊同时代的诺贝尔奖获得者、遗传学家约书亚·莱德伯格（Joshua Lederberg）回忆当时的情况时说："当时人们认为核酸分子是个一成不变的结构……20 世纪 30 年代，［蛋白质］酶的成功结晶引发了人们对蛋白质的热情，随后它吸引了大多数生物化学家的注意力。"莱德伯格补充道，实际上，"当时人们对细菌中的染色体或基因一无所知"。[13] 人们很容易认为，在细菌中发生的事情可能与大型生命体中更为复杂的繁殖需求不尽相同。

尽管寻找遗传密码的方向被误导了，但在二战之后的几年里，寻找工作仍在继续。1952 年，通过一系列至关重要的实验，即赫尔希-蔡斯实验，研究潮流转向了 DNA。阿尔弗雷德·赫尔希（Alfred Hershey）是位出生于密歇根州的物理化学家，他成为噬菌体小组的创始成员之一。这是一个由一群科学家组成的圈子，他们从 1940 年开始非正式合作，通过使用一类易于获得的、会感染和消灭细菌的病毒来研究遗传学。这种病毒叫作噬菌体（bacteriophages，简称 phages），"phages"这个词来自希腊语，意思是"吃"。[14]除了赫尔希，这个圈子还包括沃森在印第安纳大学的博士生导师萨尔瓦多·卢里亚（Salvador Luria）和理论物理学家马克斯·德尔布鲁克（Max Delbruck）。卢里亚和德尔布鲁克分别是意大利人和德国人，他们都是欧洲法西斯主义的受害者，严格说来，他们是没有资格通过安全审查的敌对国家的人，因此在战争期间可以自由地从事基础科学研究，但不能从事军事技术研究。噬菌体具有易于操作和快速繁殖的优势。它们是一种"比果蝇属（Drosophila）更快的实验对象"，沃森回忆说，"前一天完成的噬菌体遗传杂交在第二天就可以用来进行分析"。[15]1945 年，三位科学家在长岛北岸的冷泉港实验室（Cold Spring Harbor Laboratory）开设了暑期噬菌体课程。赫尔希和他的研究助理玛莎·蔡斯（Martha Chase）就是在那里取得了 1952 年的发现。

　　在电子显微镜下，赫尔希和蔡斯使用的噬菌体——T2 噬菌体，看起来就像是月球登陆器和皮下注射器的混合体：

68

噬菌体的头部含有它的 DNA（"就像帽子盒里的帽子"，沃森这样描述道[16]）。腿部将它连接在一个细菌上。连接两者的圆柱体作为传输管，将噬菌体的 DNA 从噬菌体头部输送到细菌内部，从而感染这个细菌：

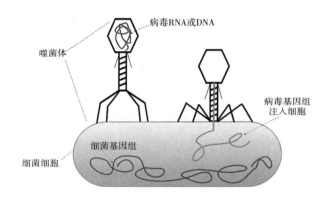

除了 DNA 之外，整个噬菌体都是由蛋白质构成的。DNA 含有磷，但不含硫；而蛋白质含有硫，但不含磷。因此，赫尔希和蔡斯制造了两批噬菌体，一批在磷的放射性核素磷-32 中培养，另一批在硫的放射性核素硫-35 中培养。通过追踪作为示踪剂的不同放射性物质，他们希望看到每种物质最终会出现在哪里。在一系列的实验中，他们首先证明了当噬菌体感染细菌时，磷标记的 DNA 离开了噬菌体，留下了硫标记的噬菌体膜这一蛋白质"幽灵"——空的头部和传输管仍然连接在细胞表面。

然后，在这一系列外号为"搅拌实验"的最后一个实验中，两名研究人员用磷-32 或硫-35 标记了噬菌体批次，并用标记后的噬菌体去感染细菌，然后用一个普通的厨房搅拌机搅拌细菌溶液，以剥离噬菌体的蛋白质"幽灵"。（他们使用厨房搅拌机是因为动力更大的实验室离心机会把细菌打碎，而搅拌机可以在除去蛋白质"幽灵"的同时让细菌完好无损。）这些细菌上的噬菌体"幽灵"被移除了，但是细菌内部还遗留了被磷标记了的噬菌体 DNA，产生了新的噬菌体病毒，这证明细菌只是被 DNA 感染了，而没有受到蛋白质"幽灵"的感染。这个实验证实了一个当时仍有争议的结论：遗传信息的唯一载体是 DNA，而不是蛋白质。[17]

那么，这就是薛定谔所说的"密码本"和艾弗里所说的"转化因子"。赫尔希在那年夏天巴黎举行的国际生物化学大会上宣布了这一结果。"DNA 是遗传物质！"沃森激动地写道，"……现在比以往任何时候都更加清楚的是，如果我们要揭示基因的本质，就必须在分子水平上了解 DNA。"他补充说，赫尔希和蔡斯的结果是"全城热议的话题"。沃森意识到，这个消息肯定会吸引加州理工学院知名的生物化学家莱纳斯·鲍林（Linus Pauling）加入竞争。[18]

果然，第二年年初，鲍林就发表了论文，提出了沃森认为是错误的 DNA 结构模型。沃森在 1968 年出版的那本有趣又充满争议的回忆录《双螺旋》（*The Double Helix*）中，生动地讲述了那个错误是如何引导着沃森和克里克竞相找出 DNA 分子的实际双螺旋结构的。许多年后，他回忆起来这件事情时总结道：

> 在《生命是什么？》一书中，薛定谔已经提出生命的语言可能就像莫尔斯电码，由一连串点和线组成。他已经很接近事

实了。DNA 的语言是［由含氮碱基腺嘌呤、胸腺嘧啶、鸟嘌呤和胞嘧啶的成对分子组成的］线性序列。就像誊抄书本中的一页可能会出现奇怪的错别字一样，当所有这些 A、T、G 和 C 沿着染色体被复制时，罕见的错误也会悄然发生。这些错误就是遗传学家们谈论了近五十年的突变。[19]

让沃森和克里克出名并让他们和同事莫里斯·威尔金斯（Maurice Wilkins）一起在 1962 年获得诺贝尔奖的那篇论文，于 1953 年 4 月 25 日发表在《自然》期刊上。标题为《核酸的分子结构：脱氧核糖核酸的结构》（"Molecular Structure of Nucleic Acids：A Structure for Deoxyribose Nucleic Acid"）的文章得出一个故作轻描淡写的结论："我们也意识到，我们所假定的特定配对方式直接表明了遗传物质一种可能的复制机制。"[20]

尽管发现者们一夜成名，但哈佛大学仍然差一点就没有聘任沃森。"他做了一次试讲，"他的传记作者维克托·麦克尔赫尼（Victor McElheny）告诉我，"他讲话的声音很轻，还含混不清。这不能算是一次成功的交流，所以人们对于他的到来，对于完全接受他这件事真的非常焦虑。"他发现双螺旋结构的成就令人瞩目，这使得天平向他倾斜。

然后，威尔逊所称的"分子战争"就开始了。一边是新近致力于研究分子生物学的哈佛大学现任教员和新教员，另一边是被沃森挪揄为"集邮者"的生物学家们：研究生物群体的动物学家、植物学家、鸟类学家和昆虫学家。威尔逊写道："这门学科现在正按照生物组织的层次被横向分割，即分别指向分子、细胞、有机体、种群和生态系统。生物学对生命的研究方法相当于转了个 90 度的直角弯。"[21]

威尔逊列出来的哈佛大学的生物化学家和分子生物学家小团体包括：出生于布鲁克林的乔治·沃尔德（George Wald），"很快他将因为对视觉的生物化学基础的研究而获得诺贝尔奖"；新英格兰的先锋蛋白质化学家约翰·埃兹尔（John Edsall），他是罗伯特·奥本海默的哈佛同学和一生挚友；保罗·莱文（Paul Levine），他离开了种群生物学领域"并开始独自积极推广新学说［分子生物学］"；以及马修·梅塞尔森（Matthew Meselson），他与同事富兰克林·斯塔尔（Franklin Stahl）进行了重要研究，证明了 DNA 双螺旋是通过分离成两条单链来进行复制的，其后于 1960 年从加州理工学院来到哈佛大学担任副教授。[22]一位科学史学家评论说，这些分子爱好者带着"对这个新兴领域的信心和近乎帝国主义的狂热"来到这里。[23]

他们在哈佛大学比较动物学博物馆后面神学院大道的生物实验室里扎了根，威尔逊的办公室就在同一栋楼靠近一层的入口附近。在他的窗外，两尊巨大的印度犀牛铜像在站岗；在里面的大厅里，交战阵营的观点相互碰撞。这位年轻的昆虫学家发现这种交流明显令人不适，尤其是在沃森一直冷落他之后。"有一次，"威尔逊回忆道，"1962 年 10 月，我向他伸出手说：'恭喜你获得诺贝尔奖，吉姆。这对整个系来说都是件很棒的事。'他回答说：'谢谢。'然后结束了谈话。"[24]

71

威尔逊后来评论说："那时我的自尊心还很脆弱，其脆弱程度在现在看来已经超出了理性。"[25]沃森的不礼貌也不仅仅是针对威尔逊的。"他对待生物系 24 名成员中的大多数人都带着一种革命者的狂热不敬，"威尔逊写道，"很少有人敢公开质问他。"[26]威尔逊对沃森的粗鲁感到反感，这也很好理解。"他是我 28 岁以来见过的最令人讨厌的人……他只比我大 1 岁。他来的时候带着一个信念，即生物学必须转变为一门研究分子和细胞的科学，并用物理和化学的语言来重新编写……他的无礼得到大家的容忍，是因为他的伟大发现及其产生的结果。在 20 世纪 50 年代和 60 年代，分子革命开始像山洪暴发一样席卷整个生物学领域。"[27]

沃森的传记作者维克托·麦克尔赫尼扩大了场景，将沃森的观点引入其中：威尔逊可能对他与沃森在任命生态学和环境研究（这也是沃森无法容忍的两个学科）人员时的部门之争感受最深，沃森则觉得他正在用头撞一堵小小的封锁墙，无论每位教授在研究什么物种，他们都在其周围组织自己的行动。"但是如果你正在处理信息的传递，"麦克尔赫尼说，"从 DNA 库到合成蛋白质的郊区工厂，这是一个需要尝试去理解的极其复杂的事件类别。所涉及的数据量本身就很庞大，而寻找和记录信息的工具的复杂性导致我们需要的并不是满抽屉标签整洁的标本，而是满屋子的仪器——离心机、电泳系统、电子显微镜，以及各种光谱仪。"

麦克尔赫尼继续说，为了用这样的工具处理如此大量的信息，必须集结有多种才能的人。"所以你被驱使去做的，不一定是需要耗费大量人力物力的大科学，但至少是分享仪器和所有现代形式的合作。你需要一个更大的组织、一个更松散的组织，也许也是一个更残酷的组织，因为你必须砸碎许多圣像才能到达你要去的地方。"正如在人类的冲突中经常发生的那样，从一方看来是赤裸裸的侵略，但从另一方看来却是必要的扩张和改革。

　　威尔逊和沃森之间发生的一件事浓缩了这种多层次的冲突，那就是威尔逊比沃森更早获得了终身教职——被聘任为哈佛大学的终身教员。在哈佛大学的晋升常常取决于来自组织自身之外的压力：哈佛大学的教授职位是大家梦寐以求的，它带来丰厚的报酬，也是杰出成就的衡量标准，这个职位由哈佛大学的终身教授们谨慎授予，他们常常不确定他们在哈佛大学和其他学校的年轻同事们是否合格。

　　然而，巧合的是，斯坦福大学希望开展一个新的昆虫学项目，而该领域的一位现任教授即将退休。1958 年，当威尔逊在哈佛大学的五年助理教授任期过半时，他收到一封来自斯坦福大学生物学系主任的信，出人意料的是信中有这所位于加利福尼亚州的大学的录用通知书。他和艾琳都被深深地吸引了。斯坦福大学的校长华莱士·斯特林（Wallace Sterling）是一位历史学家和筹款能手，他当时正在旧金山南部的帕洛阿尔托（Palo Alto）建造一个拥有一流师资和校园的大学，那里当时还只是一片阳光灿烂的果园和牧场。有一天，斯坦福大学的教务长和斯特林本人亲自到威尔逊的生物实验室办公室拜访这个 29 岁的年轻人，这让威尔逊更加动心了。拟议的工资是 7500 美元（相当于今天的 68000 美元），让这份录用通知书更有分量了。"而且斯坦福大学会帮助我们买房子，"威尔逊回忆道，"这是在哈佛大学闻所未闻的政策。"[28]

在即将接受录用之际，威尔逊来到系主任的办公室，感谢哈佛大学为他所做的一切。系主任弗兰克·卡彭特建议他拖延一下再接受斯坦福大学的邀请。他告诉威尔逊，再等几周，看看哈佛大学能做点什么。麦乔治·邦迪当时是哈佛大学的教务长，距离他搬去华盛顿特区成为约翰·F. 肯尼迪（John F. Kennedy）的国家安全顾问还有两年的时间。显然，他不想让这所大学失去一位最有前途的年轻明星。哈佛大学以不同寻常的速度，给出了与斯坦福大学旗鼓相当的条件。尽管马萨诸塞州沿海地区的气候潮湿寒冷，威尔逊还是决定留在那里。直到今天，他还在怀疑自己是否做出了正确的决定；他总觉得自己更像一个北方的亚拉巴马人，而不是一个根深蒂固的哈佛人。

当沃森听到威尔逊获得终身教职的消息后，他在穿过生物实验室大厅时一路咒骂，大声地重复着（得看是谁正在说这件事）"该死，该死，该死，该死！"或者"靠，靠，靠，靠！"

麦克尔赫尼对威尔逊的事情进行了详细的阐述，并将之延伸到性格冲突范畴之外，当然这里面肯定有一部分是性格冲突。"当威尔逊在他之前获得终身教职时，吉姆不仅仅是在生物实验室的楼梯上骂骂咧咧。吉姆还去找了哈佛大学时任校长内森·普西（Nathan Pusey），并对他大喊大叫。我不知道那次交谈的细节，但那是一场非常愤怒和夹杂着辱骂的对峙。沃森只是把自己的愤怒发泄在普西身上。这很令人吃惊，但也表明沃森有一种几乎说不出来的脆弱。"

麦克尔赫尼推测，沃森之所以勃然大怒，是因为在他看来，在分子生物学领域的新发现呈爆发式增长之际，对威尔逊的任命就像是他在争夺这个领域的主导地位之战中的一次失利。

一些比粗鲁、嫉妒或办公室政治更根本的因素导致了这些冲突。这类似于驱动自然选择本身的物种之间的那些冲突。化约主义生物学——尽可能地将生物学的复杂性化约为基本的物理和化学——已经侵入了这门学科的文化空间。为办公室和实验室争取物理空间、扩展课程、吸引有价值的资助，并赢得对教职人员的任命权，与入侵物种在领地上的物理统治、占有资源和挑战以前的居住者的做法很相似。

"哈佛大学的传统派起初支持这场变革，"威尔逊证实道，"我们一致认为课程中需要加入更多分子生物学和细胞生物学知识……分子生物学家和细胞生物学家的队伍迅速膨胀起来。在一个漫长的过程中，他们获得了八个教授职位中的七个。没有人会怀疑他们的成功，至少在理论上，他们是当之无愧的。问题在于，没有人知道如何阻止他们从独霸生物系到最终导致其他学科的消亡。"[29]

威尔逊致力于通过化约理论来丰富生物学的内容。他写道，沃森"凭借勇气和气势取得了他的成就。他和其他分子生物学家向他那一代人传达了一种新的理念，即自然科学化约主义方法"。[30]但威尔逊仍然相信，生物学不仅仅是分子化学和生物化学的支架。自然界千姿百态，不仅仅是化学和物理学，也不仅仅是分子学。物种内部和物种之间的关系可以通过新的学科来了解，但单一学科很难完全解释它们。弗朗西斯·克里克虽然是一名极端的化约主义者，但他在 1966 年出版的著作《分子与人类》（*Of Molecules and Men*）中澄清了这一区别，他在里面写道："在研究每一个生物系统时，人们总是会问，它是如何运作的；这就是说，人们可以通过了解它的各个部分来预测其行为。或者人们也可以问，这个系统是如何变成这样的；换言之，它是如何进化的。"[31]在新的分子视角下，有机体和进化的研究将继续取得丰硕成果。地球上绝大多数生物物种甚至还没有被命名，更不用说被深入研究了。

威尔逊按照他通常的做法，通过网络和交流来应对分子学的入侵挑战，此时以终身教职和副教授的身份来进行这样的操作更有安全感。他写道："在 1960 年，生物系中从事生态学和进化研究的教职员工由于在工具和资金上都处于劣势，而且很快就要在人数上也处于劣势，于是决定成立一个委员会来组织和协调我们的行动。"[32]该决定的结果之一就是，对被分子生物学家揶揄为"古典"生物学，对处于困境中的传统主义者因没有更好的名字而笨拙地称之为"宏观生物学"的学科，我们有机会为它确定一个合适的、明确的新名字了。

1958 年春天，威尔逊已经创造出"进化生物学"这个术语作为课程名称，并将其列入哈佛大学的课程目录。[33]当他在一个会议室里等待委员会召开第一次会议时，他与另一位早到的同事乔治·盖洛德·辛普森（George Gaylord Simpson）讨论了这个词。乔治·盖洛德·辛普森是现代综合理论的创始人之一，他很杰出，但也众所周知是个沉默寡言的人。威尔逊重现了他俩的谈话：

"我们应该怎么称呼我们的学科呢？"我试探地问。

"我不知道。"他回答说。

"'真正的生物学'怎么样?"我继续问,想试着幽默一点。一片安静。

"全有机体生物学?"

没有反应。算了,反正这些也都不是什么好主意。

停顿了一下,然后我又补充说:"你觉得'进化生物学'怎么样?"

"听起来不错。"辛普森说,可能他只是想让我安静下来。

其他委员会成员开始陆陆续续地进入会议室了,当所有人都落座后,我抓住机会宣布:"乔治·辛普森和我一致同意,我们所代表的整个学科的正确术语是'进化生物学'。"[34]

76

然后就这么定了——就差一点。最终,解决进化生物学家和分子生物学家之间争端的唯一方法是他们分裂成两个系,就像宗教分裂一样,因为成员之间的基本信仰无法达成一致,又不愿妥协。分子生物学系走了一条路。威尔逊的系成了有机体和进化生物学系——这个名字可能比他喜欢的名字要笨拙一些,但表明妥协是可能的,至少在信仰进化上是可能的。

虽然分子生物学的挑战威胁到了威尔逊,但它也给他带来了活力,激励他从寻找、保存和鉴定标本的早期分类学研究转到广泛的进化研究上来。他写道:"我们现在所称的进化生物学……需要一种可以与分子生物学和细胞生物学相媲美的严谨性。我们需要定量的理论和对理论中提炼出来的看法进行权威的检验,并将其与现实生活现象有机地联系起来。"[35]

他做了很多努力，特别是去寻找那些"与最好的分子生物学家一样有能力和有抱负的"年轻、有潜力的同事。[36]在这过程中，威尔逊自己也参与了两个项目。一个是为了提高他的数学技能，以便更好地研究复杂的定量理论。"作为一名32岁的哈佛终身教授，我终于开始学习微积分了，我很不自在地坐在课堂上，和年龄只有我一半多一点的本科生们一起上课。他们中有些人还是我教的进化生物学课程的学生。我收起了我的骄傲，学起了微积分。"[37]

另一个项目更基础，也更有前途。威尔逊开始跟进他在1953年首次确定的目标，当时康拉德·洛伦茨（Konrad Lorenz）（后来的诺贝尔获奖者）在哈佛大学讲授一门新学科，即动物行为学。洛伦茨当时谈到过灰雁、寒鸦和刺鱼。威尔逊突然灵光一闪，认为动物行为学也可以涵盖昆虫的行为，尤其是它们交流的秘密。大型动物用视觉和声音交流；昆虫在地下和黑暗中活动，用化学物质来进行交流。它们是怎么做到的？它们使用什么化学物质？它们在身体的哪个部位产生这些化学物质？不过，在他能够研究这个基本还是未知的领域之前，他必须先获得博士学位，探索南太平洋，开始教书，并且在系里确立自己的地位。既然他已经有了这份工作，那现在他可以去弄清楚蚂蚁是如何互相交谈的。或许，他甚至可以自己和蚂蚁们谈谈了。

第 5 章

会说话的信息素

在野外挖到一个蚁群的时候，工蚁和蚁后会四散奔逃，这样就
没有办法去观察它们，更不要说用它们做实验了。为了用蚂蚁做实
验，埃德·威尔逊想出了一个可以让它们待在实验室里的办法。从
他在亚拉巴马大学读本科时开始，他就临时制作各种各样用来养蚂
蚁的盆和盒子。20世纪50年代末，当他在哈佛大学从采集和分类
工作转向实验工作时，他已经开发出一个可靠的实验室内的蚂蚁栖
息地：一个大约3英尺长、2英尺高，有多层空间的树脂玻璃箱。
箱子有一面滑动的玻璃墙可以用于清洁或操作。箱内各层之间的地
板是用软木条制成的；还有一根弯曲的塑料管穿过墙壁，以便为巢
穴浇水。在这个人工巢穴底层的走廊上有一扇门，可以通向一个有
围墙的觅食区——那是一个户外围栏，在那里可以观察蚁群的行
为。巢穴内部光线明亮，蚂蚁已经逐渐适应了这种光线。一个按12
小时自动计时器运行的日光灯照亮整个觅食区，用来模拟昼夜循
环。整个栖息地可以用一块树脂玻璃盖盖上，但是威尔逊一般都会
把盖子打开，以便观察和操作。玻璃箱的边缘周围涂有一层商用含
氟聚合物树脂——氟隆（Fluon）涂层，它干燥以后会非常滑，让

蚂蚁无法通过，因此可以防止它们逃脱。

威尔逊最喜欢的研究对象是火蚁，尽管它们个子很小，大约只有十六分之一英寸，而且蜇人很痛，但它们数量众多，很容易捕获。威尔逊会独自一人或者带一两个研究生一起去南卡罗来纳州或亚拉巴马州进行为期一周的短途考察，他把车停在火蚁丘旁边的乡村道路上——现在在南方，火蚁丘随处可见——从他的车后备厢里拿出一把花园铲和一个桶，再把压扁的啤酒罐放在附近，然后把铲子深深插入蚁丘，在路边扬起一团泥土及其中受到刺激的蚂蚁。他难免会被蜇伤，但是与把一个活生生的蚁群转移到他在哈佛大学生物实验室的栖息地相比，被火蚁蜇上几口只算是付出了很小的代价。在被打散的蚁群的一片混乱中，蚁后的侍从会发现那个压扁的啤酒罐并把蚁后推过来藏在下面。然后威尔逊要做的就是翻开啤酒罐，用镊子夹住蚁后——她比那些面包屑大小的工蚁要大很多倍——把她塞进采集管里，然后打开盖子。他将这种方法称为啤酒罐战术。一些工蚁和蚁后一起从采集管掉进桶里，再加上一些用于遮蔽的纸巾，他就获得了一个可以被移到实验室的正常运行的蚁群。如果有高速公路巡警走过来问他在做什么，他就跟巡警说他在为政府工作。这样就行了，至少从严格意义上说，他是的，因为他的研究经费来自国家科学基金会。

回到哈佛大学后，威尔逊准备了一个巢穴箱，然后把蚁群挪进去。蚁后很快就会扩大蚁群规模，其产卵的速度是如此之快，如果不是威尔逊一直在拣选剔除的话，一年之内工蚁的数量会达到20000只甚至更多。他将研究的蚁群数量维持在100个左右，这对于他的研究来说绰绰有余了，而且更容易饲养和维护。

至少在 19 世纪晚期，人们就已经知道了蚂蚁是通过气味进行交流的。瑞士神经精神病学家奥古斯特·福雷尔（Auguste Forel）是一位业余蚁学家，他对瑞士蚂蚁的重要研究赢得了查尔斯·达尔文的赞誉，[1]他在 1908 年出版的《昆虫的意识》（*The Senses of the Insects*）一书中总结了气味在蚂蚁生活中的重要性：

> 因此，我们可以大胆假设，［蚂蚁的］触角和它们的嗅觉［即它们对气味的感知］，无论是直接接触还是在远距离的，都构成了蚂蚁的社会意识，这种意识使它们能够认出彼此，照料它们的幼虫并互相帮助，还能唤醒它们贪婪的欲望和对群体外所有生物的强烈敌意，这种意识主要是引导它们……在它们不得不进行漫长而需要耐心的跋涉时，让它们能够找到回去的路，找到蚜虫和其他所有赖以生存的手段。[2]

但它们闻到的是什么呢？哪种或者哪些分泌物能在瞬间决定一只蚂蚁是欢迎另一只蚂蚁进入自己的巢穴，还是去疯狂地攻击它呢？蜜蜂发现一片花丛后会返回蜂巢跳起摇摆舞，去告诉它的姐妹们在哪里可以找到新的食物来源；蚂蚁通常是在黑暗中的二维空间活动，显然它留下了气味踪迹来召集同类。而且，蚂蚁对这些化学标记的反应行为是强制性的，并非自愿的。

体内分泌的用于调节某些特定细胞活动的有机化合物被称为激素。在 1959 年的《自然》期刊上，两位欧洲动物学家为当时正在研究的、分泌到体外用于个体间交流的类似化合物取了一个新名称——信息素（pheromones）。在他们新造的这个词中，ormōni 是"激素"一词的希腊语词源，意思是"激发"，它为另一个希腊语单词 pherein 做词尾，后者的意思是"转移"。这两位动物学家写道："信息素是指由一个个体分泌到外界，并由同一物种的第二个个体接收的物质，在这个过程中它们会触发特定的反应，例如，某种确定的行为或发育过程。"[3]

81　　　"人类通过视觉和听觉来进行交流，"威尔逊评论道，"这允许人类创造具有任意选择含义的词语。换句话说，我们用语言交流，这是社会秩序实现迅速发展的先决条件。相较而言，蚂蚁采用的是通过闻到或者尝到化学分泌物的方式进行交流，这些含义在基因中已经确定了。"[4]

　　但是，还没有人能够识别出那些化学分泌物，也没有人找到它们在蚂蚁体内的来源。1958 年夏天，威尔逊决定尝试去寻找和识别这些分泌物。他已经意识到，蚂蚁引导它的同伴工蚁们前往新发现的食物来源所留下的踪迹一定是一种信息素。他还断定，要确定是哪个腺体或哪几个腺体产生了踪迹信息素，最好的方法就是测试各种腺体的提取物，用它们形成人工的踪迹，然后观察实验室里的蚂蚁会有什么反应。"如果我能找到蚂蚁罗塞塔石碑①的这一部分，"他写道，"我就可以对一个火蚁种群'讲话'并告诉它们去哪里寻

---

①　罗塞塔石碑（Rosetta Stone），制作于公元前 196 年，以古埃及象形文（圣书体）、埃及草书（世俗体）、古希腊文三种文字刻写了托勒密五世的登基诏书，成为后世解析古埃及语言与文化的关键。——译者注

找食物。"[5]

　　因此，他要找的是一种外分泌腺——一种通过管道将其分泌物排出体外的腺体，就像人类的泪腺和唾液腺那样。这个限制条件引导他去研究位于火蚁一端的嘴或者另一端的刺，这是火蚁身体通向外部世界的明显开口。他已经注意到火蚁在留下踪迹时会把它们的胃（即它们身体最后面的球状部位）卷曲到身下，然后它们的刺会断断续续地触碰地面，"很像钢笔移动时留下墨迹的样子"，[6]这引导他将胃作为最有可能的部位来进行研究。

　　即使是一只小蚂蚁的身体也充满了器官和腺体。火蚁是体型最小的蚂蚁之一，它们的内脏很小。那年夏天，威尔逊既没有钱给他的实验室买一套复杂的显微操作系统，也没有时间学习如何操作它。作为替代的是，他将安装在工作台架上的一个大号放大镜当作一只特别的眼睛，还有被他称为"手持仪器中最好的——针尖杜蒙 5 号镊子，那是珠宝商处理非常小的宝石时用的"。即便如此，其工作对象的尺寸也要求他不能有刻意的动作。当他试着刻意解剖时，过度的动作补偿会使蚂蚁的身体部位溅得到处都是。他很快就学会了利用手的正常震颤，即手对血液脉动的细微的、锤子般的反应。"这些无意识的动作刚好足以切开腺体的底部，"他回忆说，　"并将它们放入昆虫血液盐水中做进一步的准备。"[7]

　　因为火蚁看似是用它们的刺来标记踪迹的，所以威尔逊首先把目光投向了火蚁的毒腺。"信息素可能会被证明就是毒液本身，"他推测道，"但是当我检验这一假设时，结果却是完全错误的。对饥

饿的火蚁而言，毒液毫无意义。更令人惊讶的是，我从它身体其他
部位的腺体内检测到的物质也是如此。"[8]

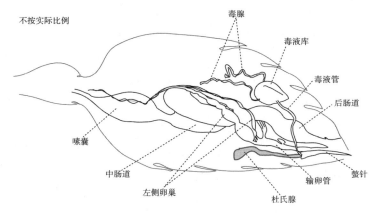

蚂蚁的胃部挤满了腺体和其他结构

然后，他注意到另一种可能的来源，一个小小的、香肠形状的
腺体，开口处在刺的底部。那是杜氏腺，以 19 世纪法国医生和博
物学家莱昂·让·马里·杜富尔（Léon Jean Marie Dufour）的名字
来命名，他在 1841 年首次描述了这个腺体。威尔逊写道："它只不
过是一个微小的白点，肉眼几乎看不到，它似乎不太可能扮演像火
蚁气味踪迹这样重要的角色。"他从一只刚被杀死的蚂蚁腹部里取
出这个腺体，用盐水洗了洗，然后用一根削尖的涂抹棒的尖端把它
碾碎。他用这支他不抱有希望的画笔在火蚁巢穴入口至觅食区中间
画了一条路线。"结果令人震惊，"他说，"巢穴中的蚂蚁不仅有很
多都跟随这条踪迹而来，而且在一条纵队里拥挤不堪。它们沿着我

画下的踪迹来回奔跑。它们做出的反应就像是人们在拥挤的大楼里听到非常响亮的火灾警报后一样，跑来跑去，大喊大叫。"[9]这仿佛是与外星生命体的第一次接触，威尔逊对他的蚂蚁说话，而它们也听到了他的话并做出了回应。

威尔逊显然已经找到了指引蚂蚁去觅食的信息素来源，接下来，他想搞清楚这种物质的化学成分。"如果成功，那将是一个真正的突破，"他写道，"如同在蚂蚁罗塞塔石碑上识别出了一个蚂蚁单词。"[10]那时在化学分析方面有一项偶然的进展，这一进展让威尔逊有可能鉴定出这种物质的化学成分。化学家在石油和烟草行业中开展工作，他们将两种仪器结合到一起，这样可以分离出混合有机物的小样本，比如，蚂蚁的踪迹信息素这类物质。其中一种仪器是气相色谱仪，它将一种化合物汽化，然后让产生的气体混合物通过一个圆柱体，分离出各种成分。另一种仪器是质谱仪，它使色谱仪产生的气体成分带电，再根据它们的质量将其分散开，并将得到的质谱以图表的形式呈现出来。然后，人们就可以将不同化学峰值的图与已知化合物的光谱进行比较，以确定其化学成分。

但是，一个可用于化学物理分析的小样本的量，仍然比威尔逊从一只火蚁身上提取的一小点腺体的量要多得多。每只蚂蚁最多只能提供几微克，也就是百万分之一克。他需要毫克数量级，即千分之一克。所以，为了测定火蚁踪迹信息素，威尔逊必须采集数万只火蚁。

不过，他已经不是孤军奋战了。考虑到他需要熟练掌握化学分析技能的同事，他招募了三名学过这种新化学分析技术的化学家加入了他的夏季工作：一名来自得克萨斯州休斯敦的贝勒医学院，一名来自芝加哥大学，一名是哈佛大学医学院的科研方向研究生。[11]

84　　　威尔逊知道在哪里可以找到成千上万只火蚁，也知道如何收集到它们。1958 年夏末，他和他的三名化学家同事从马萨诸塞州南下，来到佛罗里达州东北部，来到位于沿海的杰克逊维尔（Jacksonville）和内陆的奥克弗诺基国家野生动物保护区（Okefenokee National Wildlife Refuge）之间的一条乡村公路。"那里到处都是火蚁的丘巢，"威尔逊写道，"旁边的池塘源自静静流动的淡水溪流。"[12]一个典型的土丘可能容纳多达 20 万只火蚁，路边还有一些土丘，它们之间的距离大约有一个足球场那么长，目之所及到处都是。

　　这些入侵红火蚁原产于南美洲洪水泛滥的平原，它们已经适应了在洪水中保护自己的种群，威尔逊解释说：

　　　　当蚂蚁感觉到洪水从周围和下方涌来时，它们就会移动到巢穴表面，带着自己蚁群所有的后代——卵、蛴螬状幼虫和蛹——同时将蚁后也往上推。当水到达巢室时，工蚁们会用它们的身体组成一个筏子，然后整个蚁群可以安全地顺流而下。当蚂蚁接触到干燥的土地后，它们就解散这个有生命的方舟，然后再挖出一个新的巢穴。[13]

　　在一个夏日的佛罗里达乡村路边，科学家们拿出铁锹和水桶，开始把一堆堆的火蚁丘铲入水桶，然后将其倒进路边的池塘。随着沙土不断沉入池塘，慌乱的蚂蚁浮到水面，组成它们的"救生筏"。他们用滤茶网把这些"筏子"舀起来，装进瓶子里。这些瓶子里已经装好一部分低沸点的二氯甲烷溶剂，准备进行蒸馏。[14]

　　"我们竭尽自己所能，"威尔逊的新英格兰前辈拉尔夫·沃尔多·爱默生（Ralph Waldo Emerson）在一篇文章中写道，"夏天会有苍蝇；如果我们走在树林里，就得喂蚊子。"[15]如果他们采集火蚁，就得忍受针蜇。"我们带着必需的 10 万只工蚁（粗略估算的，没有去数！）回到了［哈佛大学］，"威尔逊回忆说，"而我的双手全是被众多愤怒的蚂蚁叮咬的瘙痒肿块。"[16]他的双手，还有他同事们的双手都是。之后他们再也没有主动和埃德·威尔逊一同去采集过火蚁。

　　现在化学家们开始提炼踪迹信息素。为了做到这一点，他们将一批批已被溶剂溶解的蚂蚁进行蒸汽蒸馏，用另一种常见的实验室溶剂石油醚，从蒸馏物中提取油性腺体分泌物，然后用气相色谱法分离杜氏腺的成分。威尔逊尝试用这一提取物来设置踪迹，来看看蚂蚁是否还会做出像他之前用碾碎的腺体本身进行实验时的反应。他在 1959 年 3 月的《科学》（Science）上写道，它们还是做出了同样的反应，该提取物产生的"踪迹跟踪反应，其程度几乎与［碾碎的杜氏腺标本］产生的反应相当"。[17]

　　因此，威尔逊成了世界上第一个识别出蚂蚁之间交流的基本系统的研究者，这是一项具有开创性的重大成就。伴随着这项研究，在 1958 年到 1959 年间，他在各类期刊上发表了 20 多篇科学论文和科普文章，涵盖了《科学》（美国首屈一指的科学期刊）、《精神》（Psyche，一流昆虫学杂志）、《太平洋昆虫》（Pacific Insects）、《博物志》（Natural History），以及《科学美国人》（Scientific American）。

85

1958 年，年仅 29 岁的他被授予哈佛大学终身教职和副教授职位，这并不令人惊讶。他为自己赢得了这一殊荣，尽管这让吉姆·沃森大为光火。

虽然他和他的化学家同事们在采集火蚁和提取信息素方面进行了艰苦的工作，更不用说每次要进行六次或更多的跟踪实验、测量和计数、跟踪比面包屑还小的蚂蚁这些枯燥乏味的重复性工作，但他们发现实验用的踪迹逐渐消失了。威尔逊写道，证据显示杜氏腺分泌的物质是"一种相对简单的分子———一种萜类化合物——而且其完整分子结构似乎触手可及"。[18]（植物和昆虫产生多种具有生物活性的挥发油，它们称为萜类化合物，其中有许多都具有强烈的气味，包括香茅、玫瑰油和松节油。）但是，化学家越是精炼这种分泌物，蚂蚁的回应越是不积极。这有点不太对劲。

86

"信息素是一种不稳定的化合物吗？"威尔逊问自己，"这种效果是多种物质混合所致，而不仅仅是一种物质产生的吗？"他认为信息素很有可能是混合物。他的同事们也同意这个观点，但更糟糕的是，以他们现有的化学分析技术水平，还无法找出这种混合物的成分。威尔逊直截了当地下了结论，道出了在付出如此之多的工作之后真正的辛酸："我们放弃了。"[19]

在放弃他们的研究之前，他们决定在一篇报告中进行总结，这是一篇罕见的描述失败结果的科学论文。它确定了一条基线，以便化学分析技术在得到发展之后能在此之上做进一步的科学研究。这篇论文非常新颖，赢得了英国《自然》期刊的认可。[20]即便在那篇论文中，三人承认他们在试图确认活性踪迹物质的过程中出师不利，经历了"一些挫折"，但他们在信息素的效果减弱方面也获得了一些潜在的发现。他们写道，纯度更高的提取物无法激发蚂蚁的相应行为，这一事实"表明存在一种可能性，即化学不稳定性可能会使踪迹物质在发挥作用之后就消失。威尔逊此前曾提出，通过使用一种非常易挥发的物质来做踪迹物质就可以做到这一点"。[21]在食物被采集之后，踪迹标记若仍然继续促使蚂蚁去追踪的话，将会把工蚁们误导到死胡同里。

事实上，在进一步的研究中，威尔逊发现，除非有其他工蚁将其强化，否则信息素会迅速消失——举例来说，收获蚁向空气中喷洒的警报信号，经过大约 35 秒就消失了。他在 1963 年的《科学美国人》期刊上写道："当我们在自然条件下观察一个［收获蚁］群落时，局部而短暂的警报信号对蚂蚁的好处是显而易见的。蚁巢会受到几乎无数次轻微扰动的影响。如果一只工蚁［喷洒］产生的警报范围更广泛、更持久的话，那么整个蚁群就会一直处于无休止的、徒劳的混乱之中。就像现在这样，由外来昆虫入侵等引起的局部扰动会由一小群工蚁快速有效地处理掉，那些引发反应的刺激因素很快就会消失。"[22]

直到 1981 年，由佛罗里达州盖恩斯维尔的美国农业部火蚁实验室主任罗伯特·K. 范德·梅尔（Robert K. Vander Meer）带领的研究小组，才提取出了蚂蚁杜氏腺中复合在一起的完整信息素混合物。[23]威尔逊基于那项研究在报告中说："这种踪迹物质……不是一种单一的信息素，而是多种信息素的混合物，所有信息素都从螫针释放到地面上。其中一种信息素吸引了踪迹设定者的同伴们，另一

87

种让它们活跃起来，还有一种可以引导它们穿过由挥发性的化学线条构成的［蒸汽］活性空间。所有成分在一起才能引起全部反应。"威尔逊称这种组合"是自然选择的精心安排"。他总结道，由于没有意识到它的复杂性，"因此只瞄准了其中一种成分进行研究，导致我们在此前的研究中未能识别出其中任何成分"。[24] 因为进化是通过改变现有的性状来进行的，而不是发明新的性状，所以自然界中的现象很少是简单的。尽管如此，威尔逊还是对揭示蚂蚁的交流系统做出了根本性的贡献。他后来回忆说："我至少是第一个想到信息素是在蚂蚁之间和蚁群内部传递信息的手段的人。"[25]

　　在硕果颇丰的 1958 年，威尔逊进行了一项更加明确的研究，此举提供了一个罕见的科学喜剧案例。他注意到一种奇怪的行为，决定和他的两位化学家同事一起研究：蚂蚁在保持巢穴清洁方面非常挑剔，却会让死亡的同伴站在或躺在它们死去的地方一两天，然后再把它们收拾起来，带到远离巢穴的垃圾堆里（在实验室条件下，它们在远离巢穴的地方建立了一个垃圾堆）。它们照料死亡同伴的方式让人觉得仿佛同伴还活着，不管它已经多么扭曲皱缩、一动不动。因为蚂蚁的行为是由气味介导的，威尔逊想知道为什么腐烂的气味——他指出这是"某种信息素"——没能引发它们更及时地处理尸体的行为。[26] 他推测道："如果蚂蚁活着的时候通过释放信息素触发其他蚂蚁本能的社会行为来为蚁群服务，那为什么死亡的时候却不是这样呢？"[27]

　　随着他不断深入地思考这个问题，他意识到蚂蚁坚硬的甲壳质外骨骼可能阻挡了腐烂气味的散发，直到分解产生足够的气体将气味逼出来。（甲壳质构成了龙虾、螃蟹和昆虫的壳，其坚韧防水，也是鱼鳞的主要成分。）这是一种简单、明显而刻板的蚂蚁社会行为模式，值得我们一探究竟。

　　威尔逊在实验室里对暗锈红色佛罗里达收获蚁——栗红须蚁（Pogonomyrmex badius）进行了研究，这群收获蚁在离巢穴入口约 1 码远的地方建了一个垃圾堆，那是远离蚁群封闭的觅食区的一端。（外置垃圾堆是对封闭环境的一种适应：在野外，佛罗里达收获蚁会直接将尸体倒在洞口外，然后食腐物种很快就会把尸体拖走吃掉。或者，更为他人着想的一种做法是，生病和垂死的收获蚁工蚁会自行离开蚁巢，在无人关注之下四处游荡，直至死去。如威尔逊所说："因此，清除尸体的工作在很大程度上是由垂死的蚂蚁自己完成的，这是它们作为活工蚁的最后一种行为。"[28]）

　　作为一系列实验中的第一个，威尔逊的化学家们从工蚁尸体中提取了丙酮，然后将其涂抹在五张蚂蚁大小的正方形滤纸上。另有五张未经处理的小纸片作为对照组，全部十张方形纸片都排列在靠近蚁巢入口的觅食区域内。在三个彼此独立的实验中，第一批工蚁遇到处理过的纸片就会将它们捡起来拖到垃圾堆。工蚁们对未经处理的纸片则不加理会，实验中只有一次例外。[29]

　　威尔逊还用其他材料做了同样的实验。收获蚁通常要么不理会植物的种子，要么把种子捡起来放到蚁巢里储存起来；如果种子被淋上尸体提取物后，勤劳的工蚁就会用上颚将它们丢到垃圾堆里。[30]威尔逊尝试对死蟑螂身上的提取物进行提纯，这使实验室"微微散发着一种停尸房和下水道混合的气味"，因为其中两种提取物成分——萜类吲哚和粪臭素是"哺乳动物粪便的成分"。他测试的大多数非蚂蚁物质只会引起蚂蚁的兴奋和攻击性的绕圈，但是死蟑螂的提纯物及其粪便中的萜类物质引发了威尔逊那时开始称之为"弃尸"的反应——工蚁将被淋了提纯物的样本（在这个实验中是一些香脂块）搬去了垃圾堆。[31]

威尔逊对实验的成功感到非常高兴。他写道："对生物学家来说，没有什么过程比一个成功的实验更令人高兴了。"[32]他为每个来到他实验室的人重复"尸毒洗礼"，直到他对这种重复感到厌倦。

那时他突然想到，最终的测试应该是看看他的蚁群中，爱干净的工蚁面对一只淋了死亡蚂蚁液体的活蚂蚁时会怎么做。他把这个实验想成是把蚂蚁变成僵尸，尽管这将是反过来的僵尸——不是死者复活，而是生者被死亡气味所笼罩。

从蚂蚁的视角来看，威尔逊的实验可能看起来像是神的造访：一个巨人俯身趴在它的巢穴上，一个巨大的透明玻璃圆筒向下扫过，一滴难闻的液体滴落在它的身体上。"结果让人欣慰，"威尔逊念着咒语，"工蚁们遇到被淋过的同伴后就将它们抬起来，把活生生的它们运到墓地，把它扔在那里，然后离开。送葬人的举止相对比较平静，甚至可以说是随意。死者就应该和死者在一起。"[33]

新英格兰诗人罗伯特·弗罗斯特（Robert Frost）在他 1936 年的讽刺诗《分工》（"Departmental"）的后几行中预见到了威尔逊的观察：

……蚂蚁是一种奇异的族类；

即使在一直匆忙赶路时
践踏过另一只蚁的尸体，
也不会有一瞬间的分神，
甚至显得有点麻木不仁，
但是一定会把消息传递
给触须触到的任何蚂蚁，
这蚂蚁又毫无问题回去
报告蚂蚁王国上层当局。
然后便会传来这类蚁语：
"本朝无私的粮秣官杰瑞，
杰瑞·麦克米克已殉职；
有位全权专职杰尼扎瑞，
主持该军需官身后事宜，
特派料理殡葬专职官吏
运送他返回到乡梓故里，
置诸花萼以便举哀行礼，
并用花瓣充当他的殓衣，
再以荨麻汁液涂敷躯体。
这便是女王懿旨，钦此。"
于是便会有庄严的执事，
立即出现在出事的场地，
平心静气地转动着触须，
他正式就职，行礼如仪，

90

> 再兜腰抓住死者的躯体，
>
> 把他在半空中高高举起，
>
> 举着他的遗体随即离去。
>
> 没有任何蚂蚁前来围观，
>
> 因为这与其他蚂蚁无关。
>
> 这不能说成是无情无义，
>
> 然而，分工是多么彻底。①

　　弗罗斯特发现，蚂蚁的殡葬行为在涉及死去的蚂蚁时很有意思；而威尔逊玩弄活蚂蚁，就像耶和华和撒旦玩弄约伯一样（但要更为仁慈），把它变成一出喜剧。他回忆说："在被丢到垃圾堆以后，'活死人'会爬起来迅速回到巢里，然后被再次丢出来。这些不幸的家伙被一次又一次地扔到垃圾堆里，直到它们身上的死亡气味在这个仪式中消失殆尽。"³⁴由于在野外重伤的蚂蚁一般是会被抬回来吃掉的，所以只是把弄脏的工蚁和死去的蚂蚁混到一起直至它们把自己清理干净，这似乎并没有让它们陷入生命危险。

　　弗罗斯特提到的甲酸②是指蚂蚁的许多挥发性化合物中最早被确定的一种。在 1670 年，英国复辟时期一位名叫约翰·雷（John Wray）的牧师兼博物学家在给《伦敦皇家学会哲学汇刊》

---

　　① 〔美〕弗罗斯特：《弗罗斯特诗选》，江枫译，外语教学与研究出版社，2012。——译者注

　　② 前述诗歌中"然后便会传来这种蚁语"的原文为"Then word goes forth in Formic"，其中的 Formic 指的就是甲酸（Formic acid）。——译者注

（*Philosophical Transactions of the Royal Society of London*）的一封信中报告了他对蚂蚁分泌物的观察。雷用蚂蚁的旧名称"pismires"来称呼它们，这个名字反映了一种常见的观察结果，即蚁丘闻起来像尿液的气味——一些人会把这种气味和甲酸的气味混淆。雷的报告称："一点点蚂蚁的气味就能在一瞬间让［蓝色的］琉璃苣花变为红色：醋稍微加热也会有同样的效果。仅用蚂蚁自己蒸馏或者加水蒸馏，都会产生一种类似醋的物质……当你把动物［如蚂蚁］放进水里［蒸馏它们］，你必须搅拌它们让它们发怒，然后它们就会喷出酸液。我们蒸馏过的动物中（除了这一种）没有一种会产生**酸性**物质……而到目前为止我们已经蒸馏了很多种，既有肉类、鱼类，也有昆虫。"[35]

91

威尔逊于 1958 年发现杜氏腺中踪迹信息素成分的来源之后，许多研究人员用越来越精密的仪器对蚂蚁分泌的大部分信息素进行了分类。到 1983 年，罗伯特·范德·梅尔的总结报告称，杜氏腺提取物中蒸馏出来的仅仅用于标记踪迹的就有不少于 9 种不同化合物，而杜氏腺总共可以分泌 50 多种化合物。[36]在那时，蚂蚁身体其他部位产生的其他信息素也被识别出来了：蚁后信息素、育雏信息素、巢友识别信息素、工蚁吸引信息素等。信息素是蚂蚁的语言，是一部指令的化学字典。

威尔逊写道，有了它们，这些高度社会化的昆虫甚至可以"将信息素和其他气味放在一起，创造出'原始的句子'。一只觅食中的工蚁遇到火蚁，会冲回自己的巢穴，散发出相当于大喊**紧急情况、危险**的警报信息素，然后它会发出它在最近一次争斗中获得的火蚁气味来代表**敌人**，然后当它转身沿着它刚刚铺好的气味踪迹往回跑时，代表着**走这边，跟着我**"。[37]

威尔逊在职业生涯的这一时期所做的基础性实验表明，机体生物学可以像分子生物学一样产生大量新发现，而且不需要变成枯燥无味的分子化约论。与此同时，他也没有忘记自己早先在南太平洋的研究及提出的问题：物种如何移民到岛上？考虑到大陆陆地上多个物种之间极其复杂和重叠的关系，岛屿移民是否可以作为一个更简单的模型来研究物种相遇和适应时的进化过程？而且岛屿数量众多，各不相同，大小、形状各异，那么它们不就也能用于自然实验，从而在各种条件下检验一种理论吗？岛屿不就是被水包围的陆地吗？群山是被隔离开的，被草原环绕的森林是如此，溪流、洞穴和潮汐池也是如此。因此，最紧迫的问题是，世界各地以前连续的自然栖息地逐渐被人类的定居所破坏。了解物种在这样的条件下如何生存，对于保护自然世界非常重要，因为人类世界似乎在不可阻挡地继续入侵自然世界。

正当威尔逊开始思考这个研究项目时，他遇到一位同事，这位同事对物种如何在拥挤的环境中为自己营造空间这一问题做出的原创性贡献引起了人们的兴奋和争论。在 20 世纪 60 年代早期，埃德·威尔逊和罗伯特·麦克阿瑟（Robert MacArthur）共同完成的岛屿生物地理学工作将为这个新兴领域奠定坚实的基础。这也促使威尔逊和麦克阿瑟合著了一本书，这是威尔逊出版的第一本书。

第 6 章

群　岛

埃德·威尔逊在 1960 年第一次遇到罗伯特·麦克阿瑟，那时　
他想要招募麦克阿瑟加入自己的团队，以在分子战争中对抗分子生
物学并推动进化生物学的事业。"那时，我对生物学的未来的看法
已经变得激进起来，"威尔逊回忆说，"……我想在年轻的进化生物
学家队伍中掀起一场革命。我感到自己有动力去突破现代合成论者
的保守势力范围，并帮助开创一些新的东西。"[1]他还不知道要如何
实现这一目标，但那时第一步显然是要招贤纳才。

在那年年初，一位出版商请威尔逊评估年轻的海洋生物学家劳
伦斯·斯洛博金（Lawrence Slobodkin）的一份手稿，后者当时正在
密歇根大学任教。"我突然意识到，生态学之前从未被纳入进化理
论。"威尔逊回忆说。这份手稿，也就是斯洛博金在 1961 年出版的
著作《动物种群的生长和调节》（*Growth and Regulation of Animal
Populations*），为我们展示了一种方法。威尔逊以一份热情的报告作
为回应。随后，他联系了斯洛博金，并提议他们一起写一本教材来
推动一个领域的发展。

威尔逊和斯洛博金在 1960 年美国科学促进会（Advancement of

94　Science，AAAS）的年会上继续他们的计划，该会议于圣诞节和新年期间在纽约市举行。两人都参加了星期二举行的两场专题研讨会，其主题是"种群生物学的现代观点"。[2]种群生物学是研究所有种群的生物学，而不是对个体或能量流的研究。由于它研究种群变化的模式，所以必然是一个偏重于数学的领域，而这从来不是威尔逊的强项。他和斯洛博金需要一位数学家来帮助他们编写教材。拥有数学学士和硕士学位的罗伯特·麦克阿瑟可能就是他们要找的那个人。威尔逊和斯洛博金都在星期二的研讨会上发表了论文，麦克阿瑟也是如此，他是在当天的最后一场会议上发表的。斯洛博金认识这位数学生物学家。他们曾同在耶鲁大学的同一个导师手下完成博士生期间的研究。"他是个真正的理论家，"威尔逊回忆起斯洛博金对麦克阿瑟的称赞，"人很聪明。"[3]他们一起参加了麦克阿瑟在美国科学促进会上的研讨会，并在会后等着他。此前，威尔逊与麦克阿瑟素未谋面。

　　威尔逊和麦克阿瑟立刻找到了两人的共同之处。除去其他相似之处，他们在研究科学的方法上都同样具有开创精神。"罗伯特（他不愿意被称为鲍勃）和我都比较年轻，"威尔逊写道，"他那时29岁，我30岁。我们都干劲十足，都在有意识地寻找在科学上取得重大进展的机会。"斯洛博金对他的评价（"人很聪明"）低估了麦克阿瑟的声望。威尔逊坚持自己的看法，即麦克阿瑟已让他同时代的很多人又敬又怕。"人们普遍认为他是理论生态学的新代表人物，"威尔逊说，"他已经取得了一些开创性的进展。他是一位狂热的博物学家和鸟类专家，此外，（对我们来说非常重要的一点）

他还是一位能干的数学家。"这就是让他的同时代人感到敬畏的背景。麦克阿瑟"身材瘦小，面部棱角分明，说话尖锐，性格孤僻"，威尔逊补充说，他常以"严肃的态度告诫那些愚蠢的人。[麦克阿瑟]不是会把手放在肩膀上和你勾肩搭背的那种人，他也不会经常大声地笑"。在接下来的十年中，他们大部分时间在一起工作，并最终合著了一本书，但他们一直没有成为亲密的朋友。"我们一直 95 在衡量彼此。"威尔逊总结道。[4]

麦克阿瑟出生于加拿大，父母是美国人。他的父亲约翰·伍德·麦克阿瑟（John Wood MacArthur）在 1930 年时是多伦多大学的遗传学教授；他的母亲奥利芙（Olive）是细菌学家和植物学家。麦克阿瑟一家喜欢户外活动，他们在佛蒙特州南部的绿山国家森林公园（Green Mountain National Forest）东边拥有一栋避暑别墅。小罗伯特夏天都在那里探索和采集，就像威尔逊在亚拉巴马州乡村时所做的一样，但他有个稳固的家庭做后盾。

1947 年，当罗伯特 17 岁时，他得知佛蒙特州万宝路（Marlboro）即将开设一所小型文理学院，就在他家的避暑别墅附近。万宝路学院将会是一所平等的学院，没有教师评级和评分，采用员工大会形式的管理制度，学生可以独立研究和规划自己的课程。其创始人沃尔特·亨德里克斯（Walter Hendricks）是伊利诺伊理工学院（Illinois Institute of Technology）的人文学科教授，他在附近拥有一个农场，他还是诗人罗伯特·弗罗斯特的终生好友，后者鼓励并支持他的这项新事业。[5]《时代》（Time）杂志的一则新闻报道告诉大家学院开学了，麦克阿瑟的物理学家哥哥小约翰（John

Jr.）还记得他弟弟响应了《时代》杂志的报道，报名参加了小型开放式课程。[6]亨德里克斯在自己的农场旁边买了一座农场用来建造学院，由于麦克阿瑟一家就在附近避暑，罗伯特很可能是从 1947年那座农场开展的大规模改造和建设中得知这所学院的。他的哥哥回忆说，罗伯特一入住就给家里写信"告诉我们那里的情况。我们决定相信他的判断，所以我们［在第二年］辞职过来了"。用辞职来形容老约翰离开一个终身职位，进入一所白手起家的新学院，投身于一个不确定的未来，实在是相当随意了。小约翰进入万宝路学院讲授物理学，在 1950 年老约翰去世时，奥利芙·麦克阿瑟接手讲授生物学。万宝路学院在某种程度上成了一个家族企业。[7]

96　　　罗伯特·麦克阿瑟在万宝路学院茁壮成长，他主修数学并继续在佛蒙特州南部的树林中观察鸟类。1951 年他从万宝路学院毕业后，在罗得岛州普罗维登斯市的布朗大学获得了数学硕士学位。威尔逊后来评价他是一位杰出的但不是一流的数学家，因为几乎没有哪位科学家是一流的数学家。威尔逊指出，他们没这个必要，因为如果他们是一流数学家的话，他们就会去专研数学了。这也许可以解释为什么麦克阿瑟想在伊利诺伊大学攻读鸟类学博士学位，而不是数学博士学位了。他的老师是鸟类学家查尔斯·肯迪（Charles Kendeigh），肯迪曾发表关于北方森林鸟类群落的研究。一位认可麦克阿瑟的学者写道："在一个很可能会影响生态学未来的委员会决定中，伊利诺伊大学拒绝了他的申请，因为从表面上看，他接受的是成为数学家而不是生物学家所需的培训。"[8]他又尝试了一次，这次是申请耶鲁大学的动物学专业，随后他被录取到乔治·伊夫林·哈钦森（George Evelyn Hutchinson）门下攻读研究生，后者是博学的英国湖沼学家（湖沼学是研究湖泊的学科），他正在创立生态学专业。（我认识哈钦森。他每周会去耶鲁大学的伊丽莎白俱乐部喝几次下午茶；同为俱乐部的会员，我有时也加入他的行列。我真希望我与他有更多的交情，足够熟悉到可以问他非凡的生活和工作情况。那时是 20 世纪 50 年代后期，我还是名本科生，麦克阿瑟是耶鲁大学的研究生，尽管我们从未谋面。）

在我们攻读学位期间，征兵开始了。麦克阿瑟曾在亚利桑那州华楚卡堡（Fort Huachuca）的军队中服役两年，计算火炮的弹道轨迹。他充分利用空闲时间，去观察鸟类、阅读和做研究，包括规划他的博士论文。一位认可他的学者说："他后来告诉同事们，在回到新英格兰后，他实地工作了两周就已经形成了［他的论文研究的］基本框架。"[9]他那时也许是有了基本框架，但他还需要在 1956 年和 1957 年的两个夏天，以及在两个学期之间的一个冬季去趟哥斯达黎加，用文件来证明和支撑他的论文。

麦克阿瑟的博士论文《东北针叶林中几种鸣禽的种群生态学》（"Population Ecology of Some Warblers of Northeastern Coniferous Forests"）以其对生态位理论的严格论证而闻名于世。[10]他的导师伊夫林·哈钦森当时正在对生态位理论进行正式的和数学上的重新定义。[11]（简单地说，生态位是指物种在环境中所处的位置。）它提出 97 并回答了这样一个问题：当类似的鸟类物种占据森林里的相同区域时，它们并没有相互竞争资源直至其他物种全都灭绝而只剩一个物种，是什么阻止了它们呢？

　　这位年轻的鸟类学家回答了这个问题，他展示了他所研究的几种以昆虫为食的莺类，它们大体上将共享的成熟的常绿林木生活区做了划分。他发现，栗颊林莺（Cape May warblers）主要在 60 英尺高的缅因州云杉树的顶部三分之一处以及树叶的外围区域觅食。黑喉绿林莺（black-throated green warbler）则主要在云杉树中部的三分之一区域觅食，包括外部区域和朝向树木内部的下一个区域。黄腰林莺（myrtle warbler）在树木底部更开阔的三分之一处觅食，这一区域包括树木中部和内部区域以及下部树叶的下方和树干周围的开阔空间，一直到地面。（为了描述清楚，我省略了另外两个数量较少的物种，它们也被麦克阿瑟研究过，也有类似的分区行为。）

　　由此可以得出结论，每个林莺物种都喜欢不同的猎物，而在林莺捕猎的树林中，猎物们又喜欢不同的区域。麦克阿瑟的研究表明，莺类的偏好实际上是对不同种类昆虫的偏好，而后者常见于它们自己偏好的区域内。这些林莺在捕食行为上也可能有所不同，而且它们也确实是不同的：在麦克阿瑟记载的一些不同觅食行为中，不同物种在捕猎时会向不同的方向移动（垂直的、切线的或径向的），飞向别的树木的距离有多有少，"飞行觅食"（即飞着追逐虫子）的时间有长有短，在能量级别上有活跃有迟缓。通过各种方式，麦克阿瑟研究的几种不同林莺种类为它们自己划出了空间（即生态位），最大限度地减少了彼此之间的竞争，并让它们能在同一棵树上或多或少地稳定共存。

　　麦克阿瑟的林莺研究的不同之处在于其使用的策略：不是简单地描述林莺的自然史及其相互作用，而是形成理论然后再到真实的

森林中，到真实鸟类的真实世界中去加以验证。这一策略通过计 98
算、比较并量化其发现，从中得出进一步的概括，这些概括结论还
可以再反过来进行检验。正如一位生态学家后来写道的那样："麦
克阿瑟的研究所引起的争论及其改变生态学的方式，说明了科学是
一个过程，而不是一本百科全书。"[12]

在获得博士学位后，麦克阿瑟前往牛津大学，在进化生物学家
大卫·拉克（David Lack）的指导下，花了一年的时间来加深对鸟
类学的认识。拉克在 1947 年出版著作《达尔文雀》（*Darwin's
Finches*）[13]时尚未引起学界的重视，此时因其对物种竞争作为进化推
动力的深刻见解而受到关注。麦克阿瑟从英国回来后，在宾夕法尼
亚大学担任助理教授。正是那时候，威尔逊和斯洛博金将他招募到
他们的教科书编写团队中。

那个项目最终因三人在方法和性格上的差异而失败。但麦克阿
瑟热情地加入了威尔逊和他的同事们正在组建的进化生物学家核心
团队，以推动他们的领域成为更具实验性、严谨性也更加数学化的
科学。1964 年夏天，他们的协会在万宝路外湖边的麦克阿瑟家举行
了一次聚会，这是这个协会活动的顶峰。除了威尔逊和麦克阿瑟，
这个五人团体还包括：哈钦森的另一位门生，热带生态学家埃格伯
特·利（Egbert Leigh）；理论种群生物学家理查德·莱文斯
（Richard Levins），他后来加入了哈佛大学公共卫生学院；以及理论
和实验遗传学的先驱理查德·列万廷（Richard Lewontin），他在十
年后担任哈佛大学动物学教授，并最终成为威尔逊所在系的系主
任。斯洛博金未能出席，但威尔逊一直向他通报情况。

在威尔逊 1994 年出版的回忆录《博物学家》中，他怀念地回忆起那次聚会：

> 在安静的北部林地里散步的这两天里，我们扩大了共同的雄心，即把进化生物学导向更坚实的理论种群生物学基础。每个人都依次描述了自己正在进行的具体研究。然后我们一起谈论了可以把该主题向中心理论［即达尔文进化论］延伸并与之保持一致的方式。[14]

他们决定同心协力，用一个共同的笔名写一系列"大胆的、思辨的"文章来推动他们的事业。如果这个决定听起来像是一个仲夏夜之梦，那它确实就是。他们最终一无所获。"于是这个项目无疾而终，"威尔逊写道，"大多数成员各奔东西了。我们再也没有作为一个团体见过面。"[15]

一群如此积极进取、雄心勃勃的年轻科学家，无论多么痴狂，也很快就会转回到自己的事业中，这并不奇怪。至少对威尔逊而言，这次聚会是一个分水岭。"我不能代表其他人，"他回忆起 1964 年那个夏天时说，"但我相信我们都对进化生物学的未来和我们自己有了新的信心。"[16]在研究生院，威尔逊的一些批评者对他从亚拉巴马州带来的认真严肃的态度不屑一顾，并给他起了个绰号"长不大的男孩"。[17]这个长不大的男孩现在已经成熟、自信，正向他职业的中心迈进。

1964 年夏天的另一件事进一步缓和了分子战争交战方之间的冲

突。1900 年出生于乌克兰的进化生物学家狄奥多西·杜布赞斯基（Theodosius Dobzhansky）在 1937 年出版的一本颇具影响力的书中首次阐述了现代综合理论。[18]1964 年 8 月，他在科罗拉多州博尔德市举行的美国动物学家协会夏季年会上发表了演说。作为该协会即将离任的主席，他决定对分子生物学和进化生物学的问题发表意见（他称后者为"有机生物学"——比起威尔逊的"进化"，他更喜欢他自己的形容词）。他保证自己接下来要说的话"可能对你们中的一些人来说是挑衅，但它一定不会让你们觉得很无聊"。[19]

这当然不无聊。杜布赞斯基直言不讳道：

> 一事成功万事成。在分子生物学中，惊人发现接连不断。分子生物学已经成为一个极具魅力的领域。它吸引了众多有能力的年轻学生和年长的研究者。魅力和才华会引起激情和乐观；但也会让人眼花缭乱、一叶障目，以致有些人认为唯一有价值的生物学就是分子生物学。所有其他的生物学都只是"观鸟"或者"采集蝴蝶"。[20]

杜布赞斯基继续说，那种态度最根本的错误就是忽视了生物学家研究对象的融合水平。"一些分子生物学家强行表达的观点就是，为了体现'现代性'或甚至是'科学性'，有机生物学就必须化约为分子生物学。在大多数情况下，这意味着很多分子生物学家对他们正在做的事情过于兴奋，以至于无法理解为什么他们的有机生物学同行能够在其他方面找到兴奋点。"[21]

杜布赞斯基告诫他的听众，一些沉迷于新发现的人敦促将有机生物学化约至分子水平，因为他们认为化学和物理更精确、更"先进"，因此也更优越。但是事实恰恰相反：

> 基因……是一个双链的 DNA 分子，或者也许是这样一个分子的一部分。然而，染色体并不是一堆基因，而是以某种方式排列的基因的一种组合，这种组合被证明在进化中具有适应性优势。细胞不是染色体的集合体，而是一种极其有序的发明，它不仅由染色体组成，而且有许多其他的细胞器。一个器官以及一个个体的身体，并不是细胞的简单堆积，而是设计精巧的机器，通常都高度复杂，其中的细胞成分不仅非常多样化，而且往往已经失去了各自的特性。[22]

以此类推，一直到生态系统，即最大的生物系统——整个种群的生物组织。杜布赞斯基总结道，这两种生物知识的方法，即分子方法和有机方法，以及可能还有的其他方法，都是我们理解自然界，特别是理解人类的深刻复杂性所必需的。

威尔逊写道，正如进化生物学家们耽于幻想的夏季计划会在后来的时光中随着实际研究的介入而失效一样，"分子战争也会陷入模棱两可的结论"。[23]哈佛大学的系内冲突通过分裂得到了解决，原先的生物系及其领地分裂为分子生物学系和有机进化生物学系。

1965 年底，一位年轻助手加入了生物学家的队伍，她将成为威尔逊的一大秘密武器。当时 23 岁的凯瑟琳·霍顿（Kathleen Horton）听从一个朋友的建议申请了一份工作：威尔逊的博士后罗伯特·泰勒（Robert Taylor）是新西兰人，他当时正准备搬到澳大利亚去担任堪培拉国家昆虫收藏馆的蚂蚁馆馆长，他需要有人在搬家前整理他大量的蚂蚁藏品。霍顿虽然出生于加利福尼亚州的奥兰治县，却拥有国际化的背景。她的父母是浸礼会的传教士，他们在 1942 年日本入侵之前离开了缅甸（当时称为 Burma，现改称 Myanmar）。她在巴基斯坦长大，并在黎巴嫩读完了大学的最后两年。霍顿做的是用针固定蚂蚁的工作，泰勒曾提醒霍顿不要让威尔逊知道她会打字，因为担心威尔逊会将她从这项工作中调走，让她去给威尔逊的论文打字。但威尔逊还是发现了。她整理完泰勒的藏品后就开始为威尔逊工作；直到 2021 年，她仍在为威尔逊工作。她使威尔逊的工作有条不紊，并与他的学生和来访者进行交流。威尔逊所有的书和论文都是手写在黄色便签簿上的，这些年里大约有 400 本，而霍顿把它们打出来。"我用废了四台打字机和六台电脑。"她告诉我。

威尔逊与拉里·斯洛博金（Larry Slobodkin）和伊夫林·哈钦森的邂逅让他开始探索现在被称为进化生态学的综合理论："通过他们，我开始认识到环境科学如何更好地与生物地理学和进化研究结合起来，我也对进化生物学的知识独立性更有信心了。我深受鼓舞去进一步研究物种平衡的核心问题，那也是我在 20 世纪 60 年代主要关注的问题。"生物地理学是生物学的一个分支，研究动植物的地理分布。自从 1960 年威尔逊和麦克阿瑟在纽约举行的美国科学促进会第一次会面后，他们就开始一起探索如何发展一门关注岛屿的实验性的生物地理学。威尔逊回忆说："我们都认为生态学和进化生物学可能是具有连续性的学科，在理论和田野调查方面充满创新的机会。"[24]

在一个实验中，实验者尝试设定条件，使得每次只有一个因素发生变化。麦克阿瑟写道："理论上，如果一个以上的因素发生改变，仍然可以进行分析，但是在实践中，如果多个已知特性出现改变，那么通常也会有多个未知特性发生变化。"[25]因此，举例而言，如果将一个新物种引入一个小岛，他们可以看到这一引入行为将如何影响岛上生活的所有其他物种。但如果引入一种以上新物种的话，就很难分辨出是哪个新引入物种引起了变化。新引入的物种之间也可能存在复杂的相互作用。

威尔逊回忆说："我和麦克阿瑟说起我在世界各地去过的岛屿，以及它们在研究物种的形成和地理之间的关联时的用处。我看得出来，由于这个主题很复杂，他并不感兴趣。"[26]与威尔逊的叙述相比，麦克阿瑟对他的图表更感兴趣；图表将这一主题概括为数字，这就让麦克阿瑟知道该如何去运用它们。威尔逊已经绘制了物种面积曲线，他写道：

> 这些曲线以简单的形式展示了……世界上不同群岛（主要是西印度群岛和西太平洋）中岛屿的地理面积，以及每个岛上发现的鸟类、植物、爬行动物、两栖动物或蚂蚁物种的数量。我们可以清楚地看出，随着一个岛面积的增加，其物种数量基

本上以四次方根［即平方根的平方根］的速度增加。这意味 103
着，举例而言，如果在一个群岛中，一座岛的面积是该群岛里
另一座岛的十倍，那么它包含的物种数量大约为后者的两倍。
我们还观察到，远离大陆的岛屿比起靠近大陆的岛屿，物种要
少一些。[27]

　　他们发现这些不同分布的有趣之处在于，新物种的迁入似乎与
定居物种的灭绝相匹配，图上的这两条线在总种群数量上有相交的
点，这个数字或大或小，取决于岛屿的大小及其隔离程度。威尔逊
写道，"在小型岛屿上，物种聚集度更高，物种灭绝速率曲线也更
陡峭。在遥远的岛屿上，迁入物种较少，迁入曲线也不那么陡峭。
在这两种情况下，结果都是处于平衡状态的物种数量较少"，也就
是说，物种的数量或多或少保持不变，尽管具体的组合可能会发生
变化。[28]威尔逊把这种现象称为"饱和"。

　　这两位年轻的生物学家把他们的想法和数据汇集在一起，写出
了一篇里程碑式的论文，发表在 1963 年的《生态学》（*Ecology*）
期刊上。威尔逊说，虽然这篇论文在当时并没有被人注意到，但它
后来被认为是生态学新领域的一个里程碑，其中有一张图表在那之
后的几十年里经常被印在教科书上。[29]

　　该图生动地展现了一个平衡模型，这是威尔逊和麦克阿瑟在研 104
究物种殖民新岛屿时的迁入和局部灭绝的连锁模式中发现的。这篇
论文用一张更加详细的图表直观地显示了平衡点如何随着岛屿的大
小和岛屿与大陆的距离而发生变化。

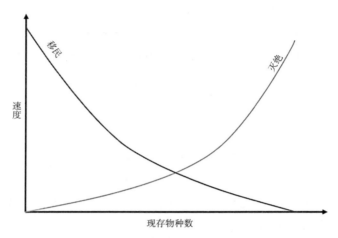

岛屿生物平衡模型

　　事实上，这些图表预测了岛屿的殖民化，通过到访这些岛屿并实地识别和计算物种的数量，然后跟踪物种数量来看殖民化和局部灭绝是如何进行的，可以对此加以验证。如果得出的数据与图表的预测相吻合，那就意味着威尔逊和麦克阿瑟发现了一种生态效益增加和减少的基本模式，并可以应用在更大的范围中——比如，去了解如何在不减少栖息地的情况下可持续地采伐森林。

　　后来的观察者注意到，世界上有多种形式的"岛屿"；威尔逊和麦克阿瑟的平衡理论最终"引起了极大关注，因为它的预测不仅限于'合适的'海岛；这一理论适用于任何场景，即适用于对'岛屿'物种有利的生境斑块被不利生境相互分隔的场景"。[30]不利生境可以是海洋、河流、峡谷，甚至是翻耕过的田地、地面，以及分隔湖泊的土地。

在成为一名畅销书作家之前，贾雷德·戴蒙德在早期科学研究中，于 1975 年的一篇论文中指出了他称之为"岛屿困境"的问题对自然保护区设计提出的挑战。他写道，当自然栖息地被伐木或耕种破坏以后，剩余的保护区大小以及它和其他此类保护区的位置就变得很重要了："如果栖息地的大部分地区都被破坏了，而有一小块地区被作为保护区，则该保护区最初包含的物种将超过它在平衡状态下所能容纳的数量。多余的那些物种将陆续灭绝。保护区越小，灭绝率就越高……不同的物种需要不同的最小面积才能有合理的生存机会。"[31]戴蒙德还运用了威尔逊-麦克阿瑟模型的理论，为保护野生动物提出了更好的保护区安排和布局建议。

生物学界对他们在 1963 年发表的论文反响平平，这出乎他们 105 的意料，所以威尔逊和麦克阿瑟在 1964 年决定把这篇论文扩充为一本关于这些似乎是通用模型的书，并在接下来的几年里反复修改。威尔逊回忆说："我们把这一简单的〔饱和〕模型应用到我们在生态学、种群遗传学，甚至是野生生物管理的相关学科中能找到的每一个数据上，并尽可能地将它们整合。"[32]

威尔逊生命中的另一个里程碑也出现在 20 世纪 60 年代早期。他和艾琳认为，他们已经有足够的能力养育一家人了。艾琳的身体在他们恋爱初期就开始变差，并逐渐虚弱到无法生育。于是，威尔逊夫妇在 1963 年领养了一个女婴——凯瑟琳（Catherine，昵称凯茜）。在之后的十年里，凯茜和艾琳会一起加入埃德的夏季远足，这让他们都很高兴。

　　1964年秋天，威尔逊成为一位才华横溢的年轻生物学者的研究生导师。他是哈佛大学的应届毕业生，出生于宾夕法尼亚州，名字是丹尼尔·森博洛夫（Daniel Simberloff）。和麦克阿瑟一样，森博洛夫也接受过成为数学家的培训，但是他在本科四年级时就更早地转到了生物学专业。他在那年补习了生物学，但当威尔逊接受他申请的时候，他受过的培训仍然是不成体系的。"我很担心自己能否进入研究生院，"森博洛夫告诉我，"我没有学过那么多的生物学知识。"一位友善的老师鼓励他去和威尔逊谈谈。"我去找埃德谈了谈，他跟我做了个交易。那就是他来教我所有我没学过的以及需要掌握的生物学知识，而我来帮他处理数学问题并教他一些数学知识。"

　　威尔逊收下森博洛夫做他的研究生后，做的第一件事就是给他的新学生一份最新发表的关于血缘选择的论文，作者是年轻的英国进化生物学家 W. D. 汉密尔顿（W. D. Hamilton），这是一篇令人惊叹的文章，但又因为涉及大量数学因素而在很大程度上被人们忽视了。在那篇题为《社会行为的遗传演化》（"The Genetical Evolution of Social Behavior"）[33]的论文中，汉密尔顿证明了经典达尔文理论无法解释的行为的进化适应性，比如，父母愿意为了他们的子女牺牲自己："在某些情况下，个体可能会通过对已经出生的后代进行照料和提供物质的方式，从而留下更多的成年后代，而不是为了自己的生存和进一步的繁殖而保留这些物质。"[34]汉密尔顿随后探讨了这些可能的情况是什么，并提出这种基于个体共享基因百分比的"血缘选择"最能解释这些情况。亲兄弟姐妹之间共享50%的基因。同母异父或同父异母兄弟姐妹之间共享 25% 的基因。第一代表亲共享 12.5% 的基因。根据他们的关系密切程度，必须有更多的亲属参与支持才能传递相同比例的基因。正如汉密尔顿的著名论断所称："为了更生动地说明这个问题……我们期待发现，没有人想为另一个人牺牲自己的生命，但是如果能因此拯救两个以上的亲兄弟，或者四个以上的同父异母兄弟，或者八个以上的表兄弟的话，每个人都愿意牺牲自己的生命。"[35]这种对社会行为的扩展，淡化了古典达尔文主义中纯粹的"自私"。威尔逊对汉密尔顿研究的好奇是他对社会生物学越来越感兴趣的一个早期信号。

威尔逊还给了森博洛夫一份他和麦克阿瑟正在写的书的初稿。森博洛夫说："他让我评论一下，尤其是读一下罗伯特写的数学章节。我读了，然后给出了许多评论。我说，你也知道，这一切都很吻合，但是并没有真正的直接证据来证明灭绝。你所引用的关系可以用你的平衡理论来解释，但是它们也可以用其他的现象来解释。他当时的回答是：'那么，你要不要验证一下？'"

森博洛夫没有说他是否惊愕于威尔逊的建议——一名新来的研究生，对自己的数学技能很自信，但并不确定自己的生物学是否达到了应有的水平，却被要求来验证一个理论，而且是他杰出的导师和另一名杰出生物学家正在写的书中的理论。不管他当时的第一反应是什么，森博洛夫还是接受了这个挑战。"埃德当时没有提过关于佛罗里达群岛的任何事情。我花了一段时间去寻找一个可以开展测试的地方。我曾在缅因州海岸待过一段时间——你知道的，只是徒步旅行。我注意到了那里的小岛。所以我去了那里，并发现岛上

107　有甲虫，有很多步甲虫及其他甲虫。我想也许那里会是一个不错的地方。但是，那时是 10 月，很明显在缅因湾的一个小岛上工作一整年并不可行。"

当时，也就是 1965 年初，威尔逊一直在考虑如何清除一个孤立地区的所有野生生物，以便平衡模型的测试可以从零开始。通过研究美国地质调查局的地图，他在沿海甚至湖泊中寻找可能适合的岛屿。不论他有没有和森博洛夫提起过，佛罗里达都在他的考虑范围中，因为他和麦克阿瑟一直在讨论要在佛罗里达群岛建立一个野外生物站，这样威尔逊就可以在大学的假期把他的家人带到那里去生活和工作。

威尔逊测试该模型的第一个想法是进行一个自然实验：找到一个大自然已经帮他把物种灭绝了的岛。在他和麦克阿瑟于 1963 年撰写的一篇论文中，两人讨论过一个这样的自然实验，即 1883 年 8 月，喀拉喀托火山爆发，部分地摧毁了巽他海峡（位于澳大利亚西北部、爪哇岛和苏门答腊岛之间）的喀拉喀托岛。此次火山爆发的规模是如此之大，导致其喷发出的火山灰和烟雾扩散到世界各地，并使 1884 年全球气温下降了 0.5 摄氏度，在之后数年里，天空都变得很阴暗。爱德华·蒙克（Edvard Munch）1893 年的画作《呐喊》（The Scream）中血红的夕阳就被认为是喀拉喀托污染物导致的鲜艳的红日。威尔逊和麦克阿瑟写道："半个喀拉喀托岛完全消失了，剩下的部分连同相邻的维尔拉登岛（Verlaten）和朗岛（Lang）一起，被埋在 30～60 米厚的通红炽热的浮石和火山灰之下。我们几乎可以肯定，那里的整个动植物群都被摧毁了。此后，种群迅速增长。"[36]

　　显然，目前的实验不可能等到下一次火山爆发，但是威尔逊突然意识到，飓风可能也涤荡了一些佛罗里达岛屿。他告诉我："我最初的想法是去德赖托图格斯群岛（Dry Tortugas），那是基韦斯特（Key West）附近的一连串小沙洲，去调查和绘制岛上的每一种动植物的分布图，然后等待一次飓风将它们扫荡干净。接着我再回去研究它们。我们实际上已经开始这样做了。"

威尔逊和森博洛夫对佛罗里达州的红树林岛礁进行了物种普查和研究，以了解它们是如何重新恢复种群的。这是他们研究中最小和最大的红树林岛礁。上图中最左边的人是森博洛夫，下图中间的人是威尔逊。

1966 年，威尔逊带着一队研究生系统地调查了德赖托图格斯群岛——这些缺乏淡水、有海龟栖息的岛屿位于基韦斯特以西大约 70 英里处，以杰斐逊堡（Fort Jefferson）为中心，这座巨大的堡垒从 1846 年开建到 1875 年完工，历时约三十年，用于守卫进入墨西哥湾的航道。1966 年夏天，两场飓风席卷了岛礁，分别是 6 月的"阿尔玛"飓风和 10 月的"伊内兹"飓风，其中"阿尔玛"飓风从基韦斯特向西直接穿过德赖托图格斯群岛。这两场飓风证明，依赖飓风来清理作为研究对象的岛屿是徒劳的，飓风会在几个月内再次将岛屿吹干净。"我意识到那条路走不通，"威尔逊总结道，"所以我必须想出其他的办法来消除所有这些小节肢动物。"（节肢动物门主要包括无脊椎动物，如昆虫、蜘蛛、甲壳动物和三叶虫。）

那个夏天，他就已经在琢磨这个问题了。在他和学生调查了德赖托图格斯群岛（并经历了 6 月初的飓风）之后，威尔逊与森博洛夫在舒格洛夫岛（Sugarloaf Key）西北部一个距离基韦斯特岛礁链 15 英里的地方会合，那里的红树林微型礁岛有时候只有一棵孤零零的红树，从离岸不同距离的浅水中生长出来。它们大致呈圆形，一般是 30~60 英尺宽、15~30 英尺高，数量也够多，因此可以从距离它们的源头地区不同距离的地方进行复制实验，其源头地区是佛罗里达大陆沿线的岛礁链上更大的那些岛。

森博洛夫回忆说，那年夏天和威尔逊一起研究这些小红树林礁岛时，他们掰开树枝寻找蚂蚁的巢穴。他跟我说："有些地方我们可以涉水前往，有些地方就需要坐船才能到达。我们很快就确定了它们中有很多是埃德在边缘沼泽见过的蚂蚁。"不只是蚂蚁，还有其他昆虫。正如他们在随后的论文中所写的那样：

> 这种大小的岛屿上的繁殖动物群几乎完全由昆虫和蜘蛛种群构成……大约有 75 种昆虫常住在这些小岛上（估计有 500 种栖息在红树林沼泽中，估计总共有 4000 种昆虫栖息在所有的岛礁上）。还有 25 种蜘蛛……以及一些蝎子、伪蝎目、蜈蚣、千足虫和树栖等足类［即小型甲壳类动物，如木虱和球潮虫］。在每一个这样的岛上，任何时候都有 20~40 种昆虫和 2~10 种蜘蛛。[37]

在取得国家公园管理局的实验许可之后，威尔逊为他们的第一个系列的实验选择了六个小岛，每个小岛的直径都约为 40 英尺，与最近的潜在生物移民来源地的距离从 1750 英尺到仅仅 7 英尺不等。其中一个岛将保持不做任何处理的状态，用来作为对照组。其他的岛将进行灭虫工作。威尔逊已经向当地国家公园管理局的护林员承诺不会导致这些树木死亡。

他们首先尝试了一种由对硫磷、二嗪农、黏着剂和淡水混合而成的灭虫喷雾，并于 1966 年 7 月 9 日和 10 日在两座实验岛上进行了喷洒，直至红树林全都被淋湿。一天之后，所有地表和树皮生物都死亡了，但是他们发现还存活了一只黄蜂、几小窝蚂蚁和两只长角甲虫的幼虫。九天后他们进行了一次更彻底的喷洒，但是发现了更多的蚂蚁和甲虫幼虫。这意味着喷洒不起作用。他们不得不采用熏蒸，要想办法给他们的岛屿搭起帐篷来容纳熏蒸剂，就像给房子

110

搭起帐篷来熏蒸以杀死白蚁和其他害虫一样。

　　森博洛夫开始给迈阿密附近的灭虫公司打电话。威尔逊也守着电话，解释他们在做什么。森博洛夫回忆说："我们最初打电话过去的那几家公司告诉我们：'哦，我们干不了这个活。我们只熏蒸房子。'但是，他们中的一家说：'你们应该给国家灭虫公司的史蒂夫·滕德里奇（Steve Tendrich）打电话。'"于是他们就给滕德里奇打了电话，他对此很感兴趣。"他显然把这当成一个挑战和一件与众不同的事。我们和他见了面，提出了我们的需求，然后在他位于迈阿密的工作室和这些岛上都进行实验。"

　　如何给一座岛搭帐篷呢？滕德里奇先是尝试了传统的钢制脚手架，他在岛屿周边铺设木板供脚手架竖立起来，防止其陷入淤泥，并添加第一排脚手架来固定这些木板，然后建造露天的墙壁，一次建一面墙，直到岛屿完全被围在一个立方体的脚手架中。然后，滕德里奇的工人用滑轮组吊起重达 600 磅的房屋状熏蒸帐篷，并将其放到脚手架上方的位置。

　　威尔逊发现关于熏蒸活体植物的信息很少；熏蒸通常是用来清理建筑物的，将栖息在建筑物里的生命体（无论动物还是植物）清除，以保证建筑物的安全。大多数熏蒸剂也可溶于水，这意味着熏蒸剂会随着水流马上清理帐篷，而且可能会汇集到岛屿下方的水中——这两种结果都不理想。为了确定一种更有效的熏蒸剂，滕德里奇对科勒尔盖布尔斯（Coral Gables）一个公园里的红树林进行了实地测试，他使用一系列相对不溶于水的化学物质：甲基溴、丙烯腈、四氯化碳、环氧乙烷、硫酰氟。[38]甲基溴对树木造成的伤害最小，同时有效地杀死了红树林上所有的栖息者，包括蟑螂卵和蝴蝶蛹。它成了首选熏蒸剂。

灭虫专家史蒂夫·滕德里奇首先尝试在一个岛周围搭建起一个立方体脚手架，然后用滑轮组吊起帐篷并放下来覆盖住这个岛以便熏蒸。这个系统很有效，但也很麻烦。

他们的麻烦还没结束。他们在熏蒸头两个岛屿的时候是白天，当时天气很热，在高温和受高温刺激的化学反应中，红树林遭到了严重破坏。这意味着他们将不得不在夜晚开灯进行熏蒸。甲基溴是无味的；安全起见，他们在混合物中加入了氯化苦（催泪剂）作为示踪剂，以确保他们能知道自己是否有暴露在杀虫剂中的风险。氯化苦也被证明能有效将甲虫从红树林的深孔中驱赶出来。最后，在 1966 年 10 月 10 日的午夜，他们成功地对 7 号实验岛（E7）实施了灭虫，它位于基拉戈（Key Largo）附近的马纳蒂海湾（Manatee Bay）的近海。

E7 离海岸足够近，可以尽量减少用小船在浅水区运输熏蒸结构支架的问题。其他的实验岛屿位置更远，这使笨重的脚手架立方体系统在运输时成为负担。在那年的圣诞节期间，藤德里奇发现了一种更轻便的替代品。森博洛夫回忆起那件事时说："他正在迈阿密开车，然后注意到一名高空作业人员正在一座办公楼的屋顶架设一座塔，用以挂圣诞节的灯。他停好车，乘电梯上到顶楼、抵达屋顶，并向这名高空作业人员进行了自我介绍。他告诉对方自己的想法并当场雇用了这名工作人员。"

藤德里奇的想法是，在一座岛的中间建起一座可折叠的 30 英尺钢塔，将它压下去穿过淤泥到达红树林根部和下面的死珊瑚处，再拉出三根长绳到岛外，用泥土螺丝固定，用绞盘卷起熏蒸帐篷，然后简单地将它在长绳周围展开。他用沙袋和木桩将帐篷边缘浸没在水里。风是个问题：在风速超过 8 节[①]的时候，帐篷就无法展开

---

① 1 节 = 1 海里/小时 ≈ 1.852 公里/小时。——译者注

了。但当他们需要重新卷起帐篷时，风实际上能够帮忙，风在帐篷各个侧面下方推挤，他们就可以把帐篷提到树上面，然后扔到水里。[39]

史蒂夫·滕德里奇为威尔逊和森博洛夫 1967 年在佛罗里达群岛进行的岛屿实验设计出一种更便携的中央柱和长绳熏蒸结构。

森博洛夫和威尔逊都被鲨鱼问题所困扰。但这两个人对鲨鱼给他们带来的挑战的记忆并不相同。威尔逊说那些鲨鱼是真鲨目，后者是一种以软体动物和贝类为食的小型无害物种。森博洛夫说它们是铰口鲨和黑鳍鲨，虽然体形小却很危险；在佛罗里达群岛每年发生的鲨鱼袭击事件中，大约有 16% 是由黑鳍鲨造成的。滕德里奇对鲨鱼很警惕，但是他雇用的高空作业人员对鲨鱼非常恐惧。威尔逊和森博洛夫在整个实验期间都充当着警卫，他们手持船桨站在岛屿周围齐腰深的海水里，一有鲨鱼靠近就用船桨敲它们的头，促使它们离开。森博洛夫沮丧地跟我说："在我撰写博士论文的整个期间，以及在那之后我做的两个与滕德里奇公司合作的其他项目中，我一直在和鲨鱼打交道。"

在 1967 年的 3 月到 4 月，威尔逊-森博洛夫小组对他们的实验岛屿逐个进行了熏蒸。在 2 小时的熏蒸后，他们会打开帐篷接缝 45 分钟让气体排出，拆掉帐篷，然后立即花几个小时在熏蒸过的红树林里寻找生物。甲基溴发挥了作用：他们发现"死去的个体……通常数量很多而且各种生命阶段的都有"。几乎没有任何生物体能存活下来，它们通常在数小时内死亡。[40]

当一个岛上的所有动物都被灭除后，就需要定期观察一年，来追踪其种群恢复情况。这项工作主要落在了森博洛夫身上，在此期间，他搬去了佛罗里达。他和威尔逊极其谨慎地不去污染那些灭除生物后的岛屿，不允许船只接近这些岛屿，也不允许它们在这些岛屿上系泊；通常他们会在离岸至少 40 英尺的地方抛锚然后再涉水而行。他们在上岸前给自己喷上驱虫剂，并且每周给他们的设备喷杀虫剂。他们每 18 天对六个岛中的每一个都进行为期 2 天的普查，并尽量不去干扰栖息地，因为昆虫、蜘蛛和其他小型生物开始在它们的微型喀拉喀托岛上定居了。

在这项庞大的科学工作结束之后，1969 年 3 月，威尔逊和森博洛夫在重要的科学期刊《生态学》上发表了一篇论文（共两个部分），报告了他们实验的方式以及他们的发现。他们在论文第二部分的摘要中总结了他们的发现：

> 我们在这里报告通过受控的重复实验获得的动物群平衡的第一个证据，以及基于直接观察得到的对动物物种迁徙和灭绝过程的分析……在动物群灭绝后的 250 天里，除了最远的一个岛（"E1"）以外，所有岛屿上的动物群数量和组成均已恢复到和未经处理的岛屿相似的水平，只是种群密度仍低于正常情况。尽管早期迁入的栖息者的飞行能力有弱有强，但飞行能力弱的，尤其是［树栖书虱］，通常会首先产生大量种群。在这同一批早期入侵者中，在不同岛屿上，有的［研究对象种群］同时表现出最高的灭绝率和最大的物种组成变异性。蚂蚁是红树林岛屿上的生态优势种，他们是最晚前来定居的，但它们这样做的可预见性是最高的。[41]

他们报告说，研究中最重要的发现是，其证据支持平衡理论。威尔逊和麦克阿瑟在 1963 年首次提出这一理论，然后在他们于 1967 年佛罗里达群岛实验期间合著的《岛屿生物地理学理论》

115

（*The Theory of Island Biogeography*）[42]中对之进行了更深层次的阐述。物种在一个新的栖息地定居和物种放弃那个栖息地（形成局部灭绝），在某种程度上达到了与栖息地环境条件相适应的平衡。一开始没有什么相互作用，然后随着相互作用（竞争、捕食）变得重要以后，物种的数量逐渐减少，最后形成持久的动态平衡，新的定居者到来，老的定居者离开或灭绝，物种的组合会不断变化，但只要环境保持稳定，物种的数量也会保持稳定。

森博洛夫曾向威尔逊（和麦克阿瑟）发出挑战，要求他们为自己的理论找到实验依据。威尔逊反过来也向森博洛夫发出挑战，希望他能帮忙做一个实验来验证平衡理论。他们一起做了这个实验，然后证实了理论。他们的论文将成为新兴的生态学新领域的经典之作，在 1991 年的合集《生态学基础：经典论文及评论》（*Foundations of Ecology: Classic Papers with Commentaries*）中，与伊夫林·哈钦森、保罗·埃尔利希（Paul Ehrlich）以及罗伯特·麦克阿瑟等先驱者的作品一起被重新刊印。

除了对基础科学的贡献之外，威尔逊、麦克阿瑟和森博洛夫的研究对保护生物学也具有应用价值。威尔逊写道："在世界各地，荒野正日益被人类活动打碎，碎片不断缩小，并相互隔离。按照定义，自然保护区就是一个个小岛。该理论是一个有用的工具，可以将岛屿的规模和隔离程度对它们所包含的生物多样性的影响进行概念化。"[43]

丹尼尔·森博洛夫在 1969 年获得了博士学位。他接受了位于塔拉哈西的佛罗里达州立大学的助理教授职位，以便继续在大沼泽

地（Everglades）和岛礁地区进行研究。在漫长的职业生涯中，他 116
发表了 300 多篇科学论文，撰写图书章节 90 多章，专攻入侵生物
学，这个领域与他和威尔逊早期在岛屿殖民化方面的研究工作相呼
应。"从其地理范围之外引入的物种所显现出来的模式，"他这样描
述入侵生物学，"这些物种对它们入侵的群落所产生的影响，以及
管理这种入侵的方法。"在佛罗里达州立大学工作多年后，森博洛
夫于 1998 年转到田纳西大学担任环境科学教授，在那里继续研究
生物入侵问题，他最近关注的焦点是巴塔哥尼亚高原。

当我在 2020 年春天和森博洛夫交谈的时候，他回忆起和威尔
逊共事的时光，对这位不同寻常的导师的钦佩之情丝毫不减。森博
洛夫告诉我："他真的很了不起。这就像是同时学习五门课程。这
个人什么都知道。他不仅了解昆虫和生物地理学，还了解鸟类和鱼
类。我们聊很多有趣的生态学和生物地理学问题，或者是生物学的
问题。比如，我们如果看到一条黑鳍鲨，他就会说：'嗯，这世界
上有那么多鲨鱼，它们会这样那样。'他是个很棒的指导教授。我
从他身上学到了很多。"

罗伯特·麦克阿瑟的命运则要残酷得多。他在 1971 年春天去
亚利桑那州进行野外考察时感到疼痛，后来那被证实是肾癌的信
号。采取肾脏切除和化疗都为时已晚，威尔逊写道："外科医生跟
他说，他只有几个月或者最多一两年的寿命了。此后，罗伯特以甚
至比之前更高的强度来生活。他写完了他的最后一本书《地理生态
学》（*Geographical Ecology*）。他前往亚利桑那、夏威夷和巴拿马进
行了更多的野外工作，而在大学里，他还在继续指导学生。"——

他此时是普林斯顿大学的正教授了。[44]他的健康状况在 1972 年 10 月开始急剧恶化。1972 年 11 月 1 日下午，威尔逊和他进行了一次长谈，随后，他在睡梦中安然辞世，年仅 42 岁。

在 20 世纪 60 年代末，威尔逊准备继续开展进一步研究。他将视野从蚂蚁扩大到一系列其他节肢动物，在从节肢动物转向脊椎动物（从虫子到有脊椎的物种，包括人类）之前，他还有一个重大的挑战要面对。他和他的同事们所有的这些研究、发现、采集和实验都需要被汇总、组合并记录下来。

第 7 章

全部的收获

随着时间的推移，埃德·威尔逊开始称呼吉姆·沃森为"卡利古拉"——"生物学界的卡利古拉"——以此来讽刺沃森建立的学术帝国和让人感受到的学阀专制。[1]他们的关系还是疏远而冷淡的。但是，不管威尔逊个人有多厌恶他的傲慢无礼，也不管他的修养与威尔逊的南方人修养是否有天差地别，威尔逊从来没有诋毁过沃森的成就。"他和弗朗西斯·克里克一起破译了 DNA 分子，这远远超过了我们其他人已经达到和有希望能达到的成就，"威尔逊写道，"它就像一道闪电，就像是来自神明的知识。"威尔逊觉得，沃森和克里克"拥有非凡的才华和主观能动性"。[2]然而，沃森接受了位于长岛北岸几近倒闭的冷泉港实验室的兼职主任一职的消息，还是令威尔逊感到震惊："我尖酸地对朋友们说，我是连一个柠檬水摊都不会交给他管理的。"[3]（后来，当沃森成功实现了实验室的经费扩充和声誉提升后，威尔逊大度地补充了一句："他证明我错了。"[4]）

沃森和威尔逊这两个人正迈入他们职业生涯的第二个重要阶段。沃森的转变（在经过了多年不可避免的积累后）似乎在一夜之

119　间就发生了。在 1968 年 1 月到 2 月，《大西洋月刊》（*The Atlantic Monthly*）连载了沃森的《双螺旋》（*The Double Helix*），这是一部生动的回忆录，记录了真正的科学家在追求基础性发现和长期声誉过程中的焦虑、雄心和激烈的斗争。哈佛大学校长内森·普西对此感到愤怒，命令哈佛大学出版社停止出版这本将要发行的书；之后，该书由一家新的纽约商业出版社阿森纽发行，并长期畅销。1968 年 2 月 1 日，沃森就任冷泉港实验室主任。那时，维克托·麦克尔赫尼向他提问说："这地方正在衰落，你打算怎么做？"沃森说："我们要研究癌症和病毒。我对于需要多少年度预算有一个目标，如果我不能在 X 时间达成目标，我就失败了。"他立即着手去筹集 500 万美元（相当于今天的 3800 万美元）来修复实验室，并将它改造成一个癌症研究中心。3 月 28 日，在恋爱了一年后，他和拉德克里夫学院的大三学生，19 岁的伊丽莎白·刘易斯（Elizabeth Lewis）结婚了。一周后的 4 月 6 日，他迎来了自己的 40 岁生日。

他的新职责改变了他。几年后，他在接受《纽约时报》（*The New York Times*）的采访时表示："现在我是一个组织的负责人了，我要对一大群人的合作负责。我不能再反复无常了。"[5]威尔逊回忆起 1969 年 5 月的一次会面，沃森"伸出手说：'埃德，祝贺你当选美国国家科学院院士。'我回答说：'非常感谢，吉姆。'我对他这一礼貌行为感到非常高兴"。[6]沃森后来实现了他为自己在冷泉港设定的目标。威尔逊评价说："在十年中，他靠着灵感、筹款技巧以及选择和吸引最有才华的研究人员的能力，将这个知名机构提升到了更高的高度。"[7]

　　威尔逊则朝着另一个方向转变，他没有涉足行政领域，而是扩大了他研究的科学领域的规模和广度。在这个转变之前，或者说作为其第一阶段的必要整合，他把他和同事们所了解的关于社会性无脊椎动物——黄蜂、蜜蜂、白蚁和蚂蚁——直到 1971 年出版前的所有内容整理成了一本书。哈佛大学出版社以精装画册的形式出版了《昆虫的社会》（*The Insect Societies*）一书，该书共 548 页，采用双栏版面，配有照片、线描图、表格和曲线图，并附有 1701 条详尽的参考书目，这本身就是一份艰巨的研究工作。该书索引中的威尔逊的论文比其他人的都要多，共有 44 篇，而他在 1971 年时才 42 岁。

　　《昆虫的社会》让人想起汉斯·贝特（Hans Bethe）在 20 世纪 30 年代中期的一个类似壮举。贝特曾于 1967 年获得诺贝尔物理学奖。当贝特在 1935 年从德国来到美国康奈尔大学任教时，他发现自己的美国同事缺乏核物理知识，在当时核物理是个相对较新的领域。在向他们中的一些人教授了基础知识后，他决定把自己知道的关于这门学科的所有知识都写下来。那项工作以三篇文章的形式发表在一份主流物理期刊上，第一篇是和同事罗伯特·巴彻（Robert Bacher）合著的，第二篇是他自己写的，第三篇是与另一位同事合著的。巴彻回忆说："贝特写这些文章时就坐在康奈尔大学洛克菲勒大厅非常昏暗的灯光下，右手边放着一大摞白纸，左手边是一堆完成的手稿。即便是做复杂的计算，贝特也总是用钢笔书写，书稿会有一些修正，但不是很多。他从过去到现在都在孜孜不倦地工作，通常会从上午 10 点一直到深夜——但他还是会乐呵呵地停下

120

来回答问题。"[8]这三篇文章后来被称为"贝特圣经"，并在接下来的十年里都被用作这个学科的基础教材。

同样，威尔逊在无脊椎动物生物学方面的研究也是如此，他在研究过程中不断获取并填补缺失的信息，用最近的研究得到的新信息纠正早期论文中的误判，指出哪里还需要进一步研究，加上他本人的实地观察，在必要处做出谨慎的推断。他对社会性昆虫的生活和世界所做的翔实概述，无人能及。

蚂蚁及其远亲黄蜂和蜜蜂，在大约 2.5 亿年至 6500 万年前的中生代地质时期，由独居的黄蜂祖先进化而来。（白蚁进化得更早，是从原始蟑螂进化而来的。）在中生代，恐龙开始占据统治地位，那时鸟类、哺乳类和开花植物首次出现。一颗直径 10 公里的小行星以 4 万英里的时速撞击了现在的尤卡坦半岛海岸，导致中生代灾难性地结束了。那次撞击的熔岩飞溅到世界各地，产生的浓烟大火导致了一个漫长、黑暗、寒冷的小行星之冬，使恐龙和大多数其他大型生物都饿死了，为现代植物和动物，包括蚂蚁和人类的进化提供了空间。

1967 年，威尔逊和同事弗兰克·卡彭特、比尔·布朗报告说，他们在新泽西州克利夫伍德（Cliffwood）的海滩悬崖上发现了一块琥珀，这块琥珀中保存了一种原始的中生代蚂蚁祖先。这块琥珀来自一棵红杉树——在一亿年前就有红杉树在新泽西生长了——它保存了两只工蚁，它们来自之前不为人知的属和种，威尔逊团队将其命名为弗雷氏蜂蚁［Sphecomyrma（即蜂蚁）freyi］，这一物种名称是为了纪念发现这块琥珀的业余矿藏家埃德蒙·弗雷（Edmund

Frey）夫妇。[9]

弗雷氏蜂蚁有黄蜂和蚂蚁特征的奇特组合：短短的黄蜂状下颚，长长的黄蜂状触角，原始的蚂蚁状身体，坚固、突出的刺。三位生物学家判断它"确实介于原始蚂蚁和有刺类［刺人的］黄蜂之间"。[10]它让威尔逊一下子就想起了大眼响蚁，也就是他 1955年在澳大利亚考察时未能成功找到的那种黎明蚁。（研究员罗伯特·泰勒，威尔逊之前带过的博士后，最终在 1977 年再次发现了大眼响蚁，在威尔逊曾经搜寻的地方再往东很远的一个地方。[11]）尽管这两个弗雷氏蜂蚁标本看起来那样生机勃勃，但是红杉树液已经吞噬了它们，并在无法想象的久远之前就硬化成了暗红色的琥珀。威尔逊团队总结道："它们是首个无可争议的中生代社会性昆虫遗骸，并且将昆虫的社会性生活的存在追溯到了大约一亿年前。"[12]

所有的现代蚂蚁都是真社会性的（eusocial），这里的"eu"意思是"真正的"：真正的社会性。威尔逊列举了所有具有真社会性昆虫物种的三个共同特征：它们合作照顾它们的后代；它们对繁殖进行分工，由不育的工人照料能生育后代的女王；并且它们的生命周期足够长，可以让后代来协助父母。

威尔逊在《昆虫的社会》一书中提出的第一个问题是为什么要研究社会性昆虫。他提供了科学和实用的答案。从科学的角度来说，社会性昆虫的劳动分工为研究提供了一种可以分解的主体。我们不可能把一个活的动物分解，来研究它的各个系统，然后再把各部分重新组装成一个活的动物。但是，用这种方式来研究一个由黄

122

蜂、蚂蚁、蜜蜂或白蚁组成的集体有机体是可能的——正如威尔逊所说，去研究"从分子层面上升到社会层面的整个组织层次"。[13]

从生态学的角度来说，社会性昆虫在陆地上占主导地位。威尔逊写道："在地球上大多数地方，它们，尤其蚂蚁，是其他无脊椎动物的主要捕食者之一。它们的群落像木本植物那样常年存在于同一个地方，不断地派出觅食者，不分昼夜地在领域内进行搜索。它们的生物质能消耗超过了大多数陆地生境中的脊椎动物。"[14]在热带地区，它们移动的土壤比蚯蚓移动的更多；即便在寒冷的温带森林地区，它们也能与蚯蚓一较高下。

查尔斯·达尔文在他精彩的最后一本书《腐殖土的产生与蚯蚓的作用》（*The Formation of Vegetable Mould Through the Action of Worms*）中估算，蚯蚓在一块田地中平均每年产生 0.083 英寸的新土壤，"也就是说，在 12 年里将产生接近 1 英寸"。[15]威尔逊引用 1963 年马萨诸塞州一个地方的蚂蚁土壤周转研究，那里的气候比英国的更冷，这个报告提到蚂蚁"每年给每平方码地面带来 50 克土壤，每 250 年［增加］1 英寸表层土壤"。[16]相比之下，蚯蚓移动的土壤是蚂蚁的 20 倍，但蚯蚓是通过啃噬土壤形成一条通路，然后再用排泄物（蓬松丰富的粪便）将这条通路堆起来，而蚂蚁只是在建造和维护巢穴的过程中移动土壤。白蚁通过专门处理枯枝落叶，对土壤的生成也做出了重要贡献。

蚂蚁为植物授粉，以它们为食，并散播它们的种子。在世界各地，蚂蚁保护某些植物，而植物也保护着蚂蚁种群，这是一种进化的互利共生关系的表现。专门为蚂蚁提供各种各样庇护所的植物包括：凤梨科植物、可可梅、月桂、豆科植物、桑树、兰花、辣椒、荞麦、蕨类植物、茜草、咖啡树、大戟、无花果、人心果树、可可树、马鞭草、杧果树、漆树、乳草、棕榈树、桃花心木、肉豆蔻、猪笼草、玄参属植物、洋地黄和革木。[17]植物也为蚂蚁提供食物，很多植物的种子上附有专门的食物体，这样就可以把种子留下来让蚂蚁散播了。[18]特别是在贫瘠的土壤中，在草原、沙漠和森林边缘，蚁巢能促进植物的生长。威尔逊写道："它们翻松土壤，使之通气，用排泄物、垃圾的形式为其添加营养物质，并将环境温度、湿度保持在适中水平。"[19]

如此庞大的一个动物群体不可能只有仁慈的一面。在一些热带环境里，蚂蚁是主要害虫，如入侵红火蚁，它们逃离了正常的进化环境，在那里，捕食者和寄生虫控制着它们的数量。在北美，火蚁在年轻的埃德·威尔逊家的门口上岸时，如杂草一般，发现几乎没有竞争对手能阻止它们的数量呈指数级增长。

但是，即便在它们自己正常的自然环境中，有些蚂蚁种类也极具破坏性。布氏游蚁（Eciton burchelli）是南美洲东部潮湿低地森林中的一种行军蚁，威尔逊认为它们的无情扫荡"令人兴奋"。对科学家来说可能是这样的，但对处于蚁群前进道路上无法逃脱的任何生物来说，这种扫荡一定很可怕。作为一种"又大又显眼的物种"，布氏游蚁在行进过程中形成夜间宿营地，它们将自己连接在一起，围绕在蚁后周围，形成的链条和网络"层层叠加，紧紧相扣，直到整个工蚁队伍"——多达 70 万个个体——"组成一个直径 1 米的结实的圆柱体或椭球体"，隐藏在巨大的雨林树木支柱根之间的空间里。天一亮，这个宿营地实体就会解散，链条和网络散开，一大群活跃的工蚁从中涌出。[20]

与大多数行军蚁不同，布氏游蚁是一个整群袭掠者，而不是纵队袭掠者。威尔逊写道，起初，工蚁向四处散开。然后，群体密度开始"沿着阻力最小的路径增加，并以每小时 20 米的速度远离宿营地"。[21]越来越大的扇形蚁群是没有领导的，工蚁向前推进几厘米后留下气味踪迹，再依次回到蚁群中。行军蚁专家西奥多·C. 施内尔拉（Theodore C. Schneirla）是一名动物心理学家，他曾是位于纽约的美国自然历史博物馆动物行为系馆长。威尔逊在描述一场典型的突袭时引用了他的话：

> 对于一个接近蚁群发展顶峰时的布氏游蚁的蚁群袭击，你可以想象一个宽度为 15 米或更宽、长度为 1~2 米的长方形，由数以万计疾行的红黑色个体组成，作为一个整体，它们设法以相当直接的路径沿着宽边向前移动……
>
> 这支巨大的突击队……几乎给挡在它们道路上没法逃脱的所有动物都带来了灾难。它们的猎物囊括狼蛛、蝎子、甲虫、蟑螂、蚱蜢、其他蚂蚁的成虫和幼虫，以及其他许多森林昆虫；很少有动物能躲过这一劫。我曾在不同场合见过蛇、蜥蜴和雏鸟被杀死；毫无疑问，更大型的脊椎动物因为受伤或其他原因无法逃跑的话，也将被蜇死或窒息而死。[22]

特别的是，在一份田野报告中，施内尔拉还描述了一次布氏游

124

生物学家爱德华·O. 威尔逊，1929 年出生于亚拉巴马州。3 岁的他已经充满怀疑精神，开始进行户外冒险了。

威尔逊与他的父亲老埃德·威尔逊。老埃德从事政府审计工作，是一个酗酒好赌的人。威尔逊 8 岁时在一起钓鱼事故中一只眼睛受伤，他开始探索"地球上的小东西"。

澳大利亚凶猛的"斗牛蚁"。威尔逊小时候因为在一本旧的《国家地理》上看到它而欣喜若狂。他将来会在南太平洋的考察中邂逅它。

13岁的威尔逊。他在1942年已经是一名专业的蚂蚁采集者，也是美国第一个发现有害的红火蚁入侵的人。

童子军时代的威尔逊。以自然技能和知识为重点的童子军教育，让他相当于上了一所科学高中。

威尔逊的母亲伊内兹·弗里曼·威尔逊。虽然父母在他 10 岁时离婚，他跟随父亲长大，但是母亲仍然对他有很大的影响。

威尔逊于 1953 年获得哈佛大学青年奖学金后，首先前往古巴采集蚂蚁。那里种满了甘蔗，几乎没有未经开垦的大自然。

波士顿人艾琳·凯利·威尔逊。她与威尔逊稳定的婚姻关系使他在学术斗争中能够获得支持。

1954-1955 年，威尔逊在南太平洋寻找新的蚂蚁物种。从新几内亚岛的莫尔兹比港出发，他获得了最好的采集成果。

威尔逊招收的第一个研究生斯图尔特·奥尔特曼。奥尔特曼向威尔逊介绍了自己在波多黎各研究的恒河猴的动物社会行为。对威尔逊来说，这是"一个思想转折点"。

Courtesy of the *American Journal of Primatology* 78(1): Special Issue: Cayo Santiago: 75 Years of Leadership in Translational Research. January 2016.

火蚁巢穴模型。火蚁是威尔逊最爱的实验对象。熔化的铝倒进蚁巢（图中为倒置），凝固后就展示出蚁巢的精巧结构。

为了采集火蚁，威尔逊把一个蚁巢铲进附近的池塘里。火蚁很快形成一个活的救生筏，这样它们就可以被舀到水桶里带走。

威尔逊在哈佛大学教授的生物学课程极受欢迎，该课程既包含实验研究也有野外研究。1958 年，29 岁的他就被授予终身教职。

威尔逊在哈佛大学的竞争者、傲慢的分子生物学家詹姆斯·沃森，DNA 结构的共同发现者之一，他倡导消除野外生物学。威尔逊领导了保留野外生物学的斗争。

耶鲁大学的生态学先驱 G. 伊夫林·哈钦森。他培养了罗伯特·麦克阿瑟，后者是威尔逊在岛屿生物地理学方面的合作者。该理论的适用范围远远超出岛屿本身，也为陆地上的自然保护区提供了支持。

在实验室群落中生活的蚂蚁让威尔逊得以发现它们使用腺体分泌物来互相交流并能够跟它们"说话"。他是世界上第一个这样做的人。

罗伯特·麦克阿瑟。他和威尔逊一起研究了1883 年喀拉喀托火山爆发事件,以探究岛屿上的种群在灾难后如何恢复。1972 年,麦克阿瑟在年仅 42 岁时英年早逝,终结了他的传奇职业生涯。

W.D. 汉密尔顿（左）与罗伯特·特里弗斯（右）为威尔逊的社会生物学全面综述贡献了社会行为进化方面的先锋理论。

威尔逊在哈佛大学的同事理查德·列万廷。他攻击社会生物学，斗争很残酷。

享誉世界的人类学家玛格丽特·米德。她不喜欢社会生物学，但在同事投票谴责威尔逊时，她维护了威尔逊的发言权。

引发争议的人类学家拿破仑·夏侬。他曾因在亚马孙的研究而受到类似的攻击，他看到了社会生物学的价值，并迅速为威尔逊辩护。

20 世纪 80 年代，威尔逊重返野外，这是他在经历了激烈的政治辩论后
得到的慰藉。物种灭绝速度不断加快，促使他投身于行动主义。

虽然蚂蚁的大脑很小，但它们的社会是成功进化的典范，其成员角色从凶猛的捕食者到细心的农民一应俱全。切叶蚁用有机物来培养真菌，然后食用真菌。

威尔逊（中）和博尔特·霍尔多布勒（右）凭借《蚂蚁》这部极具说服力的汇编图书获得 1990 年的普利策奖。威尔逊的助手凯西·霍顿（左）衷心支持着威尔逊漫长的职业生涯。

尽管威尔逊多年来不断扩大对自然世界的考察范围，但他一直没有忘记"那些可以用拇指和食指捡起来近距离观察的动物"。

Ledgard, J. M. "Ants and us. Interview with E. O. Wilson." *The Economist* (Intelligent Life) (Autumn), pp. 112–17.

慈善家格雷格·卡尔。他动员威尔逊来支持自己重建莫桑比克宏伟的戈龙戈萨国家公园的工作，该公园在长期内战中遭到破坏。

两位杰出的先驱，威尔逊（上）和詹姆斯·沃森（下），最终摒弃分歧，成了好朋友。

作为有史以来最伟大的生物学家之一，威尔逊在他生命的第十个十年里，继续倡导物种保护。

蚁袭击时特有的声音。他写道，首先是"一种基础的噪音，来自树叶和其他植物发出的窸窸窣窣的声音，蚂蚁们蜂拥而至，一排不安的小生命被冲了出来"。跳跃的昆虫敲击树叶和木头时发出"不规则的断音"，施内尔拉将这种声音称为"无数受害者的集体死亡之声"，它令人不寒而栗。在前进的蚁群前面盘旋、环绕或俯冲的成群的苍蝇发出"响亮而多变的嗡嗡声"，就像海鸟在觅食的鲸鱼上方时那样。当苍蝇俯冲下来捕捉正在逃跑的猎物时，它们会单独或成群地发出短促的高音调。在这一刺耳声音的背后，蚁鸟在叫——它是蚁鸫科众多物种中的一种，这种小鸟有强壮的腿和厚重的钩状喙。施内尔拉写道："人们首先从远处听到双色蚁鸟动听的渐强音，然后在离行动现场更近的地方，听到蚁鸟和其他常见的趁火打劫者特有的低声啁啾声。"[23]然而，蚁鸟这个名字似乎取错了：它并不吃蚂蚁，而是吃在蚂蚁的扫荡中被吓出来的猎物，从这个意义上来说，它们与同样投机取巧的苍蝇也没什么区别。

威尔逊写道，关于蚂蚁他被问得最多的问题是，行军蚁是不是"丛林里的恐怖分子"。他的答案是否定的：

即便行进的蚁群是一种"动物"，其体重超过 20 公斤，拥有大约 2000 万个口器和刺，肯定是昆虫世界中最可怕的造物，但仍然与关于它的那些耸人听闻的故事不相符。毕竟，蚁群每 3 分钟只能覆盖大约 1 米的地面。任何有行动能力的丛林鼠，更不要说人或者大象了，都可以悠闲地走到一旁，端详这一全民疯狂的蚁群，它们与其说是威胁，不如说是陌生和惊奇的对象，这是一个在世界上所能想象得到的与哺乳动物不同的进化故事的巅峰。[24]

如果说行军蚁是无情的掠夺者，那么另一个庞大的蚂蚁家族则已经完成了从狩猎到耕作的转变。顶切叶蚁（Acromyrmex）和芭切叶蚁（Atta）属的切叶蚁，原本生活于南美洲、中美洲以及美国南部，它们将植物的叶子切割成碎片，然后像打伞一样把碎片举过头顶，带回它们的种群栖息地，再把碎片扔到沿着中央洞穴通道开辟出来的大洞穴的地面上。工蚁们在洞穴里铺满了蚂蚁世界里相当于纸浆的东西——嚼碎的植物物质——并在里面注入了一种真菌。较小的工蚁接下来将地上的碎叶片剪成更小的碎片，并将它们传给更小的工蚁，后者将它们嚼成湿润的颗粒，把粪便涂在颗粒上，并将它们种在洞穴的颗粒菜园里。然后，更小的工蚁会从洞穴的墙壁和地板上真菌生长最密集的地方剪下真菌丝，并将这些真菌丝装入新的颗粒。"最后，"威尔逊总结了这一连续的操作过程，将之比作一条流水线，"最小的、数量最多的工蚁在真菌丝的床上巡逻，用它们的触角小心地探测它们，舔它们的表面，并拔出外来的霉菌丝和孢子。"[25]这些蚁农种植的真菌之后会成为蚁群的食物。

不论蚂蚁还是人类，与狩猎相比，农业的巨大进化优势在于可以提供更可靠的食物供给，从而可以支撑更大的种群。芭切叶蚁种群规模巨大，工蚁数量从几十万只到多达八百万只。[26]威尔逊报告说："一个成熟的蚁群消耗的植物材料数量与一头奶牛消耗的大致相同。"[27]蚁群里所有的工蚁都是同一只长寿蚁后的女儿，蚁后的寿命可能从十年到十五年不等。她独自建立起种群，开创真菌菜园，产卵并照料它们直至第一批工蚁孵化出来——以成虫的身份从蛹中出来——然后工蚁接手新生蚁群除产卵外的所有职责，产卵仍然是蚁后的专门职责。威尔逊写道："粗略计算一下，一个成熟种群的蚁后平均每分钟产卵 20 个，也就是每天 28800 个，每年10512000 个。"[28]

　　人类的农业起源于七千年到一万年前对野生谷物的驯化。蚂蚁的农业从大约五千万年前开始，经历了三千万年的演化，依赖于开创种群的蚁后在种群之间克隆传递的单一种类真菌，蚁后在离开一个种群的求偶飞行中，会在嘴里的特殊囊中携带一小块菌种，并用它开创新的菜园。这些古老的真菌克隆体可能有数百万年的历史。

　　在蚂蚁演化的两个极端之间，比如，行军蚁的大规模袭掠和切叶蚁的专业化农业之间，还存在 1.2 万到 2 万种大小、数量和行为各异的蚂蚁。有的蚂蚁只吃虫子，有的只吃种子，有的只吃昆虫的蜜汁分泌物，还有的只吃其他蚂蚁。有的蚂蚁生活在地下深处，有的生活在树顶，有的生活在空心树枝上，有的用幼虫身上的丝建造帐篷状巢穴，也有占据其他蚂蚁巢穴的寄生蚂蚁。退化了的奴役蚁失去了除袭掠以外的所有技能，依赖它们的奴隶种群来获得照料并生存下去。威尔逊写道，其中的一个蚂蚁种类，工蚁阶层已经完全消失了，只剩独立生存的体外寄生蚁后，"它们演化至骑在宿主蚁后的背上"。[29]

　　雄蚁过着短命的依赖他人的生活，由工蚁为其提供食物，但它们自己不履行工蚁的职责，而且几乎活不过一个夏天。它们的全部目的就是在蚁后最初的求偶飞行中给蚁后授精，那时蚁后通常会和多个雄蚁交配以获取足够多的精子来维持她的一生所需。威尔逊不屑地称呼雄蚁为"飞行的精子分发器"，这让他回想起他第一次瞥见艾琳从雪莉·海耶斯家的楼梯上走下来时，那些"穿着鸡尾酒会套装的舞会男士"，他曾酸溜溜地以为他们在追求艾琳。[30]

蚂蚁组织中不太为人所知的一个方面就是威尔逊所说的行为多型（polyethism，发音为 poly-EEth-ism），即工蚁的角色随着年龄增长而发生改变。他报告称："年轻的工蚁一般留在巢穴中照顾幼虫，而年长一些的工蚁则在巢穴外面花费更多时间。"[31]工蚁们并没有专门或组成小组来执行特定的任务，它们直接处理眼前发现的任何工作。因此，在蚁穴内部或者外部工作是一种偏好而不是一种强制，而且威尔逊描述的实验也证明了这一点，如果把育雏的工蚁换到外面，他们就会开始觅食，反之亦然。[32]

即便如此，年轻的工蚁们通常会在头几个星期里照料幼蚁，之后花差不多长的时间来维护巢穴——一半时间用于照顾其他工蚁、处理死掉的猎物、清理巢穴，另一半时间用来休息。年长一点的工蚁会到外面去执行风险更大的任务——觅食、巡视种群领地，以及保卫蚁穴不受入侵。[33]所以，与人类社会不同的是，蚂蚁社会把它们的年轻人分配到相对安全的家庭服务中，而把它们的年长成员，也就是接近生命终点的成员，派到外面的土地上工作或派去打仗。

比蚂蚁的自然史更晦涩难懂的是蚂蚁社会学领域。威尔逊提出，该知识领域的核心问题是，复杂的社会行为是如何从单个蚂蚁的简单行为模式中产生的。威尔逊写道，蚂蚁自身的反应方式有限，"既不特别巧妙，也不特别复杂。［蚂蚁］社会生活的非凡品质是将这些简单的个体模式通过交流的方式紧密结合而成的群体表现"。[34]

这种紧密结合的效率很低。正如威尔逊所描述的那样，一群蚂蚁磕磕绊绊地展开一场大规模行动，这听起来就像是《启斯东警察》里的一集。他解释说："这通常是由许多工蚁相互冲突的行为造成的。"举例来说，如果一个蚂蚁种群"决定"从一个巢穴迁移到另一个巢穴，携带卵、幼虫和蛹到新地点的工蚁就不得不推开从另一边返回巢穴的工蚁。其他工蚁则"来回疾行，什么也不带"。[35]去新的巢穴定居这个"决定"是集体做出的，占大多数的个体行动吸引了越来越多的种群成员。（蜜蜂也是通过它们的行为来做决定；如果蜂群无法在新的地点聚集起来，蜂群可以分群或分散开。）

在这个问题上，威尔逊引入了一名法国昆虫学家在 1959 年提出的一种理论，该理论后来被广泛应用于昆虫领域之外。这位法国科学家皮埃尔-保罗·格拉塞（Pierre-Paul Grassé）当时正在研究白蚁的筑巢行为。在他看来，白蚁会对其他白蚁的行动——即便是看似随机的行动——做出反应，即它们转而继续去做其他白蚁在做的这项工作。将白蚁与一些泥土和粪便放在一个容器中，白蚁首先会探索一下这个容器（白蚁的视觉退化了）。然后它们开始捡起又放下泥土和粪便的颗粒。如果有几个颗粒最后叠到其他颗粒的上面，白蚁们就会开始堆砌这个新柱子。如果附近没有其他柱子产生，它们最终会对这根正在建造的柱子失去兴趣。但如果恰好有两根柱子挨在一起，它们就会同时建造，其他的也一样。当柱子变长时，白蚁开始将柱子朝着相对的方向向内拱起，这可能是遵循了一种遗传脚本。当柱子相接并连起来后，便形成了结构性拱门。最终，几个这样的结构，从随机的初始行动中出现，直至产生了一个复杂的、大教堂般的白蚁巢穴。[36]

格拉塞将这一合作机制命名为"共识主动性"（stigmergy），这个词来自希腊语词根，意为"激发工作"。格拉塞对共识主动性的定义局限于他正在研究的昆虫行为上。一个更普遍的定义认为，共识主动性是一种反馈循环；正如比利时控制论学者弗朗西斯·海利根（Francis Heylighen）所描述的那样："一个动作产生一个标记，这个标记反过来又激发一个动作，这个动作又产生了另一个标记，如此反复。"换言之，海利根继续道："动作以它们产生的标记为中介来激发动作自身持续执行——这里的标记是一个动作可以感知的效果或者产物。"除了白蚁筑巢，海利根还举了蚂蚁铺设信息素踪迹的例子，这些标记会引起其他蚂蚁跟随并添加自己的信息素到这条踪迹上。反之亦然，当这条踪迹尽头的猎物被采集完毕后，那些空手而归的蚂蚁就会停止对这条踪迹的标记，信息素云就会散去，此次团队行动结束。

威尔逊在 1971 年时认为格拉塞的模型过于简单，但还是认可了它的重要性，这一理论阐明了简单的操作者如何在没有集中指挥的情况下完成复杂任务。得益于他的深度阅读，他想起了瑞士博物学家皮埃尔·胡贝尔（Pierre Huber）在 1810 年出版的一本书中有关于共识主动性这一概念的早期预测。威尔逊引用胡贝尔的话写道："通过这些观察，以及无数类似的观察，我确信每只蚂蚁的行动都独立于其同伴。第一只想到一个简单执行计划的蚂蚁立即付诸行动；其他的蚂蚁只需要沿着同样的路线继续前进，对最初的行为进行检查。"[37]

　　威尔逊早期对这一现象的提及表明他对这一领域发展的关注。在进入计算机和编程时代之前，几乎没有人关注共识主动性的现象；海利根发现，关于这个现象，在 1960~1990 年，每年已发表的参考文献大约只有 1 篇，但是到了 2006 年，这个数字增加到了 500 篇，[38]2020 年则达到 10800 篇。[39]尽管共识主动性这个名字并不吸引人，但事实证明它是一种深层交流结构。维基百科有共识主动性，文章由个人发起，然后由其他人修正和扩展，他们之间很少或根本没有交流。股市有共识主动性。大脑中记忆神经元的连接变化也是如此，它们通过搭建和移除连接来对回忆和遗忘做出反应。通信网络中分组路由的优化也是如此。

　　科学本身也是通过共识主动性来运行的：科学家个人或团体有了新的发现，他们在科学期刊和会议上公开交流。得知这些发现后，其他的科学家们利用它们进一步探寻相关发现。那么，在没有集中指导的情况下，即没有中央发现部门来指导工作，科学沿着宽广的战线向前推进，其标志就是科学哲学家迈克尔·波兰尼（Michael Polanyi）所说的"生长点"。[40]波兰尼写道：这种分布式协调的原则在于，"每一位［科学家］的努力都要与其他科学家迄今为止取得的成果相适应。我们可以称之为一种协调，这种协调是通过独立的主动行为的相互调整来实现的，之所以能实现，是因为每个主动行为都考虑到了在同一系统内的所有其他主动行为"。[41]

130

在《昆虫的社会》一书的最后一章中，威尔逊指出了他在科学综合方面的下一个重要努力方向。正如他刚刚把截至 1971 年关于无脊椎动物的社会组织的所有知识汇集起来一样，他将要试图对脊椎动物开展同样的工作——更大的、更广为人知的脊椎动物世界，其范围从蛇和鸟到灵长类，包括人类。他告诉我，他原本并没有打算做这项工作，他以为会有一位脊椎动物专家来接受这个挑战。但当他和同事讨论时，没人主动提出来开展这项工作。他们都更喜欢在自己的专业领域里工作，而不是冒险进入大规模综合研究的陌生领域。

131　　　　威尔逊大可安于现状。凭借哈佛大学的终身教职，凭借他扎实的研究记录以及《昆虫的社会》的出版，他已经确立了自己在社会性昆虫研究方面的领先地位，甚至是世界领先的专家地位。然而，一些来自个人和专业上的挑战，促使他去扩大他的科学研究领域。

就个人而言，早在 1956 年，在他担任哈佛大学助理教授的第一年，他就开始思考不同物种的社会行为有哪些共性。正如他在《博物学家》一书中讲述的，他招收了他的第一个研究生斯图尔特·奥尔特曼（Stuart Altmann），奥尔特曼是洛杉矶人，毕业于加州大学洛杉矶分校。因为奥尔特曼对研究独立生存的灵长类的社会行为的兴趣极具开创性，他还没有找到研究生导师。威尔逊对蚂蚁社会行为的研究跨越了无脊椎动物和脊椎动物之间的鸿沟。威尔逊回忆说："当时我自己也差不多就是个研究生，只比奥尔特曼大一岁，渴望学习他选择的这个陌生的新课题。"[42]

1956 年 6 月，奥尔特曼开始在波多黎各东海岸附近的圣地亚哥岛（Cayo Santiago）一个占地 37 英亩的岛屿保护区研究恒河猴①。该保护区于 1938 年设立，从印度捕捉了大约 500 只恒河猴，并用轮船运到那里，用于热带医学研究。到了 1955 年，美国国立卫生研究院（US National Institutes of Health）购买了圣地亚哥岛及其猕猴群落，用于行为生态学研究。除了重建破败的码头和房屋之外，奥尔特曼的第一项工作就是统计猴子，并给所有猴子打上印记以识别身份；当时他发现有 225 只猴子居住在这里。[43]

1956 年 12 月，威尔逊加入奥尔特曼的研究，在圣地亚哥岛观察了两天，威尔逊将这一经历称作"一个思想的转折点"：

> 当我首次上岸时，我对猕猴社会几乎一无所知……当奥尔特曼带领我徒步穿过这些恒河猴群时，我被这个复杂的、有点残酷的世界所吸引，这里有优势序位、联盟、亲属关系、领地争夺、恐吓展示，以及令人不安的阴谋。我学会了如何通过走路方式来判断一个雄性的等级，如何通过面部表情和肢体语言来估计出它们恐惧、服从和敌意的程度。[44]

奥尔特曼曾告诫威尔逊在猕猴幼崽身边走动时要小心，否则会有被攻击的危险。奥尔特曼警告说，如果你被挑衅了，不要盯着挑衅者看；和大多数野生动物一样，猕猴把盯着看视为一种威胁。这

---

① 恒河猴（rhesus monkegs）一般指猕猴（macaca mulatta），是典型的猕猴属动物，也是全世界医学研究的重要动物试验品种。——译者注

132

时要低下头，看向别处。威尔逊确实需要这个建议。在他到访的第二天，他在一只小猴子附近走得太快了，小猴子发出了痛苦的尖叫声。威尔逊回忆说："排名第二的公猴立即跑到我面前，它狠狠地瞪了我一眼，嘴巴张得老大——这是恒河猴的高度威吓表情。我僵住了，真的很害怕。在来圣地亚哥岛之前，我一直认为猕猴是无害的小猴子。而这一只猕猴，全身肌肉发达，严阵以待地站在我面前，一刹那看起来真的像一只小型的大猩猩。"[45]威尔逊低下头看向别处。最后，猕猴接受了这一臣服姿态，离开了。

晚上他们回到了波多黎各——圣地亚哥岛距其海岸线只有不到1英里——威尔逊和奥尔特曼讨论了他们所研究的社会行为，寻找其中的联系。令威尔逊沮丧的是，他们发现的联系非常少："灵长类群体和社会性昆虫种群看起来毫无共同之处。"[46]猕猴是按照统治秩序来组织的，每个个体都互相认识并得到认可。社会性昆虫则是无名而短命的，在以等级为基础的和谐中繁衍生息。在1956年，无论威尔逊还是奥尔特曼，都没有概念性的工具来绘制出比表面联系更多的东西（如果有更深层联系的话）。奥尔特曼忙于撰写关于圣地亚哥岛猕猴的博士论文；而威尔逊则回到了教学岗位上，与分子生物学家进行斗争。

具有讽刺意味的是，正是威尔逊与分子生物学家的斗争，在一定程度上使他找到了他一直在寻找的那个统一理论的方法。这一持续的挑战曾让进化生物学面临被吞并的威胁，并继续塑造一门更加正式和数学化的学科。威尔逊将《昆虫的社会》一书的最后一章命名为"对一体化社会生物学的展望"。尽管"社会生物学"这个术语早在 1912 年就在其他场景下被使用过了，但威尔逊仍将它挪用过来作为一个人文术语，指的是"对所有社会行为的生物学基础的系统研究"。[47]他认为，社会生物学将从种群生物学中发展出来，作为对分子生物学的一种制衡，因为在生物学中并不是所有的东西都可以被化约到分子水平。他开始认为，"种群至少要遵循一些与分子水平不同的运行规律，这些规律无法由分子生物学上的任何逻辑发展来构建"。[48]

为此，甚至在他对社会性昆虫进行了观察和理论研究之后，他于 20 世纪 60 年代后期研究了种群生物学。他不愿意浪费这些努力，和哈佛大学的同事威廉·H. 博塞特（William H. Bossert），一位生物学家和应用数学家，合著了《种群生物学入门》（*A Primer of Population Biology*）一书，并于 1971 年，也就是《昆虫的社会》出版的同一年，出版了这本内容丰富的数学研究著作。

既然他的脊椎动物专家同事中没有人准备写关于脊椎动物的社会行为的文章，那么他不得不自己来写：正如他所说的，他是个"天生的整合者"。他在《昆虫的社会》最后一章写道，构建社会生物学理论将是"未来二十年或三十年里，生物学中可以解决的重大问题之一"。[49]事实证明，他只用了四年时间。

第 8 章

矛 盾

　　埃德·威尔逊回忆说，1964 年夏天，他偶然读到了社会生物学中"最重要的一个观点"，这是一个关键的突破。当时，他正坐在从波士顿去往迈阿密的一班定期火车上，打开公文包，打算继续读书。[1]他乘坐火车去佛罗里达做研究，因为他答应了艾琳，在他们的女儿上高中之前，他会尽量避免乘坐飞机。他回忆说："我发现了这种限制的一个好处，它给了我……在私人卧铺单间里的 18 小时，我被我的承诺困住了，就像一位熙笃会①修士一样，除了阅读、思考和写作外无事可做。"[2]他在这样的旅行中写出了《岛屿生物地理学理论》一书的大部分内容。

　　这一次，他在浏览 1964 年 7 月的《理论生物学杂志》（*The Journal of Theoretical Biology*），这本期刊当时在伦敦已经出版了三年。他在上面看到一篇论文，后来还分享给了他的第一个研究生丹·森博洛夫，那篇论文是 W. D. 汉密尔顿写的关于血缘选择的

———————————————————

　　①　又译西多会，是罗马天主教修会，其主旨在于复兴严格的本笃会规范，清规森严，平时禁止交谈，故俗称"哑巴会"。——译者注

《社会行为的遗传进化》。[3]他一开始对这篇文章很不耐烦。"我急于弄清这篇文章论证的要点,然后好转到另一个话题,一些我更熟悉、更合意的话题。文章很晦涩,通篇使用了数学方法,因此也很难懂,但我很快……理解了他的主要观点。"[4]

汉密尔顿的主要观点涉及达尔文的经典难题——利他主义。如果像达尔文认为的那样,自然选择只发生在个体层面,那么有些个体——一只工蜂或工蚁,一只在捕食者接近时号叫以提醒同伴的草原土拨鼠——怎么可能将自己置于危险之中,甚至为了支持它们所在的群落而放弃自己的繁殖机会呢?难道自然选择不是应该早就把那些无私且自我毁灭的行为扼杀了吗?达尔文不得不用群体选择来解释利他主义,但他对群体选择发挥作用的机制所做的说明,从未说服过大家。

汉密尔顿在 1964 年的论文中给出的突破性答案是,做选择的单位实际上并不是个体,更不是群体,而是基因。这种效应在蜜蜂和蚂蚁身上最为明显,它们繁殖系统的这种特点被生物学家称为单倍二倍性(haplodiploidy,这个词由希腊语词根组成,"haplo"指的是单,"diplo"指的是双)。在正常的有性生殖中,雄性和雌性各自给后代贡献了一套完整的染色体。但是,在单倍二倍体物种中,雄性是由未受精卵发育而来的。未受精卵只携带了一套染色体,即来自雌性的那套。当这样发育成的雄性后代将来给一个雌性授精时,它只为结合提供了一套染色体,而雌性则提供了两套。于是这种交配的结果就是,一个雌性拥有 75% 的雌性染色体和仅仅 25% 的雄性染色体,而不是正常的一半一半。那就意味着一只工蜂或者工蚁是一个"超级姐妹"：它的基因中只有 25% 来自雄性，而 75% 来自雌性。因此如果她支持她的母后和她的其他后代（也就是她的超级姐妹们），就能传递出更多她的基因，即 75%；而如果她自己繁殖，则只能传递出 50% 的基因。

在单倍二倍体物种中，利他主义是一对一的。在没有这种特殊遗传条件的繁殖物种中，汉密尔顿框架下的利他主义涉及更多亲属。一只草原土拨鼠在提醒众多同伴注意危险后，虽然被捕食者夺去了生命，但它与血缘亲属共享的基因由此得以保留。或者正如汉密尔顿在他 1964 年论文中所写的："我们期望发现，没有一个人准备为了任何其他个人牺牲自己的生命，但当他能够因此拯救超过两个兄弟，或四个同父异母兄弟，或八个表亲时，每个人都愿意牺牲生命。"[5]（汉密尔顿的表述并不排除其他的利他关系，比如，一个丈夫救他溺水的妻子，可能会保护他对两人已有或者以后会有的潜在后代的遗传投资，即便他俩本身并没有血缘关系。）

威尔逊回忆起自己对汉密尔顿揭示的内容的第一反应就是断然否定。"这不可能，我想，这不可能是对的。这太简单了。他肯定对社会性昆虫知之甚少。"[6]但是，某种更深层次的直觉让威尔逊犹豫不决，在纽约的宾夕法尼亚车站换乘了前往佛罗里达的列车后，他继续评估汉密尔顿的论文：

> 当我们向南出发，穿越新泽西州的沼泽地时，我再次仔细地阅读了这篇文章，这次更加仔细，寻找我认为一定存在的致命缺陷……我见多识广，总能找出来一些问题的……到晚餐

时，随着火车轰隆隆地驶入弗吉尼亚州，我感到越来越沮丧和愤怒。汉密尔顿，不管他是谁，都不可能解开这个"戈尔迪之结"①。但是，本来就没有什么"戈尔迪之结"，不是吗？我曾认为可能只是有很多偶发的进化和奇妙的自然史。因为我"谦虚"地认为自己是研究社会性昆虫的世界级权威，我也认为其他人不太可能解释其起源，更不可能这么干净利落地一击即中。[7]

第二天早上，他仍然很沮丧，但是到中午，当火车到达迈阿密时，他已经想通了。"我改变了信念，把自己交到了汉密尔顿手上。"[8]

W. D. 汉密尔顿这位杰出人物是谁？为什么威尔逊此前从未听说过他？在那年秋天，他乘坐"玛丽皇后号"（*Queen Mary*）前往伦敦，受邀在皇家昆虫学会上发表了关于社会性昆虫的演讲。在得益于汉密尔顿的启发获得突破之前，威尔逊曾在 1963 年的《昆虫学年度评论》（*Annual Review of Entomology*）上发表了一篇题为《蚂蚁的社会生物学》（"The Social Biology of Ants"）的论文，并因此接到了会议邀请。汉密尔顿也参加了这次会议，在威尔逊演讲

137

① 原文为 Gordian knot，又译戈尔迪乌姆之结，Gordian 是 Gordius 的形容词形式，戈尔迪乌姆（Gordius）是公元前 4 世纪小亚细亚地区的一个国王，他把一辆牛车的车辕和车轭用一根绳子系起来，打了一个找不到结头的死结，声称谁能打开这个难解的结谁就可以称霸亚洲。这个结一直没有人解开，直到公元前 3 世纪，亚历山大大帝用身上的佩剑一下子就把这个死结斩开了。此后，戈尔迪之结就用来指难以解决的问题，也引申为用非常规的简单方法解决难题。——译者注

的前一天，威尔逊去找了他。

结果他发现汉密尔顿才 28 岁，还是个研究生。对达尔文理论的这一重大修订，一种范式的转变，竟出自一名研究生之手。威尔逊觉得他"在某些方面具有典型的 20 世纪 50 年代英国学者的风范——身形瘦削、蓬头散发、轻声细语，抑扬顿挫的演讲中带着点不谙世事"。[9]汉密尔顿的某种潜在力量可能已经从他左手缺失的第一个关节上表现出来了。威尔逊后来得知他这只手是在二战期间弄伤的，当时年轻的汉密尔顿试图在肯特郡家中、他的工程师父亲的地下实验室里制造炸弹，并且取得了巨大的成功。（他父亲那时候正在为国民警卫队制造炸弹，以应对德国可能的入侵。）

在伦敦散步时，两个人探讨起彼此的共同点。汉密尔顿跟威尔逊说，他想找一位能承认他在血缘选择方面研究的博士生导师，但遇到了麻烦。"我觉得我能理解这是为什么，"威尔逊调侃道，"他的资助人还没有完成他们的思考模式的转变。"[10]他们也还没有准备好接受汉密尔顿对一个通常采用自然史的方法（也就是叙述性的方法）来进行研究的学科进行复杂的数学处理。

汉密尔顿的洞见并不是一夜之间灵感突发。它来自三年的艰苦研究，其间他不仅要努力寻找鼓励和支持，还要努力消除自己的疑惑。据说路易·巴斯德（Louis Pasteur）在他的学生准备撰写研究报告时曾建议他们，"要让它看起来是必然会发生的"。有时候，发现确实是那样发生的。而更多时候，它需要焦虑、需要多次重复，才能从最初不确定的预感发展为充分的认识。

汉密尔顿在回忆 1960～1964 年的痛苦岁月时称之为"情绪钟

摆的一次漫长而疯狂的摆动"，那时他正在酝酿自己的观点。"在
［那个时期的］大部分时间里，我在工作中一直有种失去支持的感
觉。有时候我确信自己发现了其他人还没发现的一些东西……而在
别的时候，我同样确信自己肯定是个想法古怪的人。我周围那些受
人尊敬的学者，以及与我交谈过的许多聪明至极的同辈研究生，怎
么会看不到按照我的思路研究利他主义的价值？除非我的研究在某
些方面确实是个伪命题，而他们所有人都很明白，只有我不知道。"
他住在伦敦一家廉价的卧室兼起居室的两用房间里，像个幽灵一
样，悄无声息地穿过他有研究权限的实验室大厅，他的系主任怀疑
他编造了令人生厌的优生学理论。他感到非常孤独。他回忆说，在
他学习的图书馆闭馆之后的几个小时里，"比起回我的房间，我更
愿意去滑铁卢车站，坐在大厅的长椅上，在候车乘客之中继续阅读
或者尝试写一个模型"。他不想和候车的人说话，但他喜欢他们的
存在带来的人间温暖。[11]

　　到 1962 年底，汉密尔顿的理论概要在《美国博物学家》（*The
American Naturalist*）上发表，他就此认定自己"不是一个想法古怪
的人"。同时，他对自己一直在写的那篇更长、更笼统的论文感到
"十分厌倦"。[12]当他把论文提交给《理论生物学杂志》后，他立刻
写信给著名的巴西昆虫学家沃里克·埃斯特万·科尔（Warwick
Estevam Kerr），询问自己是否能够在圣保罗的里奥克拉鲁大学
（University of Rio Claro）和科尔一起工作。汉密尔顿写道，他已经
意识到"我已经以某种方式绕过了科学发展的一个必不可少的阶段
（或者正如我所说的，在下面挖了条隧道）。我现在应该去把这里填

138

充上，需要在某个地方积累一些事实证据，去验证某些东西，使之令人信服"。[13]威尔逊在职业生涯开始时，曾在南太平洋进行一次长时间的采集考察，而汉密尔顿则在巴西停留了一年，在巴西的雨林中采集昆虫，并与科尔讨论他的想法。他需要时间。他说，《理论生物学杂志》的编辑认为他的论文"总体上可以被期刊接受，但是［需要］进行重大修改，特别是［它］必须分成两部分"。[14]他乘坐货轮从伦敦到巴西用了一个月时间。此外，他还学习葡萄牙语，在科尔的实验室安顿下来并开始实地研究，这些进一步延缓了他的论文修订工作。

修改后的两部分论文在 1964 年初被寄回伦敦并被发表。论文于 7 月付梓，汉密尔顿回忆说：

139　　　　当时我正走陆路从圣保罗到加拿大，准备返回英国。见证我论文发表那天的太阳很有可能……也看到了我开着我的老式美国吉普车在贝伦—巴西利亚公路的小沟、石头和凹坑中穿梭……中午时分，当我在路边停车，从某个巢穴里采集黄蜂时，太阳几乎就在我的头顶正上方闪耀；日落时分，如果它还能穿透雾霭，就会看见我和我的巴西同伴塞巴斯蒂昂·拉罗卡（Sebastião Laroca）……我们把吊床挂在塞拉多地区低矮的树之间，离石头或沙质的小道不远，偶尔还会有卡车隆隆地驶入夜色。可以肯定的是，无论那天的白天还是晚上，我很幸运地都能不受干扰地测量血缘系数中一些更细微的方面。[15]

　　在他们的伦敦散步之后，威尔逊决定在第二天给英国昆虫学领袖们的演讲中，介绍这位名不见经传的研究生的研究成果。他用自己演讲三分之一的时间来介绍汉密尔顿的观点。他调皮地写道："我预料到会有反对意见，而且，在我脑海中［在他的夏季火车旅行中］已经经历了各种各样的抗议和回应之后，我非常清楚人们会提出什么样的反对意见。我没有失望……当有一两次我觉得［答案］不太确定时，我就把问题抛给年轻的汉密尔顿，他就坐在观众席上。我们一起完成了这项任务。"[16]

　　比尔·汉密尔顿在 1968 年获得了博士学位，与 1963 年及 1964 年发表的论文一起，他还提供了另外两篇论文和一篇介绍性文章，来代替一篇单独的学位论文。然后，他求爱一年终成正果。他的新婚妻子克里斯蒂娜是伦敦牙医，两人一起前往巴西广阔的马托格罗索地区，参加由英国皇家学会和国家地理学会共同资助的为期九个月的考察。随后，他的整个职业生涯都在从事开创性的工作，并在伦敦大学学院（University College London）授课，在密歇根大学（University of Michigan）担任进化生物学教授，从 1980 年直到 2000 年去世的这些年中，他都在牛津大学担任研究教授。

　　对威尔逊来说，血缘选择就是他得以撬动被他命名为社会生物学的新学科所需要的那个支点——他澄清道："这是一门学科，而不是一个特定的理论。"[17]如果社会行为与遗传相关性有关，那么进化就能解释那些长久以来被认为是纯粹从经验中习得而不是来自遗传的行为。到了 1971 年，当威尔逊出版《昆虫的社会》并在最后一章中指明方向时，他已经准备开始研究和撰写这部他将命名为

140

《社会生物学：新的综合》（*Sociobiology : The New Synthesis*，以下简称《社会生物学》）的开创性著作了。

2019 年，威尔逊告诉一名采访者，这本昆虫的书大获成功（这本书入围了 1972 年的国家图书奖，让他感到惊讶）"让我意识到，接下来我应该对脊椎动物——哺乳动物、爬行动物、两栖动物、鱼类——都做一个类似的综述"。[18]然而，《社会生物学》并不会仅仅是一个脊椎动物版的《昆虫的社会》。它将是一个更雄心勃勃的项目——一位评论家后来评述它"尝试去创立一门新的科学学科并赋予其合法地位"。[19]威尔逊的昆虫一书的最后一章，以他对下一个目标的大胆声明作为开篇，暗示了他和斯图尔特·奥尔特曼在圣地亚哥岛的"思想转折点"："当同样的参数和定量理论被用来分析白蚁种群和恒河猴群体时，我们将会拥有一门统一的社会生物学学科。"[20]这就是威尔逊此时要面对的挑战——正如他承认的那样，"这是被一剂雄心兴奋剂激起的"：

> 去吧，我告诉自己，全力以赴。根据种群生物学的原理来组织**全部的**社会生物学。我知道我正在给自己引来更多的艰苦工作。《昆虫的社会》一书刚刚耗费了我十八个月的时间。如果再加上我在哈佛大学的工作以及正在进行的蚂蚁生物学研究项目，写作已经把我的工作量堆到了每周 80 小时。现在我［要再投入］两年的时间，从 1972 年到 1974 年，编写这本工作同样繁重而且规模更大的新书。[21]

虽然这项工作听起来很艰苦，但是威尔逊甘之如饴。他说："实际上，写这两部综述作品的这几年是我人生中最幸福的时光。"[22]那段时光之所以幸福，是因为他的家庭生活很幸福。他曾考虑在佛罗里达建立一个研究站，这样在他研究时期，艾琳和凯茜就可以去那里和他一起生活。这个计划没有成功，但是有一个更好的计划取而代之。

1969 年，拉里·斯洛博金邀请威尔逊和他一起去马萨诸塞州科德角的伍兹霍尔海洋生物学实验室讲授夏季生态学课程。海洋生物学实验室为夏季教师提供乡间别墅：威尔逊一家的住处距离古老的白色诺布斯卡灯塔有 1 英里。这座 40 英尺高的灯塔（内部为砖砌结构，外部覆铁）在 1876 年首次点亮，并在近一个世纪后仍然每 30 秒发出两次雾号。从这里向西是隔着巴特兹湾的新贝德福德市，向东是隔着马撒葡萄园岛的楠塔基特海峡，在阳光明媚的日子里，帆船在这两条航道上闪闪发光。威尔逊回忆说："凯茜那时正好到了上幼儿园的年纪，和其他教师的孩子们打成一片。她和我还会花上几个小时的时间来观察蝴蝶、鸟类，以及我们小屋后面沼泽中的一群麝鼠。"傍晚时分，他们一家人有时会开车去海角南部探险。威尔逊在四十几岁的时候开始通过跑步来控制体重，他会在下午沿着长长的沿海公路跑到法尔茅斯再返回。其余的空闲时间，他用来写作——阅读——写作。他回忆说："那之后的十八个夏天，我们都在伍兹霍尔，并在那里度过了凯茜整个大学时代。在那段漫长的时间里，我的生活自在又充实。"[23]

在如此舒适的环境下，1972 年夏天，威尔逊雄心勃勃地开始研

141

究和撰写《社会生物学》这本书。他引用的参考文献比《昆虫的社会》中的更多——总共有 2552 条，而前一本书则为 1701 条。

技术类书籍可能很难开篇布局：作者要么必须假设读者已经了解其主题的基本知识，要么必须以某种方式让读者加速了解。很明显，威尔逊并没有期望他的读者已经为一门全新的、充满挑战的、跨学科的科学做好准备。《社会生物学》以一个简短的开篇章节开始，接着是一章"基本概念"，然后是一章关于"社会进化的主要驱动力"，再是一章"种群生物学的相关原理"。直到此时，在第106 页，威尔逊才开始讨论社会生物学本身，这一章的标题为"群体选择和利他主义"。

那个简短的开篇章节"基因的道德"并不是一个通常意义上的正式简介。相反，它非常个性化。这种个性化在一定程度上被间接的语言所屏蔽，但是一旦你穿透这层屏障，它的直白程度令人吃惊。在这本为了建立一门新的生物科学的宏大计划而创作的将近700 页的书里，第一句话是："加缪说过，自杀是唯一严肃的哲学问题。"[24]

书中提到的加缪是阿尔贝·加缪（Albert Camus），是一位出生于阿尔及利亚的法国记者、小说家、剧作家和二战抵抗战士，他的作品对战后存在主义哲学的发展做出了贡献。1957 年，年仅 44 岁的加缪获得了诺贝尔文学奖。两年后，他在一场车祸中丧生，成为一位魅力经久不衰又极具神秘感的人物。威尔逊在他书中的第一句引用了这位世界名人的话之后，立即向他发出了挑战。唯一严肃的哲学问题就是自杀？他的第二句话反驳道："从严格意义上看，实际上，这种说法是错的。"[25]

　　然后，仿佛为自己的冒失感到羞愧，威尔逊退回第三人称的间接叙述，从他开篇的挑战中后退了一步。自杀带来的这个问题——谁会更清楚自杀可能是多么严重的行为呢？答案是"生物学家"，这样一来，他既让自己与这个主题保持距离，又准备对那些哲学家进行嘲讽，后者自以为是地谈论深奥的人类经验却没有与之相匹配的科学深度：

　　　　关心生理学和进化史问题的生物学家意识到，大脑中下丘脑和边缘系统中的情绪控制中心，制约和影响了自我认知。这些中心让我们的意识充斥着憎恨、热爱、内疚、害怕等所有感情，指望凭着直觉分辨善恶标准的伦理学家们考虑过这一问题。[26]

　　这里的"直觉"是个贬义词。在威尔逊看来，仅"凭着直觉"　143
来判断善恶的标准并不比瞎猜好多少。如果自我认知是由情绪控制中心制约的，那么又是什么在制约这些情绪控制中心呢？

　　　　于是我们不禁要问，是什么造就了下丘脑和边缘系统？它们经自然选择进化而来。要在各个层面解释伦理学和伦理哲学家的理论（如果不能解释认识论和认识论学家的理论的话），就必须用这种简单的生物学的观点。自我存在，或终止自我存在的自杀，并不是哲学的核心问题。下丘脑-边缘系统通过负疚感和利他主义情感进行反击，自发否认这种逻辑归约。就这一点而言，哲学家自身的情绪控制中心比他的唯我论意识更有智慧，它"知道"在进化过程中，单个有机体几乎无足轻重。[27]

这些开篇段落的信息密度体现了它们所包含的期待的信息密度：作为一名生物学家，威尔逊的野心是超越传统哲学的直觉，找到一门更好的科学；他越来越相信社会生物学的方法可能会结出硕果；在私下里，他作为一个背负着"负疚感和利他主义情感"的儿子，渴望理解父亲的行为，并将其情境化，现在他可能终于有了这样的工具。

他的言外之意是，血缘选择在威尔逊的父亲决定结束自己生命的过程中起了一定作用。当老埃德无私地——以自我毁灭的方式——将他的儿子从抚养他和珀尔的罪恶负担中解放出来时，他允许小埃德去提升家族的成就，带着老埃德的基因，在社会、文化和经济各方面往上提升。

回到加缪的话题，威尔逊纠正了这位法国哲学家的著名结论："对于他自己的问题：'荒谬是否支配着死亡？'加缪的回答是，向高峰的攀登本身就足以充实人的心灵。"正如加缪探讨的西西弗斯的神话，这位狡诈的科林斯国王被宙斯判处永远在冥府把一块大石头滚上山。"但是每一次，"奥德修斯在《奥德赛》（*Odyssey*）中叙述道，"当他就要把石头送上山顶的时候，它的巨大重量使它滚回来，无情的石头又一次向平原滚落。"[28]于是西西弗斯下山来，再次开始他荒谬的劳动。

威尔逊称，加缪认为西西弗斯获得了满足，这一结论"了无生趣"，但"很可能是正确的"。不过，他补充说，"但是只有按照进化理论予以检验才能发现其中的意义"。这个观点所揭示的是：

> 像人类这样具有高度社会性的物种，其下丘脑－边缘系统通过编码表现为好像它"知道"，构成其基础的基因只有在协调行为反应，使个人生存、繁殖和利他行为产生综合有效的影响时，才能最大限度地传播下去。结果，当机体遇到压力时，这一系统的中心就给意识增加矛盾的心理负担：爱与恨，攻击与恐惧，进取与退缩，等等。这种情感交织不是为了个体的幸福和生存，而是为了最大限度地传播控制基因。[29]

对加缪的课题的这种阐释也许从理性上解释了存在的荒谬性，但在情感上很难理解那种荒谬性。威尔逊感受到的矛盾情绪在下一段中迸发出来，现在的他不仅是作为生物学家在陈述观点，而且是作为男人——以及作为儿子的。他将在"本书的后面"对这些矛盾情绪的"遗传后果"进行正式探讨：

> 现在我们可以说，对个体好的事情可能会摧毁一个家庭；而能够保护一个家庭的事情可能对个人和家庭所属的部落造成伤害；而有利于部落的事可能会削弱家庭并摧毁个体，以此类推到更高层级的组织中也是如此。[30]

145

如果说之前还不明显的话，那么这里既满含脆弱情感又直截了当的表述体现出威尔逊深刻的悲剧性人生观。

他之后还会进一步探讨这个问题；此时，他已经找到一种方法来把他父亲的遗弃理解成一个礼物，而不是彻头彻尾的背叛，于是他仿佛被解放了，大笔一挥对人文主义的领域提出了更高的要求。他写道，社会学还不是社会生物学；它试图通过"经验主义的描述"来解释人类行为，但是（像哲学一样）仅"凭着直觉"，没有考虑到进化的解释。然而，直觉不是科学，威尔逊继续说道，而社会学还远远达不到真正的科学所要求的概括和可验证的预测水平。他援引了进化理论的现代综合论——孟德尔对达尔文理论进行了加强和修正——来强调其他之前的"直觉"科学，比如，分类学和生态学的可能性。然后，他以惊人的勇气，将所有的社会学科都扫进了他的网中，在这样做的时候，他坦承自己还不知道这张网是否足够坚实到可以容纳这些学科：

> 可以毫不夸张地说，社会学及其他社会科学，以及人文学科，是等待融入现代综合论的最后的生物学分支。那么，社会生物学的功能之一就是通过把这些学科纳入现代综合论来重塑社会科学的基础。而社会科学能否通过这种方式真正地生物学化仍有待观察。[31]

威尔逊对他的新学科的最后主张涉及一个挑战，这个挑战促使他首先去寻求将进化生物学扩大并使之变得现代化的方法，这也是他和他的同事们在生存之战中一直在与之竞争的新学科所带来的挑战。他写道："我相信［社会生物学］有足够丰富的细节和自足的概念集合，可以与分子生物学和发育生物学等学科相提并论。"[32]

是时候要"全力以赴"了。那是一架巨大的管风琴，他正在为演奏做准备。

《社会生物学》是一本令人望而生畏的书，厚达 697 页，宽双栏，充满专业术语——书的重量超过了 5 磅。这也不是一部容易总结的著作。与《昆虫的社会》一样，但又更全面的是，威尔逊的研究涵盖了截至 20 世纪 70 年代初所有动物生活方式的文献，寻找潜在模式和联系的证据，报告发现的证据，再自己从中建立联系，并指出潜在的进一步研究方向。在他的研究结果与无脊椎动物相关联的地方（正如他们经常做的那样），他也会引入这些联系和相似之处。这一艰巨的综合研究，可以与门捷列夫在 19 世纪下半叶编制元素周期表的研究工作相媲美，门捷列夫不仅揭示了化学元素之间的基本关系，而且为缺失的元素留出了空间，以引导人们及时识别这些缺失元素。

据估算，地球上大约有 870 万种已知的动植物，上下浮动 130 万种，其中 220 万种都是海洋生物。另据估计，还有 86% 的陆地物种和 91% 的海洋物种有待描述。[33]终有一天，威尔逊会组织全球范围内的努力来弥补这一缺失；就目前而言，他关心的是在已识别的脊椎动物物种之间寻找社会共性。

在《社会生物学》一书的前面部分，威尔逊解决了看似棘手的分类问题。他断然宣布，"以前所有对动物社会进行分类的尝试都失败了"。根据社会的特征来定义社会，这明显导致了生物学版本的统合派与分割派之间的普遍冲突：统合派保持简化单纯原则，分割派则编制出长长的清单。威尔逊的前辈威廉·莫顿·惠勒只从三种社会特征入手——主动还是被动的；主要是生殖性、营养性还是防御性的；群体性的还是自由放养的——并且从中衍生出五种基本的动物社会。而在另一个极端，20 世纪初的德国动物学家保罗·迪格纳（Paul Deegener）则确定了四十多种特征。威尔逊不耐烦地总结道："根据所有相关特征进行分类就是一个无底洞。"[34]他写道：避免这种情况的唯一方法是转向社会特性本身——特定的特征而不是一般的特征——并对其进行分类。

威尔逊确定了十个"社会性特性"作为起点，所有这些特性都是可以量化的。它们的范围涵盖了从群体大小到种群分布、群体成员之间的亲密程度、一个种群对外部移民的开放或封闭程度、其成员承担的角色专门化程度、成员之间合作的紧密程度（回想一下那些信息素踪迹）、信息流，再到成员在社会性行为中投入的时间（他写道，狐猴这种社会化程度较低的物种，在社会性行为中投入的时间大约是 10%；猕猴则是 80%到 90%）。[35]

这十个特性是威尔逊对脊椎动物社会生物学进行深入探索时的工具包。要想全面深入地了解他的发现，你应该阅读那本书；这里我只能举几个例子来说明威尔逊是如何工作的。

在《社会生物学》一书开篇还不到 30 页时，他就强调了形成一种**可验证的**理论的重要性——这表明，他当时认为需要做多少工作才能将进化生物学从自然史推向真正的科学。他写道："调查的目标不应该是倡导最简单的解释，而应该是列举所有可能的解释，然后设计测试来排除其中的一些解释。"[36]不是"快速、优雅的实验室实验"，他隐含着对分子生物学家的抨击补充道，而是长期而艰苦的实地研究。

他举了一个例子来说明他的意思，引用了一项对金眼鸭求偶表现的分析，研究人员录制了 22000 英尺长的实地观察胶片，从中整理出一份录制到的表现的列表，并测量了每一次表现的持续时间。

威尔逊继续举例，德国野外生物学家乔治·夏勒（George Schaller，又译乔治·沙勒）在对塞伦盖蒂狮群的一项三年半的研究中，"用了 2900 小时，走了 149000 公里，每天定位和监测几个狮群"。两位日本科学家研究工蜂的劳动计划如何随着年龄增长而变化，他们"用了 720 小时收集了 2700 只单独标记的蜜蜂的数据"。还有一位蜜蜂研究人员"对一只工蜂进行了累计 178 小时 45 分钟的观察"。威尔逊对这种勤勤恳恳的野外工作的赞赏，从他的仔细列举中显露出来。他总结道："通过这些努力得到的数据更加详细，可以识别每个个体，记录其特质，并在某种程度上绘制出其社会地位的发展。随后，通信网络的精细结构开始显现……这一新层次的信息对社会生物学的未来发展至关重要。"[37]

威尔逊稍后观察到，某些环境因素往往会引发社会的进化，而其他的则不会。他写道，最常被报道的因素是对捕猎者的防御。大家聚到一起（威尔逊称之为"向心运动"）并且挤到所形成的群体的中间，这样做倾向于保护比较强壮的动物，但是会把比较弱小的动物置于群体边缘，令它处于更大的风险之中；威尔逊评论道，比尔·汉密尔顿将这种行动称为"自私群居"策略。其结果在视觉上令人印象深刻，但其组织性很低："向心运动形成的不仅有牛群，还有鱼群和鱿鱼群，鹭群、鸥群、燕鸥群及其他鸟群，蝗虫群，以及很多其他种类的简单运动的群体和筑巢的群体。"[38]

　　许多观察者更熟悉的是用大量猎物使捕食者疲于应对的策略，这种策略让捕食者只能吃掉整个猎物群的一小部分。大多数人都曾在电视上看到过这样的镜头：大批绿海龟幼崽同时出现在海滩上，拼命地集体冲向大海，躲避饥饿的海鸥。更引人注目的是，美国东部每隔十三年和十七年就会出现一次周期性蝉的大规模涌现。这些大个、无害、嗡嗡作响的昆虫——已知有七个不同种类——作为食草若虫在地下度过多年，然后在同一时间大量出现，爬到树干的中间，蜕去蛹皮，抖出翅膀，飞走一两个月进行交配和产卵，然后死亡。威尔逊写道："没有哪种普通的捕食物种，会指望专门适应一种只能饱餐几天或几周，然后消失多年的猎物。"[39]他引用了昆虫学家 R. D. 亚历山大（R. D. Alexander）和 T. E. 摩尔（T. E. Moore）在 1962 年的一项研究来描述这一现象：

　　　　在某些年份，一个特定森林中的所有种群几乎都在同一晚上出现……1957 年，亚历山大在俄亥俄州的克林顿县目睹了这种情况。在一片森林里，整个下午只有零星散落的若虫蛹皮，没有一点嗡鸣声……黄昏刚过，若虫就开始大量地出现，它们穿过橡树树叶堆的声音成了整个森林的主要声音。成千上万的个体同时爬上该地区每棵大树的树干，第二天早上，到处都是新蜕皮的成虫……在这种情况下，周期性蝉在几小时内就从十七年前的那几周产下的卵长成了成虫，这一事实千真万确。[40]

威尔逊写道，一种与此形成鲜明对比的群体行为是作为捕食者的社会性共同行动。狮群、野狗群或鬣狗群是非洲的明显例子。虎鲸会合作捕杀鼠海豚，威尔逊描述了两位研究员报道的一场大型狩猎活动："虎鲸们在一起围住鼠海豚，然后逐渐缩小包围圈来将鼠海豚挤到里面。突然，一头鲸鱼冲向鼠海豚并吃掉其中困住的几只，而它的同伴则维持住包围圈。之后，它和另一头鲸鱼交换位置，让后者进食一会儿。这个过程一直持续到所有的鼠海豚被吃光为止。"[41]（座头鲸在初夏时节来到我所在的太平洋海岸的海湾，同样将向北迁徙的沙丁鱼群团团围住，然后张开嘴，从沙丁鱼球中游上来，嘴里塞满鱼，几乎完全冲出水面，同时一群海鸥尖叫着如雨点般盘旋而下，抢食溢出的沙丁鱼。） 150

其他以最大化地适应环境为目标的群体策略就不那么明显了。威尔逊提到了把外来者排除在种群领地之外——这是一种公认的稳定种群的办法——以及改良环境的做法。作为改良环境的一个复杂的例子，他描述了一种非洲育菌白蚁——东非白蚁（Macrotermes bellicosus）那非同寻常的丘巢：

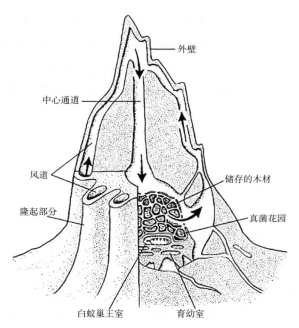

外壁

中心通道

风道

隆起部分

储存的木材

真菌花园

白蚁巢王室

育幼室

**非洲育菌白蚁用对流驱动的空气循环系统让它们的
巢穴降温并保持空气清新。**

当巢穴中央核心部分的空气因为巨大种群内部的新陈代谢
热量而升温时，它通过对流上升到大型上部腔室，然后流出到
外巢穴壁旁边扁平的、类似毛细管的腔室网络。在外腔室中，
空气［通过辐射和透过薄壁扩散］得到冷却和更新。这样，空
气就会［再次］下沉到巢穴的下部通道中。[42]

151　　《社会生物学》一书故事丰富、案例翔实，语言又不乏幽默，使读者对这门自然科学学科的学习变得轻松。威尔逊在书中通过提升钓鱼、拳击和足球的价值来调侃文化势利小人：

> 令伦理学者们感到担忧的是，美国人和其他文化发达的民族继续把大量时间用于粗俗的娱乐形式。他们喜欢在客厅的墙上挂上不是用来食用的巨型鱼，崇拜拳击冠军，有时还会在足球比赛中感到狂喜。这种行为可能并不颓废。它可能与工作和性繁殖一样，是心理上的需要和遗传上的适应，甚至可能源于促使我们对科学、文学和艺术创作的最高冲动相同的情感过程。[43]

在这部由 27 章组成的鸿篇巨制中，前 26 章里引起其读者中学者或科学家反对意见的几乎全是技术性的，似乎鲜有或者说完全没有其他情况。然而，读者们对第 27 章"人类：从社会生物学到社会学"的反响，引发了一场丑陋而令人痛苦的文化战争，改变了威尔逊的人生方向。

第9章

人 性

　　埃德·威尔逊告诉我，当他开始撰写《社会生物学》一书时，他"还没有考虑把人类也包含进去，但是写着写着，我很快就发现我需要这样做"。一个涵盖脊椎动物王国所有其他物种的综合研究，却独独遗漏一个自认为是这个王国的最高荣耀的物种，的确是一种失职。与此同时，威尔逊也明白，他将踩上圣地；在这本书的前几章中，他只是粗略地提到了智人。即便在第27章关于人类社会生物学的章节中，他的态度也很谨慎。

　　在第27章的开头，威尔逊邀请读者"以自然史的自由精神来思考人类，就当我们是来自另一个星球的动物学家，正在对地球上的社会性物种进行分类"。他呼吁我们要有长远的眼光和开放的心态。他开始说，我们是"一个非常奇特的物种"，在所有灵长类动物中，我们占据着最广泛的地理区域，维持着最高的局部密度。我们已经"抢占了所有可以接受的人科动物的生态位"，这使得我们成为唯一仍然存在的**智人**人种。[1]

　　我们还有另一个很奇特的方面，即"在解剖学上独一无二"：我们能做直立的姿势，几乎没有毛发，比我们的灵长类表亲有更多

汗腺——所有这些都是成为东非伊甸园中白天猎手的必备素质，让 153
我们能够驱赶猎物使之跑到过热力竭，并用我们强有力的拇指抓住
长矛来了结它。

在生物学上，我们已经摆脱了冲动的发情期——雌性发情期。
在其他哺乳动物中，发情的信号是生殖器颜色周期性地发生变化和
释放信息素——这对几乎持续的性行为有利。"平缓的性周期和持
续的女性吸引力让亲密婚姻纽带变得巩固，这一婚姻纽带是人类社
会生活的基础。"[2]

最奇特的是我们硕大的球状脑袋，"一个敏锐的火星动物学家
会把它视为……人类生物学的一条最重要的线索"：

> 人属的大脑在相对比较短的进化期内异常扩展……三百万
> 年前［我们的祖先］南方古猿的成年人脑容量为 400~500 立
> 方厘米，与黑猩猩和大猩猩的脑容量相当。到了现代人，［这
> 一容量增至］900~2000 立方厘米。伴随着脑容量扩展而来的
> 智力的增长是如此之大，以至于我们无法以任何有效的途径来
> 进行衡量。[3]

威尔逊将这种独特的大脑扩展称为"智力的过度增长"。他指
出，我们在智力进化方面已经突飞猛进，其结果几乎无法进行分
析。"早期的猴子和类人猿的个体物种拥有明显的可塑性社会组织；
人类已将这一趋势延伸为多样化的种群特征。"猴子和类人猿能够
对其社交和性互动的强度进行调整；在人类中，这种调整是"多维

度的，根据文化而调整，并且几乎无尽地微妙"。建立亲密关系和互惠的利他行为在其他灵长类动物中还处于初级形态；"人类已经将之扩展为巨大的网络，在这个网络中，个体有意识地时时刻刻转变其角色，犹如更换面具一样"。[4]

154   于是，人类社会生物学的目标之一就是追溯种种特质的历史，以确定它们在多大程度上是进化发展的遗留物，在多大程度上是对现代文化生活的适应。这两种特性在历史上被称为"先天"和"后天"，为了区分它们，威尔逊借用了一个社会学术语"生物图"（biogram）。生物图是我们已经在进化过程中遗传下来的所有东西，宽泛地说，就是我们的天性。威尔逊写道："我们的文明就是围绕着生物图偷工减料地构建而来的。"[5]他问道：文明是如何受到生物图的影响，又是如何反过来影响它的呢？人类社会生物学的工作，同时也是威尔逊新学科的顶点，就是要找出这个问题的答案。

        这项工作不可能轻易达成："在其他动物上的经验表明，当器官过度增长时，系统发育［即一个物种的进化史］就很难重建。这就是对人类行为做出进化分析的症结所在。"问题的关键是，要在几十万年人类文化进化史的纷繁芜杂中，梳理出哪些人类行为是通过自然选择进化而来的，哪些是我们从经验中习得的。[6]

        威尔逊在第27章中的结论，只能是对他想象中的人类社会生物学可能成为的样子做最简单的勾勒。他在这部鸿篇巨制的最后一章的末尾——"未来"这一节中讨论了那些期望。威尔逊写道，在未来，"当人类达到一种生态稳定状态后，那可能是在21世纪末"，生物学应该处于其科学顶峰，而社会科学则"迅速成熟"。[7]他是在

1973 年写的这本书，也就是说，他允许生物科学用大约一百二十五年的时间来掌握人类的生物学，达到这一高度：

> 要过渡到……社会学的基础理论，必须等到能够从神经层面对人类大脑进行充分解释的时候。只有当这种机制能够在细胞层面被拆解并重新组装起来时，情感和伦理判断的特性才会变得清晰。到那时，我们就可通过模拟来评估行为反应的范围及其平衡控制的精确性……认知将被转换为环路。学习和创造将被定义为认知机制的特定部分的改变，由情绪控制中心的输入来调节。将心理学拆解以后，新的神经生物学将为社会学提供一组持久的基本原则。[8]

155

威尔逊在这一描述中使用了机械的隐喻——"环路"、"机制"和"输入"，这对他来说是很不寻常的，是对信息理论的借用。他以这种方式继续写道："［社会生物学］将尝试重建这种机制的历史，识别其每一部分功能的适应意义。"他预测说，有些功能"几乎肯定是过时的"，特别是源于我们的狩猎、采集和部落间战争时代的那些功能。其他功能——在这里他复述了他在该书开篇讨论的内容——"在个人或者家庭水平上看，现在可能证明是适应性的，但在类群水平上可能是不适应的——或者是相反的"。[9]过去的悲剧，放到将来仍是悲剧。

伴随着这种回响，威尔逊暗示了另一种未来，即他在哈佛大学的同事、激进的行为主义者 B. F. 斯金纳（B. F. Skinner）的乌托邦式的（或者说反乌托邦的）愿景。斯金纳的愿景援引了优生学这一历史上饱受诟病的学科，即刻意"改进"人类的学科的观点。正如威尔逊评价的那样：

> 如果决定要塑造文化以适应生态稳定状态的要求，那么有些行为可以通过经验改变，而不会造成情感伤害或创造力的损失；另一些则不能。这个问题的不确定性意味着，斯金纳梦想的预设好的幸福文化必须要等待新的神经生物学的出现，因此也必须等待遗传上精确的、完全公平的伦理编码。[10]

威尔逊判断，创造这样一个"计划好的社会……在下个世纪似乎是不可避免的"。[11]他写道，这也许是不可避免的，但它不会是一个乌托邦，因为功能性的和功能失调的——好的和坏的——通常在遗传上都是相关的。一个计划好的社会，如果要消除功能失调的现象——不管是战争，还是对外来者的敌意——必然也会不可避免地消除部分功能。威尔逊总结道："从这个最终的遗传意义来说，社会控制会剥夺人的人性。"[12]

因此，威尔逊在两种力量的碰撞中发现了悲剧：不可阻挡的进化驱动力与人类控制其环境（包括其自身的功能障碍）的欲望，即先天与后天的冲突达到了一个极端。

正如他在《社会生物学》一书的开头向阿尔贝·加缪寻求加缪对个人悲剧的阐释一样，威尔逊在结尾处再次转向这位法国作家，引用了加缪关于人类的渴望会不断消退的"预示性洞察力"。至少在西方，支撑人类的古老真理是：地球是宇宙的中心，人类是独立的造物，人类是理性的生物。哥白尼推翻了第一个，达尔文推翻了第二个，而弗洛伊德推翻了第三个。正如加缪的结论：

> 一个可以用糟糕理由解释的世界仍然是我们熟悉的世界。然而，如果身处一个突然被剥夺了幻想和光明的世界，人会感觉自己是异类，是个陌生人。他的流亡感无药可救，因为他被剥夺了对失落故土的记忆，也不再有对如梦之境的希望。[13]

"不幸的是，这是真实的，"威尔逊这样结束了这本将成为他人生转折点的书，"但我们还有一百年的时间。"[14]

《社会生物学》一书在出版之前就吸引了大量的关注。在 1975 年 5 月 28 日发行的《纽约时报》头版折页下方专题中，科学记者博伊斯·伦斯伯格（Boyce Rensberger）写道，这本书将在 6 月下旬出版的消息"已经在生物学家之间广为传播"，并且"已经引起了相当大的轰动"。当伦斯伯格为这篇报道采访威尔逊时，他特意问了威尔逊是否相信所有人类行为都由基因驱动。他写道，威尔逊在回答时"强调他并不是说所有人类社会行为都是由基因严格控制的"。伦斯伯格继续转述威尔逊的话："人类的智慧……使其能够发展出复杂的社会关系，从而产生许多种类和各种程度的道德承诺，这超越了其他动物。"[15]

为了这篇报道，伦斯伯格还采访了罗伯特·特里弗斯（Robert Trivers，昵称鲍勃），他是威尔逊在哈佛大学的同事，也是第一位

157

提出互惠利他理论的生物学家。特里弗斯告诉记者说："十年后，社会生物学家的培训将必须包括遗传学和进化论。我确信社会生物学将对社会学和心理学带来巨大的影响。"书中有一幅画，画的是一群海豚聚在一起，标题是"帮助尾鳍受伤的同伴游到水面呼吸"，并附有一张威尔逊的照片，照片中黑发年轻人脸色阴沉又严肃。再过几个星期就是他 46 岁生日了。

马萨诸塞州剑桥市一些政治上活跃的知识分子在阅读《纽约时报》的报道时，更多地注意到伦斯伯格对社会生物学重要性的评价，而不是威尔逊的不同意见，他们感到非常苦恼。伦斯伯格写道，社会生物学"带有革命性的含义，即人类对其伙伴的许多行为，从攻击性冲动到人文灵感，可能与手的结构或大脑的大小一样，都是进化的产物"。剑桥的观察家，其中有忠实的马克思主义者，迅速组建了一个集体，他们称之为"社会生物学研讨小组"，并决心反对他们认为威尔逊与优生学这该死的政治结盟。[16]

这个小组中有两位重要成员，人口遗传学家理查德·列万廷和古生物学家斯蒂芬·杰·古尔德（Stephen Jay Gould），他们是威尔逊在哈佛大学的同事，列万廷甚至是威尔逊的系主任。针对伦斯伯格的报道，列万廷致电记者并提议他反过来写一写社会生物学的弊端。伦斯伯格从新闻业的角度拒绝了这一提议，他对列万廷说："目前还没有争议。"[17]于是列万廷决定挑起事端。

158　　《社会生物学》于 1975 年 6 月下旬出版，并获得了普遍好评。科学记者约翰·法伊弗（John Pfeiffer）在 7 月 27 日的星期日《纽约时报书评》（*The New York Review of Books*）上写道："这是一项出色的调查，目标读者是学生和科学家，但其中包含的许多内容能够为认真的非专业读者提供信息，激发他们的兴趣，让他们准备好去浏览更难懂的技术性章节。"9 月 1 日，一位名叫马乔里·C. 米汉（Marjorie C. Meehan）的医生在《美国医学会杂志》（*Journal of the American Medical Association*）上撰文称，该书"文笔优美、条理清晰，读起来很愉快"。她很"震惊，这部优秀的巨著竟出自作者一人之手"。普林斯顿大学的进化生物学家约翰·泰勒·邦纳（John Tyler Bonner）那年夏天在给《科学美国人》期刊撰写的一篇评论文章中，首先赞扬了威尔逊的《昆虫的社会》，然后评价了他的新书"和前者一样简洁明了，信息量巨大，甚至在篇幅上都令人印象深刻……它开启了一个新的领域，在未来的许多年里，这个领域无疑将在生物学中占据中心地位，也许在社会学中也是如此。这实在是一个非同寻常的开始"。[18]

与此同时，社会生物学研讨小组的成员也在增加。到夏末，至少有 16 名波士顿地区的学者、专业人士和学生加入了该小组，除了列万廷和古尔德之外，还有哈佛大学医学院微生物学家乔恩·贝克威思（Jon Beckwith）、麻省理工学院心理学家斯蒂芬·乔罗弗（Stephen Chorover）、哈佛大学生物学家露丝·哈伯德（Ruth Hubbard）、波士顿大学人类学家安东尼·利兹（Anthony Leeds）、布兰迪斯大学医学院预科生伊丽莎白·艾伦（Elizabeth Allen），以及一名公立学校老师、一名助理研究员、一名住院医师、一名研究生、一名医生和一名精神病学家。[19]尽管该组织初具规模，一些成员在学术界也很有威望，但它并没有成功地激起公众对威尔逊及其雄心勃勃的著作的兴趣。哈伯德这样告诉一位历史学家，"一道审批的屏障"保护了它。[20]

然后，这个小组找到了机会：8月7日，《纽约书评》（*New York Review of Books*）刊登了一篇关于《社会生物学》的长篇评论，这是一份有十二年历史的小报形式的期刊，于1962~1963年纽约报纸长期罢工期间创办。自创办以来，《纽约书评》已成为美国学术和政治辩论的主要阵地；其编辑罗伯特·西尔弗斯（Robert Silvers）说，它致力于"对美国权力的性质进行政治分析——谁拥有权力，谁受到影响"。[21]

《纽约书评》上的这篇评论对该书大体上是赞许的，作者是英国资深生物学家康拉德·沃丁顿（Conrad Waddington）。他创造了"表观遗传学"（epigenetics）这个复数名词术语（"与发育的因果分析相关的科学"[22]），他自己也曾在生物学领域遇到麻烦。沃丁顿对威尔逊在开头和结尾对加缪的引用嗤之以鼻，调侃那位法国人"用高卢辞藻胡诌"。当他静下心来思考威尔逊的研究时，他发现它有"一个非常雄心勃勃的目标"，"威尔逊教授在实现这个目标方面取得了惊人的成功"。沃丁顿认为这个目标是将进化论的现代综合理论延伸到社会行为。而对于威尔逊惊人的成功，"这本书无疑将在未来许多年里成为我们对动物社会行为各个方面知识的主要信息来源，从最原始的种类，如珊瑚，到昆虫、鱼类、鸟类，再到各种哺乳动物和原始人"。

在对这本书大加赞赏后，沃丁顿接着开始对其主题——互惠利他主义是社会发展的根本基础——提出了异议。他写道："在我看来，这是威尔逊所建立的整个宏大结构中最薄弱的部分。在一本关于社会行为的 700 多页的书中，丝毫没有明确地提到心理问题，这难道不奇怪吗?"沃丁顿查看了索引，发现"没有提到思想、心理、意图、目标、宗旨，或任何类似含义的词语"。他说，因为这一遗漏，他感觉"自己必然能得出这样的结论，即社会生物学家无非是'害怕'凶恶的哲学家。沉默寡言的行为科学家要练习用分散注意力的方法来抵御强大的实证主义者的威胁，早在几年前这可能是一种明智的战术，但我怀疑这样的超级谨慎是否还有任何必要"。沃丁顿可能不知道他错得有多离谱。

在 10 月里的某一天，《纽约书评》办公室收到一封来自社会生物学研讨小组的抗议信。[23]这封信上有研讨小组所有成员共 16 人的签名，他们的名字是按字母顺序排列的，没有隶属团体，信的标题是"反对社会生物学"，全文共 1835 个字。《纽约书评》的惯常做法是要求评论人对此类信件做出回应（并一同发表），但不幸的是，康拉德·沃丁顿在此期间已经因第二次致命的心脏病发作，于 1975 年 9 月 26 日在他爱丁堡的住所外去世了。社会生物学研讨小组的信将单独发表（这看似得到了《纽约书评》的支持），并要求一个答复。

刊有社会生物学研讨小组信件的 11 月 13 日版《纽约书评》于 11 月 3 日（星期一）送达了报摊。威尔逊最先是从哈佛大学出版社的编辑那里听说了此事，后者给他打电话说，"这个消息正在迅速传播，可能会引起轰动"。[24]

确实很轰动，对威尔逊而言却很痛苦。信中给社会生物学贴上

160

了"决定论"的标签，并将其与旧优生论者的"生物决定论"混为一谈，后者声称"许多'不正常'行为的例子（犯罪、酗酒等）都是基于基因的"。尽管《社会生物学》明确拒绝将种族概念运用于人类，但这封信仍然将威尔逊的新学科与最近的一桩丑闻联系了起来，该丑闻即所谓基于基因的"智力上的种族差异"，那已经让斯坦福大学教育心理学家阿瑟·詹森（Arthur Jensen）和诺贝尔奖获得者、他的物理学家同事、晶体管的共同发明者威廉·肖克利（William Shockley）陷入困境。为了寻找威尔逊不仁不义的动机，社会生物学研讨小组用了很多篇幅指责他有不为人知的政治偏见，向富人和权贵献媚：

> 这些反复出现的决定论观点之所以能够继续存在，是因为它们始终倾向于为现状和某些群体根据阶级、种族或性别享有的已有的特权提供遗传上的解释。历史上，强大的国家或者其内部的统治集团都曾从科学界的这些产物中获得维持或扩大其权力的支持。

161　　更为简单粗暴的是，这封信将威尔逊的"缺乏科学依据的关于人性的特定理论"与那些"为美国在 1910~1930 年颁布《绝育法》和《限制性移民法》，以及导致纳粹德国建立毒气室的优生学政策提供了重要基础"的理论联系起来了。接着，在对威尔逊的观点进行总结分析后，这封信得出结论："威尔逊加入了长长的生物决定论者的行列，他们通过免除社会制度对社会问题的责任来支持他们的社会制度。从我们过去已经看到的这些理论对社会和政治的影响，我们强烈认为我们应该公开地反对他们。"

当社会生物学研讨小组的信件在《纽约书评》上发表后，列万廷给伦斯伯格回了电话。他幸灾乐祸道："**现在**有争议了。"[25]

威尔逊记得这一攻击让他"措手不及"，换谁不是呢？以往对他的书的评价和新闻报道要么是正面的，要么只是对科学问题的批评。"我原以为会得到赞誉，"他在 2019 年接受一次采访时表示，"因为 [**社会生物学**] 会给社会科学增加一个新的装备库，里面有背景信息、比较分析、术语和一般概念，可以用来阐释以前未经研究的人类社会行为的各个方面。"[26]

更深层、更伤人的一点是，威尔逊"受到了自我怀疑的打击"，他将其归因于这封信中有几位署名者是哈佛大学教职员工，其中两位更是和他在一个系的同事。列万廷的办公室就在威尔逊位于自然历史博物馆的办公室的正下方；关于《纽约书评》的那封信以及之后更长时间的批评所进行的密谋就发生在威尔逊的脚下，甚至当威尔逊和密谋者们在楼梯上亲切致意擦肩而过时，这一切也在进行中。他很担心："我是不是犯了一个致命的智力错误，跨越了人类行为的底线？……我认为，我面临着被唾弃的风险——被视为一个糟糕的科学家和一个社会的牺牲品。"[27]

这一切都太像与威尔逊和吉姆·沃森在进化生物学的生存问题上的长期冲突了。他在描述社会生物学的目标时已经透露了他将继续致力于这项事业，在他这本厚重的书的第 1 章写道，他希望他提议探索的这门学科能够有助于把进化生物学视为"与分子生物学和发育生物学那样的学科相协作的学科"。更易受伤害的一点是，他暴露了他巨大的、事实上是过于自信的野心，即把"社会生物学和其他社会科学，以及人文学科"归入生物学之下。[28]

威尔逊已经把他所有的筹码都推到了桌子中央。这样做对他那基于科学实践的开创性视角是至关重要的——抓住机会，打破舒适但荒废的范式——而且他认为，不断积累的证据可以证明这一风险是合理的。但沉浸在开辟一个包罗万象的新学科领域的兴奋中时，他忘记了他和沃森斗争的教训：学术政治的冷嘲热讽和险恶。研究这一特定冲突的历史学家乌利卡·塞格斯特拉尔（Ullica Segerstråle）概括说："涉及敏感政治问题的冲突，会表现出政治迫害式的一些社会心理特征。"[29]

威尔逊所声称的领域超过了他在科学上可以捍卫的范围，这让他进一步暴露了自己：他不仅想要把"人文学科"纳入进化生物学，还想把宗教也归入其中。（塞格斯特拉尔写道："与批评者们的看法相反，驱使威尔逊的并不是支持现有的社会秩序的保守政治愿望。更确切地说，他希望科学唯物主义战胜非理性的宗教教条，这使他如此坚定地陈述自己的观点，甚至夸大了进化生物学的力量。"[30]）这种看似宏大的观点使他很容易受到那些嫉妒他的声誉日益增长的人，以及政治狂热分子的攻击，甚至是利用他作为一个亚拉巴马人的不安全感，他的背景使他在势利的剑桥学术环境中格格不入。他强调说："我甚至都不算是个欧洲或者纽约-剑桥意义上的知识分子。"[31]尽管在当时和那之后威尔逊都取得了非凡成就，但他在剑桥或者哈佛大学从未完全感觉像在家里一样，后来，他发现自

己还是对亚拉巴马大学有归属感，即便有时候他也会想，当时自己
如果接受了斯坦福大学的邀请就好了，这个邀请曾让哈佛大学在
1958 年为他提供了一个终身教职。

163

古尔德至少曾经试过警告威尔逊，那是在伦斯伯格在《纽约时
报》发表头版报道之前，在 1975 年春天他们的一次偶然相遇后，
古尔德提醒他，《社会生物学》的出版可能会引发"政治问题"。
威尔逊曾经邀请他来自己的办公室讨论这个问题，但是古尔德很快
就加入了社会生物学研讨小组，于是再也没有后续了。[32]列万廷是一
个极其傲慢的人，他对这场冲突的评价更是轻蔑，他告诉别人：
"威尔逊和大多数科学家一样，想要对社会发表很多废话但又不想
被卷入其中。"[33]

尽管列万廷口出狂言，但他还是避免与他的老同事面对面地交
锋。1972 年，哈佛大学的资深教员们认为列万廷的政治倾向让他不
适合在哈佛大学工作，因此对他的任命表示反对。当时，威尔逊和
恩斯特·迈尔曾大力支持列万廷。[34]"我被骗了"，威尔逊后来笑着
说，他曾就这一问题询问列万廷在芝加哥大学的同事们；他告诉塞
格斯特拉尔，他们向他保证说，列万廷在哈佛大学将能够把政治和
科学分开。[35]威尔逊也曾支持对古尔德的任命，在这两种情况下，他
都是为了加强自己的部门在分子战争中的实力。威尔逊总结了自己
的弱点："在 1975 年，我在政治上太天真了。"[36]

他的愤怒很快就盖过了焦虑。威尔逊回忆道："我重新思考了
自己的证据和逻辑，我所说的内容作为科学是站得住脚的。对它的
攻击源于政治，而非实证。社会生物学研讨小组对这个课题毫无兴

趣，他们只是诋毁它。他们似乎对其真正内容并不了解。"[37] 8 月，他在星期天发售的《纽约时代杂志》（ *New York Times Magazine* ）上为他的书写了一篇通俗的概述。该杂志于 10 月 12 日出版，正好让社会生物学研讨小组在给《纽约书评》起草信件之前看到；他在这篇文章中明确地否认了所有的"遗传偏见"。他在文中写道，当这种偏见被证明时，"它不能被用来为当前和未来社会中那些一直延续的行为的合理性辩护"。他举例说，战争倾向可能存在于我们的基因中，"但是它现在可能会导致全世界的自杀……未来，我们原始的古老基因将不得不承担更多文化变革的重担……人类的本性可以适应更广泛的利他主义和社会正义的形式"。在《社会生物学》一书中，他的观点更加明确，他在其中写道："进化出来的是势不可当的文化能力。"[38] 现在，出于对 11 月受到的攻击的愤怒，他坐下来写了一封回应的信，发表在 1975 年 12 月 11 日《纽约书评》上，题目是《为了社会生物学》。

　　威尔逊说，他写这封信是为了抗议社会生物学研讨小组信中"错误的陈述和指控"，他称之为"具有偏见的攻击"。他说，他对"丑陋的、不负责任的、完全错误的指控"感到愤慨，这些指控说他的书是在试图重振"导致纳粹德国建立毒气室"的优生学理论和政策。他引用了自己在《纽约时代杂志》上的文章来证明他的立场，即人类行为中的 90% 来自文化，只有 10% 来自基因。他抗议这个小组"自以为是的警惕性"，他说这"不仅产生了错误，而且不公正地伤害了他人，并通过这种恐吓削弱了自由探索和讨论精神，而这两点对知识界的健康而言至关重要"。[39]

与此同时，伦斯伯格发表了列万廷争取来的后续报道。[40]令这位哈佛大学遗传学家非常沮丧的是，该报道认定他就是社会生物学研讨小组攻击事件的主谋。这是因为，伦斯伯格在看到《纽约书评》的信件和接到列万廷幸灾乐祸的电话后，要求社会生物学研讨小组提供信息，应此要求，列万廷起草了伦斯伯格在后续报道中用作背景材料的长篇立场文件。人们再一次发现列万廷在背后攻击威尔逊。

讽刺的是，正如几位学者所指出的，威尔逊和社会生物学研讨小组之间的冲突与它看起来的样子恰恰相反。传统自由主义与越南战争及其后的新兴激进主义之间存在更为根本的分歧，它被掩盖在为事业野心服务的学术攻击的废墟下。社会生物学研讨小组及其所附属的更大机构"科学为民"（Science for the People）从 20 世纪 60 年代的新左派中脱颖而出，成为支持多元文化主义的活动团体，它支持文化历史学家尼尔·朱蒙维尔（Neil Jumonville）所说的"种族和民族之间需要保留和尊重的重大多元文化差异"，这也意味着身份政治的开始。[41]威尔逊的南方自由主义观点实际上更接近小马丁·路德·金的观点，倾向于在一个和谐的社区内进行融合；正如金在他 1963 年《我有一个梦想》的演讲中所描述的那样，"我梦想有一天，在佐治亚的红山上，昔日奴隶的儿子将能够和昔日奴隶主的儿子坐在一起，共叙兄弟情谊"。朱蒙维尔认为，威尔逊"被社会生物学研讨小组和多元文化阵营中的其他人谩骂，正是因为他否认种族和民族之间存在值得保留和尊重的重大多元文化差异"。[42]

［2015 年，科学期刊《自然遗传学》（*Nature Genetics*）上发表

了一项研究，解决了人类行为中多少是先天的多少是后天培养的这一争论。这篇论文的题目是《基于五十年双胞胎研究的人类特征遗传率的整合分析》。[43]双胞胎研究通常会比较同卵双胞胎和异卵双胞胎的遗传率，前者的基因完全相同，而后者的相似程度并不比兄弟姐妹更高。《自然遗传学》研究调查了7804个特征——"几乎是过去五十年中调查过的所有的人类特征"——发表在2748份出版物中，涉及对14558903对双胞胎的研究。这项大规模研究的结论是："根据报告，所有特征的遗传率为49%。"这意味着人类的行为有一半承自遗传，另一半则是习得的——这比威尔逊早期估算的10%要高出很多。]

　　威尔逊从焦虑变成了愤怒，这种愤怒驱使他对社会生物学研讨小组在《纽约书评》上的攻击做出了激烈的回应。现在他发现自己的愤怒平息了。他写道，他恢复了往日的自信，然后又如往常那样，"涌起一股新的雄心壮志。在这个领域里有敌人，还是一个劲敌，也有新的课题——对我来说，这意味着机会"。[44]没过多久，他就对人文学科的文献进行了广泛的研读，他希望在适当的时候，社会生物学能把这一知识体系纳入其中。这一深度阅读的成果将成为一本新书，对威尔逊来说，这也是一种新类型的书：从更广泛的人文主义视角来审视社会生物学。正如他在书的序言中所解释的那样："这不是一部科学作品，[而是]一部关于科学的作品。"[45]他在1976年着手研究并撰写了新书，该书于1978年正式出版。他给这本书起名为《论人性》（*On Human Nature*）。

第 10 章

深层事物

埃德·威尔逊为科学专业人士写了《社会生物学》一书，为了寻求比它更广泛的受众，他在《论人性》一书的开头，重新表述了阿尔贝·加缪对人类在"一个被剥夺了幻想的世界"中的疏离感的悲剧性设想。这一次，威尔逊通过有目的地阅读人文学科文献，扩大了他的视野，他在整本书中都以他自己的名义来谈论，带着充满自信的权威。

现在他发现了不止一个，而是两个"巨大的精神困境"。加缪的困境只是第一个。威尔逊将这位法国作家的存在主义困境定位在生物学上：

> 内省的人会发现，他的生命以某种难以理解的方式，通过生物个体发育被引导，那是一种或多或少固定了的生命阶段的顺序。他意识到，以所有的欲望、智慧、爱意、骄傲、愤怒、希望和焦虑为特征的物种，他最终只能确保帮助延续同样的循环。诗人将这一事实定义为悲剧……
>
> 一言以蔽之，第一个困境是我们并没有要前往特定的地

168　　　　方。这个物种在其自身生物学性质之外缺乏任何目标。也许在未来的一百年中，人类将解决技术和政治难题，应对能源和原材料危机，避免核战争，并控制人口数量。可以希冀这个世界至少有稳定的生态系统和营养充足的人口。但是，然后呢?[1]

因此，第一个困境——幻想的终结，我们这个物种对千年后的愿景变得暗淡，就像 T. S. 艾略特(T. S. Eliot) 1932 年的戏剧《力士斯威尼》(*Sweeney Agonistes*) 中颓废的角色斯威尼所宣称的残酷观点：

> ……出生，交配，死亡。
> 当你触及实质，这就是所有的事实：
> 出生，交配，死亡。[2]

威尔逊对那些仅仅将自己的想法固定在直觉上的哲学家始终感到不耐烦，于是他超越加缪，提出了人类的第二个精神困境。由于它的解释更为复杂，所以威尔逊只在开篇总结了一下，并承诺在下文会进行详细探讨。同时，他悄悄地给社会生物学研讨小组埋了个地雷，他在开篇的摘要里对该小组的主张发出了含蓄的挑战：

> 大脑中存在与生俱来的审查和激励因子，它们深刻而又无意识地影响着我们的道德基础；道德从这些根源出发，演化为本能。如果这种看法是正确的，那么科学可能很快就能够研究

人类价值观的起源和意义，所有的伦理宣言和大部分政治实践都源于此。[3]

在威尔逊看来，我们并非白板一块。人类生来就有一个由进化形成的、无意识的生物约束网络，限制着我们基本价值观的范围。如果是这样，并且假设科学在理解大脑如何运作方面取得了进展，那么也许（"很快"，威尔逊预言）我们价值观的生物学起源变得显而易见的那一刻将会到来。[4]这一成功将产生我们的第二个精神困境：必须决定"哪些［生物］审查和激励因子应该被遵守，哪些则最好被减少或升华"。而更加根本的是："在未来的某个时候，我们将不得不决定我们希望保持怎样的人性。"[5]

决定在我们的生物禀赋中保留什么和抑制什么，都是优生学，无论它看似如何开明——这就是威尔逊向社会生物学研讨小组那些折磨他的人发起的含蓄的挑战，他们指责他宣扬所谓不科学的主张以支持现状。他认为，如果继续进行科学研究，那么盘点我们人性的那一刻终将到来（就像在物理学中，随着核裂变的发现，当时的历史环境使人们不可能不释放出核能，不管目的是善还是恶，其所产生的改变世界的后果仍在显现）。

科学是通过礼物交换的形式运作的：科学家发表一项发现，使它能够被其他科学家当作一种工具或一个线索来使用，以做出进一步发现，然后再发表。而抑制研究就扼杀了科学；扼杀了科学，你就会失去它显而易见的好处，包括物质上的和道德上的，并会受到持续的伤害。当我们有可能在它们之间做出选择时，那些利弊也并非一开始就很明显。正如威尔逊心目中的英雄——罗伯特·奥本海默在 1962 年的一次讲座中所说："科学中深层次的东西并不是因为有用才被人发现，它们被发现是因为我们有发现它们的可能性。"[6]

为了把他的观点钻研透彻，威尔逊表述得更加尖锐：

> 唯一的出路就是将人性作为自然科学的一部分来研究，尝试将自然科学与社会科学和人文科学结合起来。我想不出有什么意识形态或形式主义上的捷径。神经生物学不能在大师的身边学习。遗传史的后果也不能由立法机构来选择。最重要的是……伦理哲学绝不能仅仅被智者掌握。尽管人类的进步可以通过直觉和意志力来实现，但只有来之不易的关于我们生物本性的实证知识，才能让我们在竞争激烈的进步标准中做出最佳选择。[7]

170

《论人性》一书的大部分内容是在整理遗传对人类行为影响的证据。威尔逊这位集大成者通过广泛阅读科学文献来证明自己的观点，顺便证明了他的挑战者是多么情绪激动、孤陋寡闻。一位美国人类学家在 1945 年列出了在"历史和民族志中已知的每种文化"中的共同特征，包括"年龄分级、体育运动、身体装饰、日历、清洁训练、社区组织、烹饪、合作劳动、宇宙学、求爱、舞蹈、装饰艺术、占卜、分工、解梦、教育、末世论、伦理学"等，按字母表顺序列了半页，最后是"性限制、灵魂概念、地位区分、外科手术、工具制造、贸易、拜访、编织和天气控制"。[8]

作为对比，威尔逊随后编制了一份类似的清单，列出了在有智慧的蚂蚁社会中发现的特征，包括"年龄分级、触角仪式、舔舐身体、日程表、同类相食、等级确定、等级规律、种群基础规则、种群组织、清洁训练、公共育儿、合作劳动、宇宙学、求爱、劳动分工、雄蚁控制"，最后是"兵蚁等级、姐妹关系、地位区分、不育工蚁、手术、共生维护、工具制造、交换、拜访、天气管理，以及其他异乎寻常的活动，以至于难以用我们的语言来描述"。[9]

这些清单不仅指出了仅靠社会进步或智力无法解释的遗传差异，而且正如威尔逊所写的那样，它们还证明了人性"只是许多可以想象的大杂烩中的一个"——这是随机的孟德尔突变（即 DNA 复制错误）对其发展产生强烈影响的另一个迹象。[10]

威尔逊并不是在争论单个基因和社会特征之间的简单对应关系——他有点恶作剧地写道："至于特定的性行为或着装方式，是不会有突变的。"社会行为的复杂性反而指向了多个基因和微妙的影响："行为基因更可能影响情绪反应的形式和强度的范围、唤醒的阈值、记住某些刺激（而非其他刺激）的意愿，以及对其他环境因素的敏感模式，这些因素使得文化进化朝向某一个方向，而不是别的方向。"[11]

在《论人性》一书中，威尔逊用自己的方式从遗传、发育、崭露头角、攻击性、性和利他主义，最后讲到了宗教。他在倒数第 2 章开篇说道："对宗教信仰的倾向，是人类思想中最复杂和最强大的力量，而且很可能是人类本性中不可磨灭的一部分。"[12]事实是否如此还有待观察，但威尔逊这一说法肯定是有理由的，而且威尔逊

171

接下来不仅要研究宗教的生物学根源，还要探索他自己的宗教经历和他的激进挑战者们的世俗宗教。一开头就是一条惊人的注释："根据人类学家安东尼·F. C. 华莱士（Anthony F. C. Wallace）的说法，人类已经生成了大约 10 万种宗教。"[13]

如此广泛的生成是很难解释的，除非人们是在寻求满足一种深层次的需要。威尔逊对那些将宗教视为迷信的科学人文主义者感到不耐烦，"他们组织运动来诋毁基督教原教旨主义、占星术和伊曼纽尔·维利科夫斯基（Immanuel Velikovsky）"。（维利科夫斯基是白俄罗斯犹太裔的美国精神分析学家和宇宙理论家，他在 20 世纪 50 年代和 60 年代出版了畅销书，声称《圣经》中的洪水和其他《圣经》事件及古代历史事件在壮观的行星物质抛射和近距离碰撞中都有真实的成因。）威尔逊嘲笑他们说，他们"清脆的逻辑连珠炮，还得到了诺贝尔奖得主们的傲慢支持，就像钢壳子弹穿过雾气一样"。威尔逊可能对这种无礼很不耐烦，但他在这里的深深讥讽是源于他对宗教的亲身经历（尽管是徒劳的），源于他对那些信仰宗教的人的同情，源于他对宿敌吉姆·沃森傲慢相遇的回忆。他补充指出："真正的信徒人数远远超过人文主义者，看来，比起去了解，人们更宁愿去相信。"[14]这一论断是他的试金石之一，在他的几篇文章中都有出现；没有其他的说法能比这更激起社会生物学研讨小组成员的愤怒了。

威尔逊对宗教的社会生物学研究有两个重要的注意事项：第一，"通过传统的归纳分析方法，科学可以解释宗教，但是不能削弱其实质的重要性"；[15]第二，因为宗教是人类物种所特有的，所以通过动物研究得出的行为进化原则不太可能直接适用于宗教。[16]

威尔逊对宗教的分析比这里提到的要更深入、更多层次。在其核心部分，他发现宗教是人类对利他主义的最有力支持："信徒随时准备重申对其部落和家庭的忠诚，进行慈善事业，献出自己的生命，出发去狩猎，加入战斗，为神和国家而死。"[17]它也是一个编纂社会规则的系统，威尔逊将这一论点归于 20 世纪早期的法国哲学家亨利·柏格森（Henri Bergson）。威尔逊援引柏格森的话说："人类社会行为的极端可塑性，既是一种巨大的力量，也是一种危险。如果每个家庭都制定自己的行为规则，那么整个社会就会瓦解并陷入混乱。为了抵制自私行为以及高智商和个体癖好让社会分解的力量，每个社会都必须编纂自己的规则。"[18]具有讽刺意味的是，几乎任何一套规则都可以做到这一点，正如 10 万种各类宗教所表明的那样。

对群体有效的方法对个人也同样有效。威尔逊写道，"宗教活动的最高形式是，固化身份认同"——使其从流动状态结晶成为固态：

在每个人日常经历的混乱和可能的迷茫经历中，宗教对他进行了分类，让他成为一个声称有巨大权力的团体中不容置疑的一员，并通过这种方式为他提供了一个与他的自我利益相一致的生活目标。他的力量是团体的力量，引领他的是神圣的盟约。[19]

173 　　威尔逊将"宗教活动的最高形式"归于这一职责的原因并不明显，尤其是他对个人信仰的好处的描述，为他研究社会生物学研讨小组及其所属机构的信条奠定了基础。

　　1978 年出版的《论人性》是威尔逊对他在 1975 年出版《社会生物学》遇到的攻击做出回应的一个相对较晚的产物。这是他对科学应如何开展（以及体面的同事应该如何表现）的典型看法，他希望通过写一本书，能更清楚地解释他的想法，从而解决所有的分歧。

　　在《纽约书评》上对社会生物学研讨小组最初的攻击进行回应
174 以后，威尔逊开始在哈佛大学以及在 1976～1978 年参加的几次讨论和捍卫他的"新综合"的会议上受到骚扰。在哈佛大学受到的骚扰最让他担心，因为他担心这会波及他在莱克星顿的家，并影响到他的妻子艾琳和正进入青春期的女儿凯茜。

　　他在 1976 年 2 月对记者尼古拉斯·韦德（Nicholas Wade）说："我对是否去参加几个讲座都犹豫不决。那里明显都有事先安排好的带着敌意的提问。也许换一个更勇敢的人就不会担心，但我觉得很吓人。"韦德的报道里说，他放弃了原定于 3 月底举行的一个公开演讲，"因为他的家人承受的精神压力越来越大"。[20] 那段日子里他曾和小说家迈克尔·克莱顿（Michael Crichton）共进晚餐，他告诉后者："有时，抗议活动达到了中断我的授课和公开示威的程度。哈佛广场上有一次抗议活动要求将我从哈佛大学开除。"[21]［这个团体，即国际反种族主义委员会（下文简称 InCAR），是小型的美国激进进步工党的积极分子前锋组织，他们组织纠察队并散发传单，敦促向威尔逊示威，正如他对克莱顿说的那样，要求将他解雇。[22]这不会是威尔逊与他们的最后一次接触。] 小说家问他怎么处理这些压力。他说："这对我和我的家人来说，有时很尴尬，但在理性层面上并不难应付。这显然是一场科学与政治意识形态的较量，过去的历史表明，只要研究是合理的，科学最终会胜出。"[23]

威尔逊和其他人对两场会议记忆深刻，第一场会议涉及著名人类学家玛格丽特·米德，第二场会议则涉及一壶冰水。

人类学家并不接受威尔逊写的书。他们不但从专业上反对用遗传学来解释行为，因为他们认为这是一种文化的衍生；而且他们反感威尔逊的大胆主张，正如人类学家拿破仑·夏侬（Napoleon Chagnon）所写的那样，社会生物学"很可能成为生命科学中压倒一切的综合理论框架，它将把包括人类学和社会学在内的其他学科归为其从属组成部分"。

然而，和大多数人类学家不同的是，夏侬和他在宾夕法尼亚州立大学的同事威廉·艾恩斯（William Irons）在威尔逊的新综合中发现了许多值得关注和欣赏之处。夏侬对比尔·汉密尔顿的血缘选择研究尤其感兴趣，他写道："因为它为理解为什么血缘关系提供了社会团结的底层来源奠定了新的基础。"[24]为了探讨威尔逊的观点，这两位人类学家与几位同事一起，在 1976 年美国人类学协会第 75 届年会上组织了一系列关于社会生物学的大型正式会议，会议于 11 月的第三周在华盛顿特区召开。星期五将有三场半天的社会生物学会议，星期六还有两场会议，总共有 12 小时的演讲和讨论时间。在一场为期四天的国际会议上，就一个主题而言，这是很大的时间投入。

哈佛大学的人类学家艾芬·德沃尔（Irven DeVore）将主持星期五上午的主要会议，发言人有威尔逊、罗伯特·特里弗斯和年轻的灵长类动物学家莎拉·布拉弗·赫迪（Sarah Blaffer Hrdy）。赫迪刚刚在德沃尔的指导下获得博士学位，特里弗斯和威尔逊是她的论文委员会成员。当时的美国国家科学院医学研究所所长、后来成为卡内基公司总裁的精神分析学家大卫·A. 汉堡（David A. Hamburg）将作为讨论者对星期五上午的演讲做出回应。

在二十多年来最寒冷的一个 11 月，包括玛格丽特·米德在内的大约 1500 名来自美国国内外的人类学家和相关学科的科学家齐聚华盛顿特区希尔顿酒店。首都华盛顿正一片欢腾：吉米·卡特（Jimmy Carter）刚刚在总统选举中击败了杰拉尔德·福特（Gerald Ford）。

尽管威尔逊及其支持者们在星期五之前都没有发言安排，但是在星期三晚上的开幕式全体会议上，一场引人注目的讲座安排显示出一个重大挑战。演讲者是芝加哥大学人类学家马歇尔·萨林斯（Marshall Sahlins），他曾出版《生物学的使用与滥用》（*The Use and Abuse of Biology*），严厉地批判了社会生物学，抨击威尔逊提出的新学科存在根本性的缺陷。正如一位评论者所总结的那样，萨林斯的论点是："他声称文化是如此独立，以至于除了文化自身，我们无法通过参考其他任何事物来对其进行研究，而且他着手消灭整个概念，即消灭自然选择可能对人类的行为进行的新解释。"[25]评论者选择"消灭"这个词恰如其分；正如萨林斯自己在书中调侃的那样："我们……通过写书和讲座来纵容我们的挑衅和制造混乱。"[26]

176

由于萨林斯的书将他对社会生物学的敌意公之于众，他被选中在协会年会的开幕之夜发表演讲并非偶然；无论是谁的安排，显然那个人至少反对社会生物学在会议日程中占据主导地位。

真正的激烈争论是在第二天晚上爆发的，在星期五上午开始的社会生物学会议之前。夜晚的全体会议本应该是一场工作会议。但是，这次会议几乎成了一场公开处刑。拿破仑·夏侬在他的回忆录《高贵的野蛮人》（*Noble Savages*）中生动地回忆了这一切，该书的副标题是《我在两个危险部族——亚诺玛米人和人类学家——之间的生活》（*My Life Among Two Dangerous Tribes—The Yanomamö and the Anthropologists*）：

> 举行工作会议的宴会厅里已经坐满了人。社会生物学的反对者已将一项动议列入了议程，旨在阻止艾恩斯和我所组织的会议……就好像反对自然选择进化论的最后两个堡垒是传教士（原教旨主义威胁说他们会受到永恒诅咒）和文化人类学家！那天晚上，激烈的辩论和对种族主义、法西斯主义和纳粹主义的激昂指控贯穿了这场疯狂的工作会议。[27]

夏侬听得忍无可忍后，提出将这项动议搁置。他回忆说："没有人听我的，因为玛格丽特·米德，这位人类学'之母'，站起来对'阻止我们开研讨会'的动议发言。"米德是该协会的前任主席，当时她刚刚结束在美国科学促进会的一年主席任期。房间里一片寂静：

177

她首先表达了对埃德·威尔逊的书和他的整个"社会生物学学科"观点的反对，这可能会把人类学归入其下成为一门从属学科。然而，她说道，尽管她反对威尔逊的书和社会生物学，但她觉得这个动议在措辞上本质是一个"焚书"的动议，因此，她认为这不是我们协会应该倡导和认同的。她坐了下来，带着几分庄严，然后，几乎立刻就对这项动议进行了表决。动议被否决了，但反对票没有多出很多。[28]

米德已经 74 岁了，是世界知名的文化人类学家。她对社会生物学的反对显然是出于职业考虑，建立在她反对威尔逊关于社会生物学将合并她的科学领域的主张之上。一年后，她邀请威尔逊共进晚餐，专门讨论社会生物学，当时他们正好都在弗吉尼亚州参加一个会议。威尔逊写道："我当时很紧张，等着这位美国的国母级人物因遗传决定论的危险而指责我。"但是，这位伟大的人类学家想来主张她的优先地位。"我没什么好害怕的。她想强调，她也发表过关于社会行为的生物学基础的观点……我们吃着烤牛肉，喝着红酒……她推荐了几篇自己的作品，认为我可能会想看一下。"[29]

1976 年，威尔逊被授予国家科学奖章，这是美国的最高科学荣誉。作为十五名获奖者之一，他于 1977 年 11 月 22 日上午，在旧行政办公大楼举行的仪式上从吉米·卡特总统手中接过奖章，这距离那场充满争议的美国人类学协会年会几乎正好过去了一年。获奖者由美国国家科学基金会十二名委员组成的一个委员会选出；威尔逊的获奖理由是他"在昆虫社会组织以及昆虫和其他动物的社会行

为的演变方面所做的开创性工作"。[30] 即便国家科学基金会委员会里 178
有人类学家，他们的意见也未能占得上风。威尔逊告诉我，随着 70
年代的结束，公众对社会生物学的争议逐渐消失，这个奖项便是其
中一个重要因素。另一个原因则是他的《论人性》一书的成功，这
本书在 1978 年出版，并于次年获得了普利策奖（非虚构类）——
这是威尔逊获得的第一个普利策奖，但不是最后一个。

　　在那期间，美国科学促进会于 1978 年 2 月中旬在华盛顿特区
召开了为期五天的年度会议，但在那次会议上，一种不高尚的野蛮
行径给会议蒙上了污点。据夏侬说，在 1976 年人类学会议的内讧
之后，美国各地的校园都爆发了关于社会生物学的辩论，"〔其〕
总的主题类似于'社会生物学有什么危险性'"。夏侬写道，那
时，"**社会生物学**这个词已经成为大学校园里社会科学领域的一枚
引雷针"。夏侬和鲍勃·特拉弗斯都参加了一些辩论。脾气暴躁的
特里弗斯一向直言不讳，有一次他对夏侬说："我终于明白了他们
所谓的'势均力敌的'辩论是什么意思。每一次当我清楚地证明社
会生物学对某些现象的解释是多么有效时，他们都会用完全无意义
的废话、情绪和政治正确的呼吁来'显示势均力敌'。"[31]

　　夏侬回忆说，为了应对这些激烈的校园辩论，美国科学促进会
决定在其 1978 年的年会上发起一场关于社会生物学的全国性辩论，
"希望以此来结束争吵，并结束对那些想用自然选择新理论见解来
研究人类行为的人的无理而错误的指控"。[32] 一位生物学家与一位人
类学家担任召集人，邀请了主要的支持者和反对者参加。玛格丽
特·米德原计划担任主持人——这也是她在活动前不久邀请威尔逊

共进晚餐的原因——但她被诊断出胰腺癌后，不得不放弃这一工作。次年 11 月，她因病去世。

1978 年 2 月 15 日星期三下午，一个为期两天的"超越先天-后天"活动在研讨会上达到高潮，威尔逊将作为最后一位演讲者出席。夏侬和比尔·艾恩斯先发表了演讲；夏侬注意到"最靠近讲台的两排坐满了年轻人，他们大多面色阴沉，对演讲没有表现出任何兴趣"。[33] 所有持支持和反对意见的演讲者，包括斯蒂芬·古尔德在内，他们的座椅在台上排成一排，被中央的讲台隔开。随着会议的进行，听众中的批评者向发言人提出了质疑，被质疑的人有比尔·汉密尔顿和英国动物行为学家理查德·道金斯（Richard Dawkins），其畅销书《自私的基因》（*The Selfish Gene*）出版还不到两年。夏侬写道，汉密尔顿的回答严肃又有些小心翼翼，而道金斯爬上椅子，"居高临下地对针对他的研究的那些批评，做出深思熟虑和充满信息量的回应"。[34]

然后就轮到威尔逊了。他来参会时身体抱恙：两周前在剑桥慢跑时摔倒在透明的薄冰上，他拄着拐杖，右脚打着石膏。他从演讲开始后一直坐着，因为他不太能轻易站立或移动。[35]

观众席第一排那些"面色阴沉"的年轻男人和女人立刻冲上主席台，高喊口号并进行辱骂，其中他们最喜欢的一句是："种族主义者威尔逊，你躲不掉了，我们指控你犯下了种族灭绝之罪！"[36] 在会议开始前就有人警告过威尔逊，曾经在哈佛广场骚扰他的那个 InCAR 正在策划一次示威活动。两名 InCAR 成员散发了抗议传单，而且并没有发给威尔逊。该组织以暴力行为而为人所知，他们此时就在会场。

威尔逊估计，大约有八名 InCAR 组织的男男女女，在发言者的身后站成一排。"有几个人举着反社会生物学的标语牌，其中至少有一个标语牌上画着纳粹符号。"[37] 他们的领头人大步走到讲台前拿起了话筒。夏依记得当时的主持人——哥伦比亚大学的人类学家小亚历山大·阿兰德（Alexander Alland，Jr.）"大喊着：'请停下！请停下！我是你们中的一员……但这是无法接受的！'"。夏依试图穿过逃离现场的观众们到前面去给威尔逊解围，他补充道："可能那些人有某种我所不知道的秘密暗号，但它没有发挥作用：他们继续攻击威尔逊……这是我在学术会议上见过的最可恨、最吓人、最恶心的行为。"[38]

180

按照美国科学促进会的规则，阿兰德把麦克风交给了 InCAR 组织领头的那个人，并告诉他在酒店保安被叫来之前，他有两分钟的时间。这个人开始向听众们滔滔不绝地演讲起来。然后，就是对威尔逊来说最屈辱的时刻，他身后的一名年轻女子用力托起一大罐冰水，从他头上浇了下来，而示威者们则高呼："威尔逊，你湿透了！①"[39]

这位全身湿透的社会生物学家用他的手帕尽可能地把自己擦干，有人递给他一张纸巾。他带着明显的愤怒回忆说："在两分多钟的时间里，他们从台上离开了并回到他们自己的座位上。没有人叫他们离开会场，也没有人报警，之后也没有对他们采取任何措

---

① 原文为"you're all wet"，此处为双关，其真实意思为"你大错特错了"。——译者注

施。研讨会结束后，那几个人还留下来与听众聊天。"[40]

美国科学促进会期刊《科学》上的一篇报道平淡地叙述了故事的其余部分："主持人随后向威尔逊及其小组成员道歉，这得到了全场观众的起立鼓掌。"[41]（威尔逊说："他们当然［鼓掌］了，我想。他们还能做什么？他们可能就是下一个。"[42]）《科学》上的报道总结道："威尔逊因为脚踝打着石膏而不得不坐着承受这一切，然后他继续发表他关于'社会生物学研究趋势'（Trends in Socialbiology Research）的演讲。"

对威尔逊而言，这些不堪事件至少带来了一个好的结果：吉姆·沃森邀请他在冷泉港举行的神经生物学和行为会议上发表主题演讲。威尔逊回忆说："我去了，还做了讲座，这是沃森和我成为好朋友的契机。他介绍我的方式显示出他的大度。他说：'埃德·威尔逊是那种为我们的研究提供发现的生物学家。'"沃森主任一职的继任者布鲁斯·斯蒂尔曼（Bruce Stillman）说，沃森告诉他："埃德·威尔逊的敌人就是我的敌人。"在美国公共电视台（PBS）播出的两集《查理·罗斯访谈》（*Charlie Rose Show*）脱口秀中，这两位宿敌友好地争吵着，但很明显，他们彼此欣赏，并乐在其中。

181　威尔逊又写了两本关于社会生物学的书，都是和年轻的加拿大理论生物学家查尔斯·J. 拉姆斯登（Charles J. Lumsden）合著的：一本是《基因、心灵与文化》（*Genes, Mind, and Culture*），于 1981 年出版；另一本是《普罗米修斯之火》（*Promethean Fire*），于 1983 年出版。两本书的共同主题是基因和文化的协同进化。在书中，他们创造了"文化基因"（culturegen）一词来指称文化传递的思想，这是理查德·道金斯更早、更流行的术语"模因"（meme）的变体。争论虽在继续，但渐渐从科学期刊的书评栏目中销声匿迹了，这是意料之中的，在《纽约书评》的情况也是一样。

威尔逊告诉我："我厌倦了社会生物学的争论，我觉得我大获全胜，因为没有那么多像列万廷和古尔德这样直言不讳的批评者，大多数人只是沉默不语。也许他们还在教室里窃窃私语，但不管这些了，我很高兴能回到我觉得更舒服的事情上。与科学家或者其他强烈反对你所做的事情的人争论可不是一件愉快的差事。"

1980 年后，威尔逊回到了生态学领域，他特别关注的是随着人类对自然界的开发日益增加，生物多样性的急剧下降令人不安，甚至出现了物种灭绝。

第 11 章

跨出这一步

　　埃德·威尔逊在 1984 年出版了《亲生命性》（*Biophilia*）① 一书，书中洋溢着他从学术纷争的刻薄地带回归自然界的喜悦。亲生命性，即对自然界的热爱，威尔逊将其定义为"被生物体围绕所带来的丰富、自然的快乐"。他声称这是"我们最深层次的需求"，是一种遗传禀赋——不管是否属实，对他而言肯定是这样的感觉。¹

　　在为社会生物学奋斗的岁月里，他并没有把科学交流抛在一边：1975~1984 年，他发表了 98 项成果（有论文、散文、书籍、导读和书评），包括关于社会生物学的著作（《社会生物学》《论人性》《基因、心灵与文化》《普罗米修斯之火》），还编了《动物行为》（*Animal Behavior*）和《昆虫》（*The Insects*）两本书，并与加利福尼亚大学数学生物学家乔治·奥斯特（George Oster）合著了一部学术专著《社会性昆虫的等级制度与生态学》（*Caste and Ecology in the Social Insects*）。他还继续在哈佛大学教书，作为一位

---

　　① 这是威尔逊创造出来的一个新词，指的是人类与生俱来的与其他生物间的情感纽带。——译者注

学术明星，他在工作中加入了社会生物学的讲座课程。这位自称是工作狂的人继续开足马力工作。

1980 年，他发现了一个新的变革性目标：由于野生动物栖息地特别是中南美洲的大片热带雨林被加速破坏，出现了物种灭绝。这让他想起自己做初级研究员的时候，在冒险前往南太平洋之前曾于1953 年探访古巴，当时他看到了一个几乎所有土地都用于种植甘蔗的国家所遭受的摧残，只剩那些因太过陡峭而无法耕种的山丘和山坡上留有零星的森林。当时，这一破坏看起来只是区域性和地方性的，还没有在全球范围内发展到足以引起紧急关注的程度。那时他还觉得自然世界是永恒的。

在 20 世纪 60 年代，他还曾探索岛屿的生物多样性，甚至和丹·森博洛夫一起故意减少佛罗里达群岛中红树林岛屿上的种群数量，以观察生命如何恢复。他和罗伯特·麦克阿瑟研究并撰写了《岛屿生物地理学理论》，该书于 1967 年出版。书中指出，岛屿可能不仅是被水包围的高地，被牧场、农田或人类居住区环绕的残存的森林也是岛屿——他和麦克阿瑟称之为"生境岛"。他们还观察到，"栖息地的减少不可避免地伴随着动物和植物物种的减少……粗略地说，我们了解到，当森林覆盖率减少 90%……最终会使生活在这里的物种数量减少一半"。[2] 但另一方面他也抓住了综合整个研究领域的机会，多年来有数十位生物学家在期刊上发表了关于社会性昆虫的独立发现，然后他的注意力转移到了《昆虫的社会》，随后整个 20 世纪 70 年代他又忙于研究社会生物学。

他在社会生物学上受到的打击使他变得小心翼翼。在《博物学家》一书中，他描述了他在这个时期反复做的一个噩梦，梦中他未能在被迫离开一个岛之前搜集到丰富的动植物资源，醒来时"充满焦虑和遗憾"。[3]随着 20 世纪 70 年代的过去，他想知道科学家是否以及何时应该成为激进分子："我认为，如果说话太强硬，其他科学家就会把你看作一个思想家；说话太温柔，你就是在逃避道德责任。"[4]有些大型组织致力于研究生境破坏的原因。也许下一代年轻的生物学家会欣然拥抱这项事业。

　　一篇科学报道提醒了他要关注这个日益加剧的危机。美国国家研究委员会（后文简称 NRC）于 1978 年委托在伯克利受过培训的英国生态学家诺曼·迈尔斯（Norman Myers）编写了一份报告，试图了解"哪些生物学问题只能在热带地区才能得到解答，或者在热带地区可以比在其他地方得到更好或更有效的解答"。[5]迈尔斯收集了他能找到的所有关于热带雨林改变原因的文件证据，重点是林场、木材贸易（实木和纸浆、商业伐木、木片）、养牛和砍柴。

　　NRC 的这位顾问发现，当时世界上的雨林约占世界陆地面积的 7%——相当于美国 48 个州的陆地面积——但用威尔逊的话来说："在世界上所有的生态系统中，雨林盛产的植物和动物种类最多。"由于全球范围内每年被砍伐和焚烧的森林面积相当于半个佛罗里达州的面积，这些森林中大约有 0.25%的物种因此"每年会灭绝或注定要提前灭绝"。[6]

　　迈尔斯得出一个可怕的结论：世界不是像大多数生物学家之前假设的那样每年失去一个物种，而是**每天失去一个或更多物种**：[7]

也许在未来二十年内，成千上万的物种可能会［在热带雨林中］消失，这样的假设并非不切实际的……全球相当大比例的物种消失，将意味着地球生命多样性的严重减少；这将导致进化过程发生永久性的转变，经济机会产生不可逆转的损失。[8]

NRC 的主席是威尔逊的老朋友彼得·雷文（Peter Raven），他是位植物学家，曾在斯坦福大学担任教授，自 1971 年起成为位于圣路易斯的密苏里植物园园长，该园在北美此类机构中是规模第二大的。威尔逊写道："彼得是一位杰出的科学家，……成为一名越来越有名的公众人物，他坚定而无畏。他对行动主义并没有任何疑虑。"在 20 世纪 70 年代后的半个世纪中，当威尔逊正忙于为社会生物学辩护时，他这位无所畏惧的朋友"正在通过写作、演讲与那些仍然对大规模灭绝的证据持怀疑态度的人辩论。……雷文比任何人都更清楚地表明，就职于大学的科学家……必须参与进来；不能指望生态保护专家独自承担这一重任"。[9]

这些不断积累的挑战影响了威尔逊，使他朝着行动主义的方向发展。他的第一次公开声明很简短，但这标志着他作为环境活动家的首次亮相。1980 年的第一期《哈佛杂志》（*Harvard Magazine*）（隶属于哈佛大学的独立双月刊）邀请了七位哈佛大学教授描述他们认为在新的十年中世界面临的最重要问题。威尔逊写道："［七个人中有］四人提到了各种原因引起的贫困，比如，人口过剩、农村人口涌入城市以及资本主义等。另一个人把关注点放在美国，提出了福利国家和政府过度控制的议题。第六个人选择了全球核威胁。"[10]没有人提到环境。威尔逊站了出来，用一个预测作为开场，开始了他简短的、篇幅只有一个专栏长的声明：

> 请允许我把这个问题重新表述如下：在 20 世纪 80 年代可能会发生的什么事件会让我们的后代，即使生活在一千年以后，也会感到最为遗憾？我的观点并不保守，尽管我希望它是保守的。可能会发生的最糟糕的事——**一定会**发生——不是能源枯竭、经济崩溃、小规模的核战争，或者被极权政府统治。尽管这些灾难对我们来说很可怕，但至少它们可以在几代人的时间内得到修复。20 世纪 80 年代正在进行的，并且将需要耗费数百万年才能纠正的进程是，破坏自然生境导致的基因和物种多样性的丧失。这是我们的后人最不可能原谅我们的愚蠢行为。[11]

威尔逊说，没过多久，他打电话给彼得·雷文并自愿加入："那一天，我一时冲动就跨出了这一步。我拿起电话说：'彼得，我想告诉你，我打算和你们并肩作战。我会尽我所能提供帮助。'"[12]

威尔逊随即加入了一个由积极从事雨林保护工作的资深生物学家们组成的联盟，他称之为"雨林黑手党"（rain forest mafia）。这个团体里有雷文、迈尔斯、地理学家和鸟类学家贾雷德·戴蒙德、斯坦福大学生物学家保罗·埃尔利希、威尔逊在康奈尔大学的昆虫学家同事托马斯·艾斯纳、宾夕法尼亚大学生态学家丹尼尔·詹曾（Daniel Janzen），以及世界野生动物基金会的保护主任托马斯·洛夫乔伊三世（Thomas Lovejoy III，昵称汤姆）。通过洛夫乔伊，威尔逊被选为世界自然基金会美国分部的董事会成员，并成为其外部科学顾问。

1981 年 9 月，威尔逊和他的几名"雨林黑手党"同僚，以及其他感兴趣的科学家一起，在致美国《科学》的一封信中宣布，他们将致力于热带雨林的保护，并提供个人资金捐助。[13]他们写道，"我们时代的无声危机：物种灭绝"；他们认为，现在的物种灭绝远比"地质史上任何晚近时期都更频繁，而且正在加速"。他们担心在接下来的二十五年内，多达 100 万个物种可能会灭绝。在这封信上签名的人有天体物理学家卡尔·萨根（Carl Sagan）、彼得·雷文、汤姆·艾斯纳、恩斯特·迈尔、安妮·埃尔利希和保罗·埃尔利希，当然还有威尔逊。信中宣称："物种多样性是一个巨大的宝库，其财富还未被仔细研究，被人类使用的更是少之又少。在大部分仍不为人知的数以百万计的物种中，有大量潜在的新食品、药物和其他天然产品的来源，有固氮剂和土壤形成剂，有对病虫害的防御措施，更有美丽、迷人和神奇的事物。"

每位签名者都承诺为一个基金捐款 1000 美元（相当于今天的 3000 美元），以购买一块 1500 英亩的土地，这块土地毗邻哥斯达黎加 2000 英亩的低地雨林保护区，该保护区被选为世界上详细研究热带生态系统的四个主要地点之一。为了提出保护的理由，"雨林黑手党"需要关于雨林环境以及植物和动物的科学知识。

在接下来的几年中，威尔逊就物种灭绝的威胁做了很多讲座并撰写了大量文章。同时，他还在继续进行关于社会性昆虫的研究。

在那项研究中，这两件工作又汇聚到了一起。1983 年的春天和夏天，他在巴西雨林的一个地区进行实地考察，发现那里的科学家们正在故意清除和焚烧大面积的热带雨林树木。世界自然基金会的汤姆·洛夫乔伊邀请威尔逊参观了生态系统最小临界规模项目的现场。该项目是由世界自然基金会和巴西亚马孙国家研究所共同实施的，地点在巴西西部亚马孙州首府马瑙斯（Manaus）以北大约 60 英里处的热带雨林边缘的三个大型畜牧场。

临界规模项目正在寻求一个问题的答案，这个问题在 20 世纪 70 年代已经在保护主义者中引起了广泛的争论，即"单一大型或若干小型"（Single Large or Several Small，其缩写为 SLOSS），指向自然保护区应该如何构建。没有人知道哪种安排能够更好地保存一个生态群落区的自然多样性。洛夫乔伊在巴西的宏伟计划是打算通过建立不同规模的雨林保护区来研究这个问题，从 1 公顷（约两个美式足球场大小的面积）到 100 公顷（约 10 个城市街区或 1/3 平方英里）不等。

威尔逊特别受欢迎，因为他和罗伯特·麦克阿瑟关于岛屿生物地理学的研究为洛夫乔伊提供了一个理论架构，使他的实地研究有了依据：威尔逊和麦克阿瑟从岛屿关系对物种种群数量的影响中得出的结论，很多都可以直接适用于洛夫乔伊和他的团队正在创建的雨林岛屿。对威尔逊来说，再次采集的机会有望振奋他的精神，尤其是因为这能让他在继续自己科学研究的同时，加深对一个紧迫问题的理解。

在 8 月的一个晚上，他拿过一把椅子，在一个远离营地噪音和

气味的空地上坐下来。雨林的边缘一片漆黑，伸手不见五指。他写
道，他又累又烦，"在野外生物学和雄心壮志的迷宫中"绞尽脑汁，　188
准备转移一下注意力。他打开了头灯。"我用光束扫过地面……发
现有——钻石！"

> 每隔一段时间……明亮的针状白光就随着灯的转动忽明忽
> 暗地闪烁着。它们来自狼蛛眼睛的反射，狼蛛属于狼蛛科，它
> 们正在寻找昆虫猎物。被聚光灯照射到时，狼蛛会僵住，于是
> 我可以手脚并用地接近它们，几乎在它们自己的水平高度上研
> 究它们。我可以通过大小、颜色和毛发来区分各种各样的物
> 种。人们对雨林中这些生物知之甚少，这让我感到震惊，如果
> 能在这些地方待上几个月、几年，甚至度过我的余生，直到我
> 弄清楚这里所有物种的名字和它们生活的每个细节的话，这该
> 有多好啊。[14]

在其他地方，威尔逊描述了一次麦哲伦式的航行（麦哲伦是第
一个环游世界的人），他绕着森林中的一棵树采集、研究，并向生
活在树皮上和树皮下的生命致敬。他对荒野的念旧之情肯定与他那
哈克·贝恩（Huck Finn）①式的童年有关。但任何头脑清醒的人，
一旦熟悉了周围的环境，一定会对自然世界的分形性做出反应，意

---

① 美国作家马克·吐温所著的长篇小说《哈克贝恩历险记》（又称《哈克贝利·费
恩历险记》）的主人公。——译者注

识到它在各个层面上都同样复杂，从原子到星系，从病毒到雨林再到人类的大脑。埃德·威尔逊研究了狼蛛，而狼蛛也在研究埃德·威尔逊："即使是这些现在从光秃秃的黄土上转过身来看着我的物种，也能为许多博物学家的一生赋予意义。"[15] 从他脚下开始的热带雨林向北延伸了 500 公里，直到委内瑞拉。

对于生活在这片土地上的人们来说，雨林既是一种资源，也是一种障碍。临界规模项目的三个牧场正在衰败。那里的森林土壤是湿润的荒漠黄色黏土，养分很少；从树根到高耸的树冠，几乎所有的森林肥力都被树木吸收了。人们用燃烧的方式清理树木，给古老的土地带来大量肥沃的灰烬，这些灰烬最多只能为养牛牧场或贫瘠的耕地提供几年的养分。被严重破坏的雨林需要几个世纪才能恢复。在威尔逊为美国国家科学院编写的《生物多样性》（*Biodiversity*）一书中，他引用了古代柬埔寨的一个例子："吴哥的森林……可以追溯到 1431 年高棉首都被废弃的时候，但五百五十六年后的今天，它在结构上仍然与一个顶级森林不同。"[16]

因此，洛夫乔伊的团队已经塑造并正在研究的 60 块热带雨林将有助于确定巴西的保护区应该要多大，才能维持原始森林的多样性（如果可能的话）。如果不能，那么保护区的布局应该至少要减缓和避免物种灭绝。洛夫乔伊后来说，"关于 SLOSS 的争论在某种程度上是岛屿生物地理学理论在保护区设计上的适用性，它作为一种争议而备受关注是因为直接数据太少了。因此我设计了这个项目来完善它"——就是去收集数据。[17]

正如威尔逊和麦克阿瑟，以及威尔逊和森博洛夫所解释的那样，一个动物种群所占据的面积与其灭绝率呈反比关系。所有种群都是不同的，种群数量的增加或减少，一方面基于其可获得的资源，另一方面基于其面临的来自气候、天气和捕猎者的挑战。如果种群占据的面积比较小，那么前述挑战中的一个或多个挑战累积起来就真的有可能灭绝整个种群。这种情况有时会发生在雨林片段化生境中，集中在那个小区域的生物体被一场大火或一场风暴完全消灭。

该项目的一份报告解释说："片段化生境的大小也影响着物种消失的速度，片段化生境越小，物种消失的速度就越快。假设周围的环境不利于鸟类的活动，并阻止其定居，［有一项研究］估计，需要将片段化生境面积增加 1000 倍才能将本地物种灭绝的速度减缓至十分之一。即便是一个面积达 10000［公顷］［大约 40 平方英里，两个曼哈顿大小］的片段化生境，预计也会在一个世纪内失去其大部分鸟类种群。"[18]

但是，雨林保护区无法布满巴西整个国家。人类也理应有自己的地方。广阔的亚马孙盆地及其低地雨林中一些较小的部分必须被保留下来。威尔逊在《亲生命性》中用一个生动的形象来简洁地总结了这种冲突："［毁掉雨林作为牧场或耕地的］行为（很难）用经济原因来辩解，这就像是烧掉一幅文艺复兴时期的画作来做晚餐一样。"[19]

洛夫乔伊的研究以及它在接下来的三十年中推动的联盟，使热带雨林得到了显著的保护。他在 2020 年评论说："尽管经历了森林砍伐和焚烧，但巴西的亚马孙已经从两块国有林发展成为……将有

190

超过 40% 的森林得到某种形式的保护。"[20]但全球范围的破坏仍在持续，这是一个日益严峻的挑战，并将在 21 世纪由于全球变暖的加剧而变得更加严峻。

威尔逊从他在巴西的经历中，找到了他能为此做些什么这一问题的答案。他可以做他已经开始做的事情：讲课、教学、写作和做证。在出版了《亲生命性》后不久，他为《外交事务》（*Foreign Affairs*）写了一篇关于生物多样性危机的文章，该期刊在政府官员中得到广泛阅读。尽管破坏环境对发展中国家的经济造成了巨大影响，但编辑们仍拒绝发表这篇文章，认为它超出了他们的主题范围。《生物科学》（*BioScience*）期刊则对这篇文章表示欢迎，它主要刊登有关公共政策和研究结果的文章。1985 年 12 月发表的《生物多样性危机》一文，回顾了威尔逊在巴西热带雨林用数年时间去识别所有物种的名称并了解它们生活细节的设想。[21]"自从林奈于 1763 年创立双名法系统以来，人们已正式命名了大约 170 万个物种。"文章称。威尔逊继续写道，大约有 44 万种植物、4.7 万种脊椎动物，还有 75.1 万种昆虫。但威尔逊警告说，生命多样性的"真正规模"实际上仍是个谜。他引用了一些参考资料，称预估存在 300 万种昆虫物种，如果算上海洋生物，物种总量可能有 1000 万种。

这些数字一直保持到 1982 年，那时国家自然历史博物馆的昆虫学家特里·欧文（Terry Erwin）和他的同事们开发了一种对热带雨林高处树冠进行采样的方法。威尔逊写道："这些地方基本上无法涉足，因为它们很高（高达 100 英尺或更高），树干表面又很光滑，并且到处都是一群群蜇人的蚂蚁和黄蜂。"科学家们不需要爬上那片无人区，而是通过发射一枚连着绳子的射弹挂在上部树枝上，拖起一个由无线电控制的、对脊椎动物无害的杀虫剂罐，并在地面铺上床单，等树冠层释放化学烟雾后，收集掉下来的猎物。威尔逊说，欧文从他和同事们收集到的物种数量中"推测全世界可能总共有 3000 万个物种，它们大部分的活动区域仅局限在雨林的树冠中"。[22]（2018 年使用新的数据和改进的统计工具进行的重新评估，将欧文的估计值减半至大约 1400 万种，但指出"由于有 100 万个昆虫物种被命名了，这表明还有 80% 的物种仍有待发现"。[23]）

　　怎么会有那么多不同种类的生物被遗漏呢？威尔逊指出，这既有地理上的原因，也有"人类本能地喜爱大型生物这个原因。占世界各地绝大多数种类的生物不仅是热带生物，而且是不起眼的无脊椎动物，比如，昆虫、甲壳动物、螨虫和线虫"。在仅有 25 英亩大的婆罗洲雨林中（约 11 个城市街区大小），就有与北美所有本土树种一样多的树种——约 700 种。[24]

　　对于那些搜集奇怪事实的人来说，这种比较甚是有趣，但除此之外，我们为什么要关心这些呢？除了 J. B. S. 霍尔丹（J. B. S. Haldane）那句著名（也可能是杜撰）的评论，即造物主在创造如此多的甲虫时，表现出了"对甲虫的过度喜爱"，生物多样性的实际价值到底是什么？

　　在《生物科学》发表的文章中，威尔逊从信息的角度提出了他的解释。他认为，一个物种并不像是"分子云中的一个分子"，它是一个独特的生物群体，是"一个谱系的终点，其在数千甚至数百万年前就分化出来了"。从技术上讲，它"比一幅卡拉瓦乔的画作、巴赫的赋格曲或任何其他伟大的艺术作品所包含的信息都更加丰富"。为了说明他的意思，威尔逊描述了老鼠 DNA 单链的信息密度。这样一条单链伸展开来有大约 1 米长，但是肉眼不可见（而且小到能够卷起来置入一个同样看不见的细胞内），因为它的直径只有 20 埃（二十亿分之一米）。然而，"其中所包含的全部信息如果翻译成正常大小的印刷字母，差不多可以填满自 1768 年以来出版的所有 15 版《大英百科全书》（*Encyclopaedia Britannica*）"。[25]

　　基于威尔逊最初在分类学上的科学工作，即他在哈佛大学读研究生时的研究、在南太平洋的探险以及那之前他在亚拉巴马进行的研究（那些被吉姆·沃森贬低为不过是在集邮的工作），他首先强调了识别所有这些数以百万计的物种并进行分类的做法对科学的重要性。他认为，这样做能够解答一些问题，诸如：为什么物种进化出了 3000 万种（他当时认为是这么多），而不是 4000 万种或者 2000 种或者 10 亿种；"为什么昆虫种类在陆地上占绝对优势，而在海洋中却几乎没有这种生物"？[26]他总结道，我们目前对生物多样性进化过程中所涉及的各种力量的认识，相当于物理学在 19 世纪末的水平，也就是说，在发现放射性之前，在相对论或者首次了解量子现象之前，在发现宇宙比我们的母星系银河系要大得多之前。即使我们使用火、电锯和推土机将地球表面的大部分区域以及生活在其中的大多数独特生物都消灭，它们仍是一片未知领域。

　　不是每个人都重视知识本身，尽管走向任何实际应用的第一步都必然是确定某个东西是由什么构成的、它是做什么用的，以及它是如何运转的。威尔逊用食用植物的例子来证明我们的实际收获在各个时代是多么有限：

> 　　我们仅使用了极小的一部分有潜在经济价值的物种……更多物种，包括数以万计的植物和数以百万计的动物，甚至从未得到充分研究以评估其潜力。举例来说，纵观历史，总共有7000种植物被人们作为食物种植或采集。其中有20种植物提供了全世界食物的90%，而仅仅小麦、玉米和大米这三个物种就占了大约一半……然而，还有成千上万的可食用物种在等着我们，其中许多明显优于我们已经在食用的品种。[27]

193

　　这就是生物多样性的前景。然后，威尔逊展示了截至1985年的令人震惊的现实状况。马达加斯加的森林已经减少到其原始覆盖面积的10%以下。巴西的大西洋森林则减少到不足1%。在一个世纪内，亚马孙流域的700个鸟类物种中有84个将会灭绝，中美洲和南美洲的每20个植物物种中就有3种会灭绝。目前的灭绝速度是人类文明发展之前的400倍，而且还在迅速加快。物种多样性的减少正在接近6500万年前那次小行星撞击事件，那场灾难导致了恐龙时代的终结。威尔逊在他那悲观的长篇大论中总结道："至少在一个方面，这场人为的百牲祭比地质历史上的任何时期都要糟糕。在早期的大规模灭绝中……大多数植物多样性都幸存下来了。现在，这是第一次，绝大部分的植物多样性被摧毁了。"[28]

　　在失去生物多样性及其所有潜在的知识和实用价值之前，我们能够做些什么来阻止这一场百牲祭呢？威尔逊用了这个原意是古罗马人用一百头牛献祭的古语，现在这个词的意思是存在许多受害者的献祭。威尔逊文章的后半部分提到了该篇文章的目的是要与美国政府进行间接沟通。就像他以前数昆虫一样，现在他数了数分类学家和系统学家（那些识别物种、给它们命名并进行编目的学者），发现他们的数量几乎和昆虫物种一样在减少。

他建议，只要每年提供 1000 笔、每笔 5 万美元的资助，即每年 5000 万美元，就能让现有的对基础热带生物学的支持水平翻一番，其中包括系统学（识别、命名和描述生物）以及生态学（研究生物与其环境的关系）。他指出，这个数额仅是美国目前用于与健康相关的生物学研究的 35 亿美元中的 1.4%，而且，他狡黠地说，"相当于一架 F15 鹰式战斗轰炸机的全寿命周期成本"。[29]

美国在这些问题上的兴趣是什么呢？"第三世界国家（大部分在热带地区）的问题，主要是生物问题，包括人口过度增长、土壤养分耗尽、森林砍伐以及作物和森林保护区遗传多样性的下降。"威尔逊详细阐述道，在 1975～1985 年，即过去的十年里，几乎所有的官方评估都认为，"热带国家错综复杂的经济和社会问题"——他提到海地、萨尔瓦多和格林纳达这些当时动荡的地区——"如果对环境没有更详细的知识，是无法解决的"。一个包括国际开发署、史密森学会和环境保护署在内的跨机构工作组及时向美国国会提交了一份关于保护生物多样性的报告，这使得他能够引用该工作组的话来"呼吁对本土动植物群进行初步调查和评估"。威尔逊补充说："事实上，如果没有这些详细信息，其他工作也无法完成。"[30]

他在文章的最后，强烈呼吁人们采取行动：

　　简而言之，生物多样性对于发达国家和发展中国家的重要性都是独一无二的，而且其研究的成本收益率也很高……这是我们有可能知道的唯一存在生命的世界，让我们一起充分地利用它。[31]

但那时正值罗纳德·里根（Ronald Reagan）的保守派总统任期，里根等人指责政府是问题的根源，而不是解决问题的手段。威尔逊的提议没有获得任何财政支持。他将不得不另辟蹊径来加强对生物多样性的研究和对荒野世界残存生物的保护。

第 12 章

重现林奈

　　埃德·威尔逊在一个关于生物多样性的全国论坛上发表了一篇文章，文中概要介绍了可以用来识别数以百万计的目前未知且未被保护的物种的其他途径。威尔逊报告称，1986 年 9 月的论坛由美国国家科学院和史密森学会主办，"有 60 多位顶尖生物学家、经济学家、农业专家、哲学家、援助和贷款机构的代表以及其他专业人士参加"。论坛上的讲座和研讨会吸引了大批观众和全国媒体的报道。威尔逊认为这次活动标志着人们对生物多样性和国际保护方面的兴趣显著上升了，其原因有二：第一，在这十年中，已有足够多的致力于"森林砍伐、物种灭绝和热带生物学的研究……这必然使它们得到更多的公众关注"；第二，特别是发展中国家，已经意识到"保护生物多样性和经济发展之间的密切联系"。[1]

　　威尔逊的观点出现在他根据自己的主题演讲"生物多样性的现状"撰写的论文中。他在文中指出了一个令人震惊的事实，即"我们不知道［地球上的］物种数量，甚至不知道最接近的数量级是多少"，但与此同时，物种正在以大约每天一种的速度灭绝。如果物种正在消失，那么经过培训来识别和研究它们的科学家也在消失。

"这个世界上可能只有不到 1500 名专业系统学家有能力处理在潮湿的热带森林中发现的数以百万计的物种"，威尔逊说，"由于从业机会减少、研究经费减少，以及其他学科被赋予更高的优先级"，这些专家的数量也正在减少。[2]

我们只有知道这些物种是什么、它们生活在哪里、它们的生物学特性是什么，以及它们在环境变化面前有多脆弱，才有希望将这些物种从衰退和灭绝中拯救出来。因此——以下是威尔逊对离开哈佛大学后立即成为他生命中的核心项目的概述：

在我看来，为世界上的整个生物群寻求这种知识将会有很大的好处。每个物种都是独一无二的，具有其内在的价值。我们不能指望只研究现存物种的一部分，就能够回答生态学和进化生物学其他分支的重要问题，更不用说有效地保护多样性了。[3]

然后，仿佛他自己直到写下这些话的一刻才对自己提出的建议的全部内容恍然大悟一般，他提到了其挑战和后果：

我将更进一步说明：生物多样性的规模和控制不仅仅是进化生物学的核心问题，它还是整个科学的关键问题之一。当前，还没有办法知道地球上的物种到底是 500 万种、1000 万种还是 3000 万种。没有哪种理论能够预测这个数字会是多少……除非我们努力去理解所有的多样性，否则就无法理解生命的这些重要方面，而由于物种的加速灭绝，我们将永远地失去很多机会。[4]

197　　　当我向威尔逊指出这个 1986 年的参考资料时，他很惊讶；他已经忘记了自己在很早之前就开始思考要识别地球上的每个物种了。他也赞同，确实这种兴趣可以一直追溯到他的童年时期；他一直沉迷于寻找、识别和命名它们，有时他称它们为"主宰世界的小东西"——也包括大家伙。

　　他和密苏里植物园的积极分子、园长彼得·雷文在 20 世纪 90 年代就如何实现这样一个雄心勃勃的项目进行了长时间的讨论。他们被当时能力有限的数字媒体所阻碍；人们很容易忘记蒂姆·伯纳斯-李（Tim Berners-Lee）是在 1989 年 3 月才提出万维网的构想，而第一个服务于开放的互联网的网页直到 1990 年底才出现。1992 年 11 月，威尔逊和雷文在《科学》上发表了一份关于生物多样性调查的五十年计划的提议。他们写道，当时已知并进行过描述的"大约有 17 万种开花植物和 3 万种脊椎动物"，另外有 25 万种"迄今为止似乎被描述过"的物种，他们引用了对其余未被描述过的物种的估计，"范围从 800 万种到 1 亿种不等"，以强调眼前这项任务的艰巨性。他们认为，这个"庞大的问题"需要"一种全新的方法"。他们提议将各国的国家调查结合起来，建立一份世界范围的详细目录，但是没有提及数字化技术。[5]

　　威尔逊回忆说，在 20 世纪 90 年代，他和其他一些人在荒野中呐喊，"四处游说'你知道的，我们需要对这个有生命的地球加大探索力度'，然后尝试为此筹集大量资金，但没有成功"。[6]1995 年，当美国国会辩论更新 1973 年颁布的《濒危物种法》时，威尔逊与他的老朋友汤姆·艾斯纳以及其他科学家和环境活动家一起为该法案的更新进行了游说，同时主张继续保护个别物种，而不是转向更广泛但更粗略的生态系统层面的保护。他们写道："每个物种，凭借其遗传的独特性，都是我们无法从其他来源获得的信息来源。"讽刺的是，他们的反对者为放弃对个别物种的保护而提出的理由是"我们缺乏关于大多数物种的生态信息"。[7]

在 21 世纪之初，其他人也加入了雷文和威尔逊的行列，来共同寻找一种可以给地球上的纷繁生命编制目录的方法。《全球目录》（*Whole Earth Catalog*）的创始人斯图尔特·布兰德（Stewart Brand）[最近还与发明家兼企业家丹尼·希尔斯（Danny Hills）共同创办了"永今基金会"] 回忆起在微软首席技术官内森·梅尔沃德（Nathan Myhrvold）家中举行的一次晚宴。当时，一些富有的宾客抱怨说，想负责任地捐钱太困难了，并感叹没有一个宏伟的项目可以让他们捐助。晚宴中的一位客人是摄影记者凯文·凯利（Kevin Kelly），他在 1993 年与人合作创办了《连线》（*Wired*）杂志，并在接下来的七年里担任该杂志的执行主编。他思考了识别地球上每个物种的可能性。布兰德记得，当时凯利说，如果我们在一个新的星球上着陆，我们首先会做的事情应该是识别所有的生命形态，但我们在自己的星球上还没有做到这一点。

"我被这个想法迷住了，"布兰德对我说，"那是在 1999 年，资助充满想象力的项目的资金多得就像是不断从树上掉下来一样，尤其是如果这些项目能和互联网有关的话。"[8]2000 年 9 月，布兰德和他的妻子兼商业合作伙伴瑞安·费伦（Ryan Phelan），以及凯利，在旧金山的加州科学院组织了一场会议，讨论建立一个全物种基金会，"用人类一代人（二十五年）的时间来对地球上的每一个生物物种进行编目"。费伦和布兰德曾就这个项目征求威尔逊的意见；看到这个项目与自己致力的工作相关，威尔逊立刻提供了帮助。雷文和威尔逊随后担任了这个新基金会的科学顾问。费伦是一位资深的企业家和顾问，负责对基金会进行管理。基金会于 2000 年开始运作，并获得了 100 万美元的创始资金。

　　费伦告诉我："在过去的一整年里，埃德都是我不可或缺的重要同事，他热情有礼，总是乐于助人。我喜欢运作全物种基金会的原因之一，就是能有机会和埃德共事。我们最大的问题是汇集数据。很多数据库都被收费门槛或者机构屏障挡住了。我们决定入侵它们。我们不是偷窃，只是用这些信息来准备一个演示。我们计划给每个生命形式建立一个单独的页面。因此我们通过入侵数据库获取了这些信息，并制作了网页来向科学家们展示。"斯图尔特·布兰德补充道："那些富有想象力的人对我们尝试做的事情感到很高兴。而那些呆板的人则对此抱有敌意，比如，他们会说：'不要搞我的数据！'"[9]

　　第二年，也就是在 2001 年，随着 9 月 11 日世界贸易中心遭受恐怖袭击后的经济衰退，树上不再掉落资助经费了，基金会也举步维艰。费伦总结说："我们都希望，在共同的努力下，我们能够实现这个宏伟的愿景。虽然未能按照预想的方式筹集到资金让人非常失望，但埃德将项目推进到下一个阶段，这也算是一种安慰。"

在接下来的几个月中，威尔逊关于建立一个通用物种目录的想法凝聚成一个大胆的提议，他称之为"生命百科全书"（Encyclopedia of Life）。2003 年 2 月，他在一份科学期刊上发表了这个提议的摘要：

> 比较生物学跨越了数据鸿沟，已经开始了一场在很大程度上尚不为人知的革命：它大大加快了对生物多样性的探索和分析速度。它的势头将让长期停滞在边缘状态的系统学重新回到主流科学的阵营中。其主要成就将是一个统一入口的电子化的生命百科全书。[10]

威尔逊在提议的正文中继续说道："在更深层面上，这样一部百科全书将改变生物学的本质，因为生物学在根本上是一门描述性科学。"

> 每个物种本身就是一个小型宇宙，从它的遗传密码到解剖结构、行为、生命周期和环境角色，是一个在几乎难以想象的复杂进化历史中创建的自我延续系统。每个物种都值得进行科学研究，也值得历史学家和诗人颂扬。但我们不能这样去说一个质子或无机分子（这可能是句废话）。[11]

最后一句话呼应了威尔逊与分子生物学家那场由来已久的　200
争论。

　　威尔逊回忆起他对自己想法的解释是："我们需要走出去，探索这个我们还知之甚少的星球，然后把获取的所有信息输入一个庞大的数据库，一本电子百科全书，每个物种都在其中拥有一个可以无限扩展的页面，任何人都可以随时随地从统一的入口对其进行访问，而且免费。"[12]

　　这一次，这个想法引起了轰动。乔纳森·范东（Jonathan Fanton）是位出生于亚拉巴马州的教育家，他曾多年担任曼哈顿社会研究新学院的院长，并于 1999 年被任命为约翰·D 和凯瑟琳·T. 麦克阿瑟基金会（简称麦克阿瑟基金会）主席，他正在寻找一些大型的标志性项目以提供支持。威尔逊说："这就是关键所在。"麦克阿瑟基金会和艾尔弗·P. 斯隆基金会（Alfred P. Slon Foundation）最终提供了大约 1200 万美元来启动生命百科全书项目。

　　2007 年，威尔逊在加州蒙特雷举办的 TED 年度大奖的演讲中正式宣布启动这个项目。[13]TED 年度大奖当时的奖金是 10 万美元，从 2005 年开始，每年会给三名获奖者颁奖，以表彰他们"希望改变世界"的呼吁。除了威尔逊之外，美国前总统比尔·克林顿（Bill Clinton）和摄影记者詹姆斯·纳赫特韦（James Nachtwey）也在 2007 年获得了该奖项。

　　威尔逊详细地谈论了他长期以来对识别物种的兴趣。他带着煽动性的口吻对 TED 观众说："我们生活在一个绝大部分尚未被探索的星球上，地球上的绝大多数生物仍然不为科学所知。"他说，人们最近发现了两种新的鲸鱼、两种新的羚羊、几十种猴子、一种新的大象，甚至还有一种独特的大猩猩物种。"体型和规模的另一个极端是海洋细菌类，即原绿球藻（Prochlorococci）［他打趣说'这将会是期末考试的考点'］，尽管在 1988 年它才被发现，但现在已经被认为可能是地球上数量最多的生物体了。"他说，然而这些还只是无知的"我们对这个星球上的生命"的第一瞥。

威尔逊继续说，更糟糕的是，我们对生物多样性的了解是如此不完整，"以至于我们有可能在发现它们之前就已经失去了大量的生物物种"。他说，例如，在美国目前已知的 20 万个物种里，实际上我们只了解其中的一部分，"我们只对其中大约 15% 的已知物种做了充分研究，能够评估它们的状况"；而在那些被评估的物种中，"就有 20% 被列为'濒危'，即有灭绝的危险"。而这还只是在美国的情况。"简而言之，我们正在盲目地飞向我们环境的未来……我们需要在毁掉这个星球之前想出办法。"

通过这些事实和论据，威尔逊将话题直接引导到他获得 TED 大奖后的愿望：

> 这应该成为一个相当于人类基因组计划的大型科学项目。它应该被看作一个有时间表的生物登月计划。因此这让我想到了我对 TED 演讲者的希望，以及对世界各地听到这个演讲的其他人的希冀：**我希望我们能共同努力，来帮助创建用于促进地球生物多样性保护的关键工具——生命百科全书。**

他在 TED 网站上对这一愿望做了详细阐述：

　　该计划通过创建一部在线百科全书，为每个物种建立一个包含文章、照片、分布地图、数据和群落的链接在内的网页。开发一个平台，让用户能够在世界各地的资源中找到可信的综合信息。使其成为面向研究人员、公民科学家和生物友好社区的全球生物信息学基础设施的关键组成部分。

　　生命百科全书最初的五个基石机构最终承诺提供 5000 万美元的资助，其中包括芝加哥菲尔德自然历史博物馆、哈佛大学、冷泉港海洋生物实验室、密苏里植物园和史密森学会。网站（www. eol. org）于 2008 年 2 月上线，威尔逊称这是"梦想成真"了。

　　威尔逊在《社会生物学》出版之后的这些年中做的所有工作，既有科学的也有科普的，尤其是他写的书，让他得到了公众的广泛关注。标志着他漫长人生中这一阶段开始的，是他在 20 世纪 90 年代初与他人共同获得的两个重要奖项。第一个奖项是克拉福德奖。这是一个由家族设立的瑞典奖项，该家族旗下的医疗器械公司甘布罗（Gambro AB）生产的肝脏和肾脏透析设备销往全球各地。该奖项与瑞典皇家科学院合作颁发，奖金为 600 万瑞典克朗（约合今天的 72 万美元），用于表彰被诺贝尔奖遗漏的学科，包括天文学和数学、地球科学和生物科学。威尔逊和斯坦福大学的昆虫学家保罗·R. 埃尔利希一起获得了克拉福德奖，"因为他们提出了岛屿生物地理学理论，进行了其他关于岛屿及其他具有不同隔离程度的生境中物种多样性和群落动态的研究"。

　　第二个奖项是威尔逊获得的第二个普利策奖，他与德国同事和好朋友博尔特·霍尔多布勒（Bert Hölldobler，又译贝尔特·霍尔多布勒）共同获得该奖项，以表彰他们在 1990 年合作出版的《蚂蚁》（The Ants）一书。霍尔多布勒是位天才蚂蚁学家，自 1973 年以来一直是哈佛大学的生物学教授。他是实验主义者，而不是野外生物学家；他的实验室工作补充了威尔逊的野外研究，两个人配合得很好。但是，霍尔多布勒在为支持他的美国实验室而筹集所需资金时遇到了困难。1989 年，维尔茨堡大学（University of Würzburg）聘请他担任西奥多·博韦里研究所（Theodor Boveri Institute）行为生理学和社会生物学教授，并承诺为其提供 100 万美元的经费。

　　威尔逊回忆说："我们的合作一直卓有成效。我们各有所长，采用不同的方法。我们发表了很多文章。所以在他离开之前，我们说：'看，我们俩知道关于蚂蚁的一切。不如我们写本书，把这些全部写下来。'"[14]他们编纂的这本书是经典的威尔逊风格，是一部大开本、插图精美、纸质光滑、长达 732 页的精装本汇编。但是，这是一部严肃的科学著作，就像类似格式的《昆虫的社会》和《社会生物学》一样；威尔逊对该书获得文学类奖项感到惊讶。不论当时还是现在，我都不感到惊讶，因为我就是向普利策奖委员会推荐该作品的提名委员会成员。

　　那个时候，我对威尔逊只是略有了解。十年前，我曾为当时正在写的一篇杂志文章采访他。我对那次邂逅记忆犹新，因为他把我从他在哈佛大学比较动物学博物馆的办公室带到了大厅，让我看看那位不知疲倦的阿尔弗雷德·金赛（Alfred Kinsey）收藏的 500 多万只瘿蜂（gall wasps），它们被保存在一屋子昆虫学储藏柜中的一个个抽屉里的别针上，这是金赛在哈佛大学的博士论文的主题。（瘿蜂会刺激植物长出疣状肿块，使其幼虫可以在其中安全地发育，同时以植物汁液为食。金赛在开始收集人类性行为的数据之前就已经收集了瘿蜂的数据；有些人开玩笑说，他对这两者的收集都用了相同的技术。）

普利策奖每个类别的评委会都由三名提名评委组成，他们从数百本书中挑选出三本入围图书，并推荐给普利策奖委员会，然后由委员会选出获胜者。纳什维尔报纸《田纳西人报》（*The Tennessean*）的图书编辑、新闻学教授罗伯特·O. 怀亚特（Robert O. Wyatt）是1991年提名委员会主席；除了我之外，还有一位评委是作家安妮·迪拉德（Annie Dillard）。在前一年夏天，一批批被提名的书开始运到我们家中——有几十甚至上百本书。当然我们不可能把所有书都读完，但是可以通过快速浏览排除掉很多书——比如，日常的烹饪书和关于家居维修的插画书。（我很纳闷，这些书到底为什么会被提交上来，不过提交的费用并不高，也许这些作者的自尊心需要得到抚慰。把你写的书提交上去留在起跑线上，比起压根儿不提交，是不是感觉要好一些？）

我阅读了《蚂蚁》一书，越读越欣赏。在威尔逊的作品中，那时我只读过《论人性》和《社会生物学》。我知道他是一个多么优秀而且能够鼓舞人心的作者。这一次，他和霍尔多布勒取得了非凡的成就：他们合著了一部正式的科学作品，同时也是一部杰出的文学作品。我觉得给这本书颁发普利策奖是个好主意。我把我提议的作品邮寄给另外两位评委，他们也把他们选择的作品邮寄给我。我阅读了那两本书，但是我认为它们在深度或广度上都无法与《蚂蚁》匹敌。

我们通了电话。每个评委都有自己的偏好并为之努力游说。没有人愿意更改自己排在第一位的作品。普利策委员会要求为每一位最终入围者写半页纸的推荐信。有人建议说，我们每个人给自己最喜欢的书写一份推荐信，然后不加排名地提交。我立即同意了：这样做意味着我有机会直接给委员会写信，阐述为什么我认为他们应该将普利策奖颁发给一部正式的科学著作。

这个策略奏效了。普利策奖委员会将《蚂蚁》一书选为 1991 年的普利策奖非虚构类获奖作品。这是威尔逊获得的第二个普利策奖，在我看来，这是实至名归的。那天，在哥伦比亚大学洛氏图书馆圆形大厅里进行了颁奖，我和妻子还有几个朋友带着威尔逊和霍尔多布勒很晚才去市中心一家餐馆吃了一顿庆祝午餐。那是一次很欢乐的聚会。威尔逊不得不在餐厅上甜点之前离开，他要赶回在波士顿的艾琳身边。他在 2014 年的一次采访中说，那个奖项让他感到惊讶。他说："我们并不是为了文学界写的 ［《蚂蚁》这本书］。这是有史以来赢得这个奖项的唯一一本专门写给科学家的科学专著。"[15]科学作品也可以且有时确实是集深度和优雅于一体的作品，这正是重点所在。达尔文的《物种起源》就是这样一本书，是值得借鉴的典范和先例。正如威尔逊和一位同事在一篇关于科学自然史的论文中所写的那样，"任何随机选择的物种的故事都是一部史诗，充满了神秘和惊喜，吸引了一代又一代生物学家"[16]。那么，更何况代表数千个物种的整个属的故事呢？

在得知自己将被授予第二个普利策奖的第二天，威尔逊恰好在马萨诸塞州剑桥市历史悠久的美国艺术与科学院（American Academy of Arts and Sciences，又译美国文理科学院）的第 1727 次会议上发言。他演讲的题目是"蚂蚁"。他向聚集在此的精英们打趣说，他本可以谈论"一个宽泛的议题，比如，生物学与社会科学的关系，或者全球环境危机"，但是他"发现了一个真正具有历史意义的机遇——以科学院历史上最短的标题来发表一次演讲"。[17]

威尔逊就这样轻描淡写地戳破了这个拥有两个世纪历史的科学院的学术自负，然后开始介绍他的主题：

> 我最常被问到的关于蚂蚁的问题是："我该对我厨房里的那些蚂蚁怎么办？"我的答案也始终如一："小心脚下。小心那些小生命。喂它们一些咖啡蛋糕的碎屑。它们也喜欢金枪鱼和鲜奶油的碎屑。拿起一个放大镜，去近距离仔细观察它们。你将会像近距离地看到在另一个星球上进化的其他人的社会生活一样。"[18]

在他的演讲中，威尔逊提到他"现在正在研究的"一个蚂蚁属，大头蚁属，其中包含的仅仅来自新大陆的就有大约 250 个已被科学所知的物种，即已经被命名和描述过的物种。他说，他在哈佛大学比较动物学博物馆的藏品大约有 600 个物种，也就是说，藏品中的大约 350 个物种在科学上是全新的。"每过几个月采集者们又会发现更多物种。"[19]

他说，他最近"在世界自然基金会主席办公室……的一个盆栽植物里，还发现了一个新的大头蚁属物种。作为世界自然基金会董事会的一员，我禁止喷药消灭该种群，因为至少在当时，它是该物种唯一已知的存活种群"。[20] 在用外星人生活在我们身边这个惊人故事让科学院的会议厅气氛活跃起来后，威尔逊继续为与会者提供了一个友好的蚂蚁生物学入门课程。

事实证明，研究大头蚁属是在经历了社会生物学的多年争议之后，威尔逊重新定位自己的一种方式。不仅有未被描述的该属标本正在比较动物学博物馆里等待着被研究，而且有更多标本在全美和其他世界各地的类似博物馆收藏品中苦苦等待。大头蚁属是所有蚂蚁属中最大也最复杂的未经描述的属。威尔逊告诉我，他一直对其特别感兴趣，一方面是因为它分布广泛——这是它进化成功的标志，另一方面也因为它表现出"很多有趣的行为"。

威尔逊说："当我在 1996 年从哈佛大学正式退休时，我想要重回蚂蚁研究。我想去面对一个重大挑战并且解决它。我可能更喜欢去采集探险，但当时我没有能力这样做。所以我没有去雨林里搜索，而是在比较动物学博物馆的藏品里搜索。"最终，他会把搜索范围延伸到其他博物馆，并与其他蚁学家联系，但首先，他从比较动物学博物馆的藏品开始了研究工作。大头蚁属是小型蚂蚁。他装上一批未经识别的样本，把它们带回家，用家中实验室的显微镜逐一研究它们，对特征进行编目，进行测量并绘图。他告诉我："这真的让我很快乐。我可以待在家里听着音乐工作。"他计划中的这部著作有一个很长篇幅的目录，在这部名为《新大陆的大头蚁属》

206

（*Pheidole in the New World*）[21]的用心之作中，他会用线条勾勒出每一个物种的主要和次要形态。在完成这本书之前，他已经画了大约5000幅图。他跟一位采访者说："现在这听起来可能非常奇怪，但是我发现这样做特别有意义。我是兼职做这些工作的，这就像是一个爱好。"[22]在每一组图画的下方，他都对标本进行了正式的描述，比如：

> 鉴别：一种小型、浅色的黄色属成员，类似上面标题中所列的物种，**主要形态**的特征是背斜视图中的球状前胸背板，从一个很小但明显的中轴凸起分出，并且头部的褶皱从每个后头部角的一块斑开始，然后以一条细带向前，直到眼睛正中的一个斑块。**次要形态**的特征是后胸背板的后中胸背板面斜面很陡，有近乎垂直的下降。

紧随其后的是对蚂蚁的测量，它的颜色、活动范围和生物学上的习性，例如，"该类型系列是在一个陡峭的岩石森林斜坡上采集的［出自 W. L. 布朗］；伯利兹蚂蚁是在蚁栖棕榈树林的地面上找到的"。这个特别的物种在科学上是全新的，因此也是第一次对它进行描述，威尔逊赋予它一个独特的物种名称：哈里森福特大头蚁（Pheidole harrisonfordi）。威尔逊在图画下的昆虫学分类中指出，"以［演员］哈里森·福特（Harrison Ford）的名字命名，是为了表彰他在服务和支持热带保护方面所做的杰出贡献；因为他的贡献，大头蚁属蚂蚁的栖息地才得以继续存在"。福特曾捐款支持

E. O. 威尔逊生物多样性基金会，这是一个 2005 年在北卡罗来纳州达勒姆成立的非营利性组织，旨在纪念威尔逊在生物多样性研究和教育方面的工作。基金会的项目之一就是支持生命百科全书。

如果可能的话，他把所有这些信息都安排到一页上，如有必要则顺延到下一页。通过这种方式，他在整个大头蚁属中开展了分类工作：在威尔逊所能找到和识别的范围内，总共有 624 个物种，它们在这部共计 794 页的厚重精装书中按字母顺序排列。

威尔逊在哈佛大学的最后几年及之后，一直在关注社会生物学的发展。到了 2000 年，尽管他的老对手们仍然在攻击他（古尔德于 2002 年因癌症去世），在一个主要的科学数据库中，"社会生物学"这一词条下已拥有超过 13000 个条目。有五家主要的期刊报道了该领域的发展，社会生物学研究和教学遍及全球。乌利卡·塞格斯特拉尔写道，那些声称威尔逊没有做出什么新东西，只不过收集了大量信息的批评者，"也许并没有意识到威尔逊做出的那种贡献：他创造了一个领域，向其潜在的成员证明了它的存在——在一定程度上是通过邀请他们成为项目的创建者来为他的项目贡献力量"！[23]

威尔逊在"自私的基因"这个概念基础上建立起社会生物学——比尔·汉密尔顿在 1964 年提出了整体适存度模型，该模型在自私的血缘选择基础上解释了"无私的"利他主义。也就是说，社会成员被认为做出了对自己不利的行为，而实际上却增加了相关成员传递它们共同的基因的概率，并且它们的关系越密切——它们的共同基因越多——那么看似利他牺牲的概率就越大。

汉密尔顿的模型在他 1964 年发表论文后的几年里备受青睐，

208

主要是因为它似乎能够很好地解释完全社会性的昆虫。在这些昆虫（蚂蚁、蜜蜂、黄蜂、白蚁）之中，无法生育的雌性工蚁/工蜂愿意为了抚养蚁后/蜂后的后代而牺牲自己的生命，这种自相矛盾的做法几乎推翻了达尔文宏伟的自然选择理论。达尔文在《物种起源》一书中写道："有一个特殊的难题……起初在我看来是无法解答的，实际上对我的整个理论都很致命。我指的是昆虫社会中的无性或者不育的雌性：这些无性者通常在本能和结构上都与雄性和可育的雌性有很大的不同，但因为无法生育，她们无法繁殖自己的种类。"[24] 达尔文在解释这一悖论时提出，选择是在多个层面上进行的。在一个群体内，自私的个体可能会胜过利他主义者；但是，一个利他的群体将胜过一个自私的群体。只要这种平衡更有利于群体竞争而非个体竞争，那么群体就能生存下去，并在将其成员的利他特性传递下去的同时，也传递了它们的自私特性。

然而，追随汉密尔顿的生物学家们并不接受达尔文的见解，而是倾向于血缘选择（威尔逊对此的定义是"帮助传递存在于别人身体里的自己的基因"），或者鲍勃·特里弗斯1971年的互惠理论（"帮助别人以期待回报利益"）。[25]两者都将选择过程保持在个体利益的同一层面：我冒着风险帮助你，因为我们是亲戚，你会传递我的一些基因；或者我冒着风险帮助你，是因为我期待你也会帮助我来作为回报，增加我繁衍后代的机会。威尔逊说，在计算机能力有限的时代，这种假设"主要是为了简化数学计算"，而且人们假定群体间的选择与群体内的选择保持了微妙的平衡。

出于种种原因，在20世纪的最后几十年中，生物学家普遍拒

绝群体选择理论。甚至威尔逊也赞同汉密尔顿和特里弗斯的观点，
他们摒弃了群体选择理论并以自私基因模型取而代之，尽管这些模
型给社会生物学带来了问题。

　　然而，从来没有任何大量证据可以支持对群体选择的否定，威
尔逊报告说。批评人士没有找到证据来证明其所谓的弱点，而是对
其合理性提出质疑；他们的论点大多是理论性的。威尔逊认为，相
反，在野外，狮子等群居的脊椎动物"为群体选择提供了令人信服
的证据"。[26]

　　是群体选择还是个体选择，这个问题为什么很重要呢？因为它
涉及威尔逊所说的"社会生活的基本问题"：在一个群体中自私打
败了利他主义，因此利他主义应该走向灭绝；但利他主义一直存
在，而且实际上从昆虫到人类的各个层面上，它都是社会性组织的
基础。[27]

　　在 20 世纪 90 年代和 21 世纪初，有几条证据一直困扰着威尔
逊。一条是尽管社会性在少数物种中取得了显著成功，但它仍是相
对罕见的。威尔逊写道，在当时已知的大约 2600 个现存的昆虫和
其他节肢动物的分类科中，只有 15 个科已知有社会性物种。[28]另一
条是，缺乏证据来证明血缘关系究竟是不是社会性进化的必要条
件。[29]最后一条是，汉密尔顿关于社会性昆虫中单倍二倍体繁殖的假
说，即姐妹之间共享了四分之三的基因，而雄性之间只共享了一半
的基因，这使得姐妹在基因上比她们与自己的后代更接近对方
（"超级姐妹"），从而倾向于支持其姐妹蚁后/蜂后的后代而自己
不繁殖。这个假说在近些年来已经被证伪了：单倍二倍性和社会性

209

已被人们发现经常单独进化，这足以证明二者是彼此独立的过程。[30]

　　对大多数生物学家来说，自私基因模型似乎是对达尔文主义完成修订和扩展的一个重要步骤，而且对完善现代综合论来说也是必不可少的；到 21 世纪初，它被广泛认为是正确的、占统治地位的范式。当证据似乎指向另一个方向时，威尔逊证实了他自己并不是尊重范式的人。2005 年，他和博尔特·霍尔多布勒在《美国国家科学院学报》（*Proceedings of the National Academy of Sciences*）上发表了一篇论文，断然拒绝将自私基因模型作为社会性发展的基础。《社会性：起源和后果》一文似乎没有在生物界引起太多反对声音，但是威尔逊于 2010 年在《自然》上发表的一篇与哈佛大学两位年轻同事——数学生物学家马丁·A. 诺瓦克（Martin A. Nowak）和科里纳·塔妮塔（Corina Tarnita）合著的论文《社会性的进化》[31]，引发了另一场激烈的社会生物学之战，这场论战十年之后仍在继续。

　　英国科学哲学家乔纳森·伯奇（Jonathan Birch）回顾这场论战时称，《自然》上的这篇文章"具有煽动性"；他写道，文中提出了"对 W. D. 汉密尔顿的血缘选择理论……的野蛮批评。此后，一百多位生物学家［仅在《自然》的一个回应中就有 137 位］团结起来为该理论辩护，但诺瓦克等人坚持认为他们的论点是'无可辩驳的'"。[32]此后的几年里，更多的排斥和反驳也接踵而至，其中包括理查德·道金斯和斯蒂芬·平克（Stephen Pinker）等知名人士，他们之前一直是威尔逊的斗士。

　　据诺瓦克说，塔妮塔是个活泼的罗马尼亚年轻女人，在他们的

210

论文发表时是一名初级研究员，她"寻找这场论战对立面的人来讨论这项研究，并将对手的质疑全部化解。对手们尝试找出错误，但是他们失败了"。[33]

威尔逊很喜欢和这两位数学家共事。塔妮塔现在是普林斯顿大学的副教授了，威尔逊在 2011 年对一名记者说："她是一流的数学家。"威尔逊在比较动物学博物馆的办公桌上放了一个查尔斯·达尔文的摇头玩偶；当团队在他的办公室一起工作时，他喜欢问这个小达尔文，看看这位伟大的科学家是否同意他们的结论。这个达尔文玩偶热情地晃了晃头，威尔逊说："我们得到了非常肯定的答复。"[34]

美国经济学家和数学家赫伯特·金迪斯（Herbert Gintis）在 2012 年评论威尔逊的书《社会性征服地球》（*The Social Conquest of Earth*）时说道，威尔逊对汉密尔顿模型的拒绝"动摇了种群生物学的基础"。[35]威尔逊仍然相信自己的观点是合理的，这主要因为他的两位年轻同事的数学计算是正确的。威尔逊说，即便是汉密尔顿最后也意识到，血缘选择实际上就是一种群体选择。[36]"我们希望我们关于社会性进化的新理论为社会生物学开辟新的研究路径，"他告诉《哈佛公报》（*Harvard Gazette*），"……在统治世界四十年后，是时候承认［血缘选择］理论的能力非常有限了。"[37]

威尔逊和没有亲属关系的同事大卫·斯隆·威尔逊（David Sloan Wilson）在 2007 年的一篇论文中非常生动地总结了社会性进化的新模式，探讨了将在 2010 年困扰生物学的问题。"当有人要求拉比·希勒尔（Rabbi Hillel）在他能保持单脚站立的时间里解释犹太律法（Torah）① 时，"他们写道，"他著名的回答是：'己所不欲，勿施于人。其他一切都只是注脚。'达尔文最初的洞察力和这篇文章中所评论的发展，让我们能够为社会生物学的新理论基础做出以下简单的总结：'群体中的自私性打败了利他主义。而利他主义的群体则打败了自私的群体。其他一切都只是注脚。'"[38]

2011 年，威尔逊迎来了一个不同的、对他来说非常愉快的机会。当时从企业家转变为慈善家的爱达荷州人格雷格·卡尔（Greg Carr），邀请威尔逊去参观他在非洲东南部国家莫桑比克着手修复的一个面积达 1500 平方英里的国家公园。卡尔此前创建了几家早期的互联网公司，这些公司使他变得很富有，他便从 20 世纪 90 年代末开始专门从事慈善事业。卡尔寻求践行承诺的机会，当莫桑比克驻联合国大使邀请他去莫桑比克施以援手时（那时莫桑比克刚刚从一场漫长的破坏性内战中恢复过来），卡尔在一次乘坐直升机游览该国时发现了戈龙戈萨国家公园（Gorongosa National Park），并将重建这个公园作为他的个人事业。2004 年，莫桑比克政府和卡尔基金会决定共同重建这个被毁的公园；卡尔承诺为这项事业投入 4000 万美元。

2011 年邀请威尔逊去参观是卡尔计划的一部分。在 2014 年，E. O. 威尔逊生物多样性实验室在这里挂牌，为来自莫桑比克和国外的访问研究员提供生物多样性文献、生态学和保护生物学方面的长期研究和培训。这可能是世界上唯一一位于国家公园里的此类实验室。与卡尔的承诺一致，它为当地居民提供了就业机会和科学教育。

---

① 狭义专指《旧约全书》前五卷中的律法，即摩西五经。——译者注

威尔逊在 2012 年再次拜访戈龙戈萨，这一次他带领了一支哈佛大学比较动物学博物馆探险队前来研究公园中之前未被识别的蚂蚁物种。同时，威尔逊还将参与当时正在制作的高中生物学在线教科书《地球上的生命》（*Life on Earth*）的拍摄，这是他在尽可能广泛的人群范围内扩展生物学知识所做的诸多努力中的一项。在众多经历之中，比较动物学博物馆小队还目睹了一群非洲行军蚁穿过他们的营地，它们的数量高达几十万只，尽管这次它们是搬到新的巢穴而不是把热带草原上一个 30 英尺扇面内的猎物彻底消灭干净。即使站在蚁群的外围，队员们还是被爬上脚踝的蚂蚁咬了几下。根据他在 2012 年的到访经历，威尔逊创作了一本精美的小书《永恒之窗：生物学家漫步戈龙戈萨国家公园》（*A Window on Eternity: A Biologist's Walk Through Gorongosa National Park*，后文简称《永恒之窗》），该书配有彩色照片，于 2014 年出版。

威尔逊计划在 2019 年 4 月再次造访戈龙戈萨，在那里花了一个月时间做野外研究。我也打算和他一起在那里待上几个星期。［那些日子里他和凯西·霍顿（Kathy Horton）一起旅行，凯西·霍顿在 2007 年成为他可靠的旅行伙伴，当时他正常的那只眼睛患了白内障，使他甚至连飞机座位都找不到。他做了白内障手术，成功地治好了眼疾，但是霍顿继续协助他。］他已经到达了南非，我也已经接种了疫苗，并准备好了物资。就在这时，一场强大的旋风（在世界上的那个地区是这样称呼飓风的）袭击了莫桑比克。它摧毁了沿海小城贝拉（Beira）90%的地方，包括国际机场，洪水淹没了戈龙戈萨的大部分地区，并使该国有限的公路系统瘫痪。公园关

闭了，这样公园的工作人员就能够用园内的直升机和地面车辆向被
213　完全切断供应的莫桑比克内陆村庄运送食物。新冠病毒的大流行让
2020 年的旅行受限，威尔逊虽然现在已经 90 岁出头了，但仍计划
在下一次可能的时候回到他的"永恒之窗"。

　　威尔逊告诉我，他与戈龙戈萨的接触、他的高中生物学在线教
科书项目、他的生命百科全书以及他最近出版的书，都是为了实现
他在生命的最后几十年里将工作重点放在这一更大的目标上：通过
制作"对地球上其他生命的完整描述"，来推进保护生物多样性这
一事业。他相信，这种努力一定会鼓励人们将自然世界"作为一种
世界文化"来严肃思考，而人类本身就是自然世界的一个组成部
分。世界在变，我们也在变。如果我们摧毁了世界，我们也就摧毁
了自己。我们无法乘着闪亮的白色火箭逃到其他天堂去。威尔逊在
《永恒之窗》的结尾处写道："如何既服务于人类，又服务于其他
生命，是现代社会的巨大挑战。"

　　威尔逊最近对这一挑战的回应是一个雄心勃勃的项目，他称之
为"半个地球"。正如他在 2016 年出版的同名著作中所描述的那
样，"半个地球"项目提出："只有将地球的一半表面交给大自然，
我们才有希望拯救组成地球的大量生命形式……'半个地球'的提
议提供了与问题的严重性相称的第一个紧急解决方案。"[39]威尔逊心
目中的那半个地球是全世界剩余的荒野——要保护大片土地，然后
把小块的地用廊道重新连接起来。威尔逊先前与罗伯特·麦克阿瑟
在岛屿生态学方面的工作，再次为人们理解防止物种灭绝所需的荒
野面积提供了科学依据。

第 13 章

折 纸

为一位在世的人物写传记，你可以去采访他/她；而对于一位
已经过世的传记对象而言，这是一种奢求。我从 2018 年秋天开始
为这本书做研究，那还是在新冠疫情使旅行变得危险之前，我经常
去莱克星顿的布鲁克黑文看望埃德·威尔逊，这是他退休后在马萨
诸塞州生活的社区。埃德和艾琳于 2001 年搬到那里——恰巧是在 9
月 11 日——以免去在自己的家中生活带来的相关琐事。我住在这
座房子的客房里，这便于我在早上采访埃德几个小时，一起休息吃
个午饭，然后下午再工作几个小时。

在 2018 年 11 月的一次访问中，埃德跟我说，第二天中午有个客
人来吃午饭。我说我很想加入他们。他考虑了一会儿，然后同意了。

在那个星期一的早上，我们在威尔逊夫妇的住宅公寓楼前厅会
面，然后在一个种满绿色植物的花园房里休息，从那里可以看到大
楼后面的庭院。因为忙于采访，我们从上午一直工作到午餐时间。
我在收起录音机的时候问埃德，我们要和谁一起吃午饭。

"保罗·西蒙（Paul Simon），"他说，"保罗·西蒙和他弟弟
埃德。"

"那个歌手吗？"我大吃一惊地问。

"是的。我们走吧。"

我们走过大厅，转过一个弯，来到另一个大厅。一路上，埃德解释说，西蒙是他的"半个地球"项目的支持者，该项目旨在拯救世界上仅存的那些未被开发的地区。埃德说："他把上次巡回演唱会的利润捐给了'半个地球'项目。"

我们来到一个小型私人餐厅。我为埃德打开门，然后跟在他后面走进去。西蒙兄弟已经到了，他们坐在一张圆形餐桌的一侧。我打量了一下，直到埃德介绍我，这让我有时间注意到桌子上散落着的十几个或更多的助听器。

我们做了自我介绍。保罗·西蒙穿着一件皮夹克。他头上戴着标志性的软呢帽，帽檐朝向后方。保罗的弟弟和他身高相当、长相相似，戴着一顶棒球帽。"我们把伊迪带来了，她今晚有演唱会，"保罗告诉埃德·威尔逊，"我们想着应该过来见你一面。"伊迪·布里克尔（Edie Brickell）是与保罗·西蒙结婚二十六年的妻子、歌手兼作曲家。西蒙一家住在康涅狄格州。伊迪·布里克尔和她的乐队新波希米亚人（New Bohemians）那天晚上要在波士顿开演唱会。保罗指了指桌子说："你说你的助听器有问题。我们给你带了些新的，你试试看。"

"哎呀，你真是太客气了。"埃德·威尔逊说着，带着亚拉巴马式的礼貌。

"埃德是个优秀的音效师。"保罗·西蒙指着他弟弟补充说。

"我能看看你的助听器吗？"埃德·西蒙问埃德·威尔逊。威尔逊把助听器一左一右地取下来递给他，它们像半个小青豆，上面有透明涂层的电线，弯弯曲曲地连接着锥型入耳式扬声器。

埃德·西蒙研究起它们。他说："这是 T 型的。"

埃德·威尔逊点头道："我已经用了好几年了。"

埃德·西蒙说："自那之后已经有很多改进了。"

就这样过了一会儿。一个服务生走了进来，是个学生，他感到目眩神迷，但还是试着假装不经意。保罗·西蒙想要简单的炒蛋，这没问题。我们用俱乐部的风格点餐，把我们的订单用削尖的铅笔头写在小票据上。服务生离开了。埃德·西蒙整理了他收集的最新式的助听器，挨个儿介绍它们的特点，埃德·威尔逊也一一试戴。我和保罗·西蒙聊天，我们聊到了物理。保罗简短而专业地评价了谐波，说它们很少被提及，但它们对歌曲旋律很重要。我问起了他关于退休的决定——他在前一年夏天为"半个地球"项目捐款而举办了系列演唱会"归途——告别巡回之旅"。他说巡回演唱会中最糟糕的部分就是两场演唱会之间的时间。"我不能和朋友出去吃饭，因为我不能讲话。我得为了演唱会保养嗓子，最终就会像个僵尸一样被困在酒店房间里。"他已经结婚了，也有孩子，却还是感到孤独。5 月 16 日至 6 月 20 日，他走过了 19 个美国城市。6 月 30 日至 7 月 15 日，他拜访了 9 个欧洲城市。如此经年。弗朗西斯·培根曾说："夫人之有妻儿也不啻已向命运典质，从此难成大事，无论善恶。"[①] 他不想这样。

---

① 出自培根《谈结婚与独身》（王佐良译）。——译者注

我们的午餐到了，这次又多了两个服务生帮忙端菜，以获得向人炫耀的资本。埃德·西蒙把他的那些助听器移到一侧。埃德·威尔逊试戴完毕。他最后说："好像都不太合适。"

"你去过纽约吗？"保罗·西蒙问他，"我们在那里有一个特别优秀的听力学家。她能找到一副适合你的。"

"最近没去，"埃德·威尔逊说，"我现在不经常旅行了。"在2018 年，他已经 89 岁了。当然，他的身体和精神仍然充满活力。前一天晚上，在我们去吃晚餐的路上，我注意到一群挂着四支点拐杖或坐着四轮助行车的人在餐厅外徘徊，就像一群乌鸦。埃德对他们不屑一顾。他说他不赞同使用拐杖和助行器。人们一旦习惯于使用它们，就会失去自己的平衡感。这对他来说不是问题，即便他只有一只好用的眼睛。

保罗·西蒙说："那这样吧，为了让你的出行方便一些。我安
217 排辆车送你去机场，然后带你飞往纽约，我会准备一辆车在那里等着你，送你去见一下我们的听力学家，然后再带你飞回来。我会派我的飞机去接送。"

我会派我的飞机去接送。

西蒙在现场听过威尔逊 2007 年度的 TED 获奖演说，比尔·克林顿也在那场颁奖会上致辞。西蒙听了演讲以后很受感动。之后他找到威尔逊，告诉他自己想帮忙。十年后，他在为《纽约时报书评》的"年度回顾"栏目撰写的一篇文章中回忆了那一刻。西蒙写道："我在十年前的一次 TED 会议上听到威尔逊的演讲，他在演讲中提到的关于生态问题的内容此后一直萦绕在我心头。其闪耀着

的乐观主义给了我希望……转述一下他说的话就是：如果我们现在就行动起来保护这个星球，它有可能在下个世纪成为天堂。一个天堂！"[1]

到了 21 世纪的第二个十年，埃德·威尔逊已经成为世界级的科学家和生物多样性活动家。像保罗·西蒙、格雷格·卡尔和演员格伦·克洛斯（Glenn Close）这样的人都找到他，想要为他提供支持。一群医疗技术企业家在 2005 年建立了 E. O. 威尔逊生物多样性基金会以向威尔逊致敬；保罗·西蒙正是向这个组织捐赠了他的演唱会收益。

威尔逊著有 34 本书和超过 433 篇科学论文。凭借《社会生物学》一书，不管争议有多大，他还是创立了一个新的科学研究领域。他在国际上获得了超过 45 个荣誉学位和 150 多个奖项和奖章。他是超过 35 个科学组织和学会的会员、荣誉会员或者外国会员，从英国皇家学会到世界蜻蜓协会，再到探险家俱乐部，不一而足。他在世界各地进行演讲。与此同时，他过着平静的生活并继续探索自然世界，探索这个通过揭示性的实验和新发现的报道折射出来的自然世界。

我写这本传记的部分原因是，我在威尔逊身上看到了一种人类罕见的品质：他从未停止汲取知识或是拓宽视野。当我开始研究威尔逊的生活时，我发现我不是第一个这样认为的人。《纽约时报》的科学记者尼古拉斯·韦德在 1998 年发表的一篇文章中评价了威尔逊不同寻常的成长能力：

218

　　在另一种命运中，威尔逊博士可能是他的家乡亚拉巴马州一位默默无闻的蚂蚁专家。但是在他职业生涯的每个阶段，他都把视线投向外部，试图看看他耕耘的学术领域要如何融入一些更大的体系。很少有学者敢于在自己狭窄的领域之外进行探索，而威尔逊博士一次又一次地创作出原创的综合性著作。[2]

　　匈牙利裔美籍心理学家米哈里·契克森米哈伊（Mihaly Csikszentmihalyi）在他 1996 年出版的《创造力：发现和发明的心理学》（*Creativity : The Psychology of Discovery and Invention*）一书中，对许多科学家一生的创造性成长进行了研究，威尔逊就是其中之一。为此，他对威尔逊进行了详细的采访。那时威尔逊正在撰写《知识大融通》（*Consilience*），还在专注于如何将科学和人文学科统一起来的问题，但此时没有了他引入社会生物学时那种居高临下的感觉。他跟契克森米哈伊说："我看到一幅图景正在形成，在这幅图中，我将对社会科学的基础知识给予更多的关注。"他说，他希望用"生物学家的方法"来"对社会科学的要素进行梳理和重新确定，我认为这些要素是（在这些领域和生物学之间）创建一种融通所需要的"。[3]

　　从那里开始，契克森米哈伊继续询问威尔逊作为一个科学家的成长过程。威尔逊坦率地回应，承认自己有两个基本动机：他对野外研究的热爱——"我可以愉快地把 365 天中的 360 天用在远离人群的地方，你知道的，穿行在热带雨林和我的图书馆之间"——以及他毕生的雄心壮志。"另一件，"他提到那个动机时说道，"是不安全感、野心、控制欲。一位科学家（承认这一点对我而言是一件冒险的事情）想要取得控制，而控制的方法就是去创造知识并拥有它的所有权。"[4]

在他人生的那个时点，他即将从哈佛大学退休，这是一个重大 219 的转变，威尔逊将他一生的成长主要归功于这种控制欲：

> 我想要感觉到自己在掌控之中，我不能被赶出去，我不能被阻止，我将会因为身在其中而得到很好的评价，这就需要控制，而控制意味着野心。它意味着不断地扩大自己的范围，更新、扩展、创新。[5]

契克森米哈伊评论道："这些就是现在心理学术语所说的匮乏性动机，是基于为弥补早期不良经历所做的努力。"[6]威尔逊对自然的热爱当然是这种驱动力的另一个引擎，正如他在谈到控制后向契克森米哈伊承认的那样："我认为，是这些驱动力的结合造就了一位重要的科学家。"[7]

十年后，平衡发生了变化：威尔逊对自己的信心大大增强了。1996 年从哈佛大学退休后，他有了更多的时间来写作。从那一年到 2020 年，威尔逊出版了很多书，他的书都很受欢迎，其中有几本还是《纽约时报》的畅销书。他告诉我，他喜欢写作，甚至为了好玩，撰写了一部小说《蚁丘》（Anthill）。该书于 2010 年出版，讲述了一个小男孩找到了从开发商手中拯救亚拉巴马州一片未开发地区的办法，他还编写了一个在一群会说话的蚂蚁中生活的寓言故事，以及一场激烈的、旷日持久的争斗。他的著作和奖金让他还算富有，足以维持在布鲁克黑文的生活，艾琳现在在那里接受长期护理，他还为哈佛大学的一个教职和一个研究生项目提供资助。

　　然而，他一点也没有放慢脚步。新冠疫情将他限制在布鲁克黑文：他每天在自己的公寓里独自研究到下午 3 点，然后去陪艾琳，一年 365 天里的 360 天都是这样度过的。他正在整合另一个宏大的综合理论，这是迄今为止最宏大的一个：要将庞大而分散的生态系统研究体系整合起来，精心打造成一个总体理论。"我翻阅了过去十年发表在《自然》和《科学》上的所有论文，"他在我们的一次例行通话中告诉我，"把任何看起来相关的研究报告都撕下来，堆在我的桌子上。"他也会寻找其他针对更专门领域的期刊。然后，他会坐在自己的办公桌边通读这些论文，用他的草书小字在黄色笔记簿上做笔记，一页又一页，边听音乐边思考，找出模式然后写下来。

　　在疫情把我们彼此隔离之前，有一天，我和埃德坐在布鲁克黑文的花园房里，他坐在沙发上，背对着庭院的窗户，我坐在他对面的扶手椅上。他的头发很久以前就全白了；他仍然梳理着像男孩子一样的头发，一绺桀骜不驯的头发垂在右边太阳穴旁。他高大瘦削、双腿修长、皮肤晒得很黑，90 岁高龄的他当时仍几乎不知疲倦，如果你没注意到他表情中的热情和智慧，可能会误以为他就是山姆大叔。院子里的太阳光在他的肩膀和头顶上形成了一圈光晕。

　　我不记得话题是怎么开始的了。我们可能正在谈他的生态系统研究，因为这些研究在他心中是最重要的。十年的《自然》和

220

《科学》堆积如山。总之，埃德把手伸到身后，从他后面的口袋里摸了摸，掏出一块叠得整整齐齐的白手帕。"看。"他说。

我的录音机没有开——我对录音设备很不擅长——所以我无法在这里进行准确的转述。但是我记得发生了什么，记得他说的要点，这也是我这辈子见过的最特别的演示。

埃德抖开他的手帕，铺成一块平坦的白布。他可能是在演示，一个被火山喷发灭绝生物后的岛开始重新出现生物体时会发生什么。或者他可能是在演示 30 亿年前，当第一批生物体以某种方式在早期地球的浅滩上存活时发生了什么。他说："我一直在研究折纸，就是把纸折起来。"然后他说（现在我转述一下），"第一个上岸的生物拥有整个环境。但是之后"——他捏起手帕的一角——"第二个生物体到来了。它们不得不相互联系、相互适应"。他捏起更多手帕也折叠起更多层。"再来一个"——折叠——"再来一个"——折叠，现在更难握住了，因为折叠带来的褶皱的高处和低处开始倍增——"然后再来一个。复杂的事情层出不穷：生物体区分领地，找到足够的食物，繁殖，限制繁殖，在足够的空间和过剩的生物体之间改变行为，进化出新的器官和占据新的生态位，捕食，觅食，繁荣，走向灭绝"。平坦的手帕已经成为一个由山谷、平原、山峰、山脊和平地组成的小世界，生机勃勃。没有任何撕裂或破损。所有的一切都互相关联。一张扁平的能量折叠成复杂的结构。

"我在研究折纸中的数学，"埃德总结道，"我觉得这也许可以让我模拟出生态系统是如何形成的。"

而我当时或者之后在想——可能是之后——在那个阳光灿烂的花园房里，埃德·威尔逊把他的手帕折叠成一个世界时，我因太过目眩神迷而无法思考，埃德也一样。从他出生时的一张白纸（啊，但已经有一些基因刺绣在上面了）到他童年时的起步，再到他的科学领域不断扩大，在他的一生中，褶皱越来越复杂，其间也有山谷、山脊、山峰和平地。他的一生就是他科学突破的模型和完全形态。我们的身体，我们的身心，通过每一个毛孔吸入世界，将它向内嵌入意义。他这样做了，而且他还会继续这样做，直到生命的最后一刻。

埃德说："好了，我们去吃午饭吧。你得到你需要的东西了吗？"

致　谢

首先，我要特别感谢阿尔弗雷德·P. 斯隆基金会的负责人，223尤其是多伦·韦伯（Doron Weber），感谢他们再次支持我的工作。我希望这本书符合他们的高标准要求。

在我开始调研的前六个月里，爱德华·O. 威尔逊亲自接受了我长时间的面对面采访。后来新冠疫情导致我们无法见面，我只好通过电话进行采访。他始终如一耐心地提供信息，并慷慨地留出他的时间。我们一致认为，他应该阅读手稿以确保事实的准确性，他也这样做了。除此之外，我对自己可能要写的东西没有做任何限制：这是一部合作传记，而不是官方传记。埃德的助手凯西·霍顿也为这项工作提供了便利，包括她亲自坐下来接受了一次电子邮件采访。

我的一位老朋友，传记作家兼科学记者维克托·麦克尔赫尼，有一天出现在布鲁克黑文养老社区的走廊上，令我大为惊讶的是，他竟然也住在这儿。这样一来，维克托给我提供了关于吉姆·沃森的生活和工作的宝贵见解，因为他写过这个人的传记。这个世界真小啊。

埃德曾经的学生丹·森伯洛夫本人拥有长期而杰出的学术生涯，他活灵活现地重现了他与埃德共同在佛罗里达群岛的"红树林喀拉喀托岛"进行创造性实验时的冒险经历。如果没有他，我永远 224

不会知道他们共同的科学工作，即用划艇的桨敲打鲨鱼的鼻子来赶走鲨鱼。

瑞安·费伦和斯图尔特·布兰德帮助我了解他们为记录地球上每一种生命体的存在所做的开拓性努力，这条小溪和其他河流一起最终汇入了强大的生命百科全书。

斯坦福大学图书馆员迈克·凯勒（Mike Keller）一直为我提供大学图书馆的设施，这是对学术的一种服务，也是一种极大的善意。珍妮弗·迪尔（Jennifer Dill），这个可爱的人儿，使我不至于陷入昏睡。

我在詹克洛内斯比特联合公司（Janklow & Nesbit Associates）的长期经纪人安妮·西巴尔德（Anne Sibbald）以她一贯的智慧和技巧与双日出版社（Doubleday）进行了协商安排。在我们一起工作的这些年里，安妮已经成为我珍视的朋友。这是我在双日出版社和格里·霍华德（Gerry Howard）合作的第二本书——第一本是《海蒂的怪念头》（Hedy's Folly）——遗憾的是，这是我与格里合作的最后一本书，他已于 2020 年底退休。托马斯·格布雷梅丁（Thomas Gebremedhin）挺身而出，完成了这部威尔逊传记的出版。

金杰·罗兹（Ginger Rhodes）阅读了每一章，并基于她作为临床心理学家的长期经验给我提出了建议。她是我结发三十多年的妻子、我心爱之人，也是我最好和最亲密的朋友。

注 释

※ 第1章　标本时光

1. Wilson (2013), p.45.

2. Ibid, pp.24–25.

3. Wilson (1994), p.71.

4. Wilson (2013), pp.45–46.

5. Wilson (1994), p.44.

6. 威尔逊写给艾琳的信，1955 年 3 月 23 日。威尔逊写给未婚妻的信件未出版。

7. 威尔逊写给艾琳的信，1954 年 11 月 26 日。

8. 威尔逊给艾琳的明信片，1954 年 11 月 29 日。

9. Wilson (1994), pp.165–66.

10. 威尔逊写给艾琳的信，1954 年 12 月 2 日。

11. 同上。

12. 威尔逊写给艾琳的信，1954 年 12 月 3 日。

13. The Resolution Journal of Johann Reinhold Forster (online).

14. 威尔逊写给艾琳的信，1954 年 12 月 6 日。

15. 威尔逊写给艾琳的信，1954 年 12 月 7 日。

16. 威尔逊写给艾琳的信，1954 年 12 月 9 日。

17. Wilson (2013), p.44.

18. 威尔逊写给艾琳的信，1954 年 12 月 13 日。

226　19. 同上。

20. 威尔逊写给艾琳的信，1954 年 12 月 24 日。

21. 威尔逊写给艾琳的信，1954 年 12 月 25 日。

22. 威尔逊写给艾琳的信，1954 年 12 月 25 日。

23. 威尔逊写给艾琳的信，1954 年 12 月 18 日。

24. 威尔逊写给艾琳的信，1954 年 12 月 24 日。

25. Wilson (1994), p.174.

26. 威尔逊写给艾琳的信，1954 年 12 月 28 日。

27. 威尔逊写给艾琳的信，1955 年 1 月 8 日。

28. 同上。

29. 同上。

30. James A. Michener, "Return to the South Pacific," *Los Angeles Times*, 19, Oct.1986 (online).

31. 威尔逊写给艾琳的信，1955 年 1 月 8 日。

32. 同上。

33. 威尔逊写给艾琳的信，1955 年 1 月 10 日。

34. Wilson (1994), p.175.

35. 威尔逊写给艾琳的信，1955 年 1 月 12 日。

36. 威尔逊写给艾琳的信，1955 年 1 月 9 日。

37. 威尔逊写给艾琳的信，1955 年 1 月 13 日。

38. 威尔逊写给艾琳的信，1955 年 1 月 15 日。

39. 威尔逊写给艾琳的信，1955 年 1 月 16 日。

40. 威尔逊写给艾琳的信，1955 年 1 月 5 日。

41. 威尔逊写给艾琳的信，1955 年 1 月 4 日。

42. Wilson (2013), p.38.

43. 威尔逊写给艾琳的信，1955 年 3 月 2 日。

44. 威尔逊写给艾琳的信，1955 年 1 月 21 日。

45. Brown and Wilson (1959), p.29.

46. 威尔逊写给艾琳的信，1955 年 1 月 18 日。

47. 威尔逊写给艾琳的信，1955 年 1 月 19 日。

48. Taylor (1978).

49. 威尔逊写给艾琳的信，1955 年 2 月 15 日。

50. 威尔逊写给艾琳的信，1955 年 2 月 21 日。

51. 威尔逊写给艾琳的信，1955 年 3 月 4 日。

52. 威尔逊写给艾琳的信，1955 年 3 月 6 日。

53. Max Roser, "Ethnographic and Archaeological Evidence on Violent Deaths," in *Our World in Data* (online).

54. 威尔逊写给艾琳的信，1955 年 3 月 9 日。

55. 同上。

56. 威尔逊写给艾琳的信，1955 年 3 月 11 日。

57. 威尔逊写给艾琳的信，1955 年 3 月 12 日。

58. 威尔逊写给艾琳的信，1955 年 3 月 31 日。

59. 威尔逊写给艾琳的信，1955 年 4 月 4 日。

60. 威尔逊写给艾琳的信，1955 年 3 月 31 日。

61. 威尔逊写给艾琳的信，1955 年 4 月 2 日。

62. 威尔逊写给艾琳的信，1955 年 4 月 3 日。

63. 威尔逊写给艾琳的信，1955 年 4 月 7 日。

64. 威尔逊写给艾琳的信，1955 年 4 月 8 日。

65. 威尔逊写给艾琳的信，1955 年 4 月 12 日。

66. 威尔逊写给艾琳的信，1955 年 4 月 14 日。（该信写于 4 月 13 日，

227

但邮戳显示为 4 月 14 日。——译者注）

67. 威尔逊写给艾琳的信，1955 年 4 月 18 日。

68. 引自威尔逊写给艾琳的信，1955 年 4 月 23 日。

69. Wilson (1958a).

70. 威尔逊写给艾琳的信，1955 年 6 月 2 日。

71. 威尔逊写给艾琳的信，1955 年 6 月 4 日。

72. 威尔逊写给艾琳的信，1955 年 8 月 10 日。

73. 威尔逊写给艾琳的信，1955 年 7 月 23 日。

74. 威尔逊写给艾琳的信，1955 年 7 月 30 日。

75. 同上。

76. 威尔逊写给艾琳的信，1955 年 8 月 26 日。

77. 威尔逊写给艾琳的信，1955 年 8 月 30 日。

78. 威尔逊写给艾琳的信，1955 年 9 月 7 日，提到"伦敦（还在这儿！）"。他说，他"每天都在各航空公司待命"。9 月 3 日，他说买到 9 日的票的可能性"很大"。这一系列信件到此为止；在《博物学家》（第 200 页）中，威尔逊回忆自己在"9 月 5 日"飞回了纽约。

79. Wilson (1994), p.200.

80. Ibid., p.56.

※ 第2章　失落的世界

1. Wilson (1994), pp.5–6.

2. Ibid., p.6.

3. Herman Melville, *Moby-Dick*, chap.42, "The Whiteness of the Whale" (online).

4. Wilson (1994), p.6.

5. Ibid.

6. Pinfish (Lagodon Rhomboides), Texas Parks and Wildlife Department pamphlet (online).

7. Wilson (1994), p.13.

8. Ibid., pp.13–14.

9. Ibid., p.14.

10. Ibid., p.17.

11. Melville, *Moby-Dick* (online).

12. Wilson (1994), pp.11–12.

13. Ibid., p.52.

14. Ibid.

15. Ibid., p.40.

16. Ibid., p.56.

17. Doyle (1912, 1998), p.21.

18. Wilson (2013), p.95.

19. Mann (1934).

20. Ibid., p.171.

21. Wilson (2013), p.96.

22. Wilson (1994), p.149.

23. Olmstead Brothers (1918), p.1.

24. Wilson (1994), p.58.

25. Regnier and Wilson (1968).

26. Wilson (1994), pp.59–60.

27. Ibid., pp.56–57.

228

28. Wilson (2013), p.98.

29. Ibid.

30. Wilson and Harris (2012), pp.95–96.

31. Wilson (1994), p.71.

32. Wilson (2003b).

33. Wilson (2020), p.51.

34. Ibid., p.54.

35. Wilson (1994). p.71.

36. Ibid., p.73.

37. Ibid., pp.73–74.

38. Ibid., p.75.

39. Ibid., pp.77–79.

40. Ibid., p.42.

41. Ibid.

42. Ibid., pp.42–43.

43. Ibid., p.43.

44. Ibid., pp.91–92.

45. Ibid., p.93.

46. Ibid., p.15.

47. Ibid., p.41.

48. Ibid., p.97.

49. Ibid., p.98.

50. Wiltse (1967), p.25.

51. Wilson (1994), p.98.

52. Ibid., pp.98–99.

53. Ibid., p.101.

54. Ibid., p.109.

55. Ibid., p.113.

56. Ibid., p.111.

57. Ibid., p.110.

※ 第3章 自然选择

1. Darwin (1859), p.5.   229

2. 达尔文写给赫胥黎的信, 1895 年 11 月 25 日, 引自 *Darwin Correspondence Project* (online).

3. Huxley (1908), lecture six (online).

4. Louis Agassiz (1874), *The Structure of Animal Life*, 3rd ed. (New York: Scribner, Armstrong), p.118.

5. Henri Bergson (1911), *Creative Evolution* (New York: Henry Holt), passim.

6. Darwin (1859), p.8.

7. Winther (2001), p.429.

8. Darwin (1868), vol. II, p.472, quoted in Winther (2001), p. 447.

9. Darwin (1859), p.5.

10. "Partial Radiogenic Heat Model for Earth Revealed by Geoneutrino measurements," *Nature Geoscience* 4 (Sept. 2011):647–51.

11. Darwin (1859), p.282.

12. Darwin (1868), vol. II, p.357.

13. Ibid., p.358.

14. 达尔文写给赫胥黎的信，1865 年 7 月 17 日，引自 *Darwin Correspondence Project* (online).

15. Darwin (1868), vol. II, p.374.

16. 引自 Sandler and Sandler (1986), p.775。

17. Bradbury (1989), p.282.

18. Flemming (1880, 1965), p.7.

19. Paweletz (2021), p.74.

20. Flemming (1880, 1965), p.9.

21. Poulton (1894), pp.126–27. Bowler (1983), p. 77 非常有效地引用了这段论述。

22. Sandler and Sandler (1986), p.754.

23. Ibid., p.755.

24. Larson (2004), p.223.

25. Mayr and Provine, eds. (1980, 1998), p.7.

26. Ibid., p.10.

27. Thomas Hunt Morgan, quoted in ibid.

28. Wilson (2013), pp.205–6.

29. Wilson (1994), p.116.

30. Ibid., p.117.

31. Ibid., p.130.

32. Wilson (2013), p.119.

33. Ibid.

34. William L. Brown, Cornell University Faculty Memorial Statement (online).

230

35. Wilson (1994), p.132.

36. Ibid.

37. Lenfield (2011) (online).

38. "The Origin and Evolution of Polymorphism in Ants," reprinted in Wilson (2006c), pp.19–41.

39. Wilson (1994), p.125.

40. Ibid., p.124.

41. Ibid., pp.126–27.

42. Wilson (2013), pp.24–25.

43. Wilson (1994), p.142.

44. Ibid., p.143.

45. Wilson (1992), p.410.

46. Claudia Dreifus, "A Conversation with E. O. Wilson," *New York Times*, 29 Feb. 2016.

47. 威尔逊写给艾琳的信，1955 年 3 月 28 日。

48. Wilson (1994), p.219.

※ 第4章 集邮者与快枪手

1. Wilson (1994), p.224.

2. Ibid., p.44.

3. Schrödinger (1944,1967).

4. Wilson (1994), p.44.

5. Harwood (1994), p.2.

6. Ernst Mayr, as paraphrased in Harwood (1994), p.2.

7. "The Nobel Prize in Physiology or Medicine 1962, Perspectives: What Is Life?" www.nobelprize.org (online).

8. Watson (2017), p.33.

9. Schrödinger (1944,1967), p.21.

10. Ibid., pp.60–61.

11. Crick (1988), p.18.

12. Wilson (1994), p.223.

13. Lederberg (1994), p.424.

14. Gunther S. Stent, "Introduction: Waiting for the Paradox," in Cairns, Stent, and Watson, eds. (1966), p.5.

15. Watson (2017), p.38.

16. Watson, quoted in McElheny (2003), p.280.

17. Hershey and Chase (1982); Stahl (2001), p.3.

18. Watson (2017), p.46.

19. Ibid., pp.50–51.

20. Watson and Crick (1953).

21. Wilson (1994), p.225.

22. Ibid., pp.220–21.

23. Dietrich (1998), p.85.

24. Wilson (1994), p.222.

25. Ibid., p.232.

26. Ibid., p.219.

27. Ibid.

28. Ibid., p.202.

29. Ibid., p.221.

30. Ibid., p.225.

31. Crick (1966), pp.14–15.

231

32. Wilson (2013), p.224.

33. Wilson (1994), p.226.

34. Wilson (2013), pp.224–25.

35. Ibid., p.225.

36. Wilson (1994), p.232.

37. Ibid., p.33.

※ 第5章 会说话的信息素

1. Parent (2003).

2. Forel (1908), p.98.

3. Karlson and Lüscher (1959), p.55.

4. Wilson (2020), p.88.

5. Ibid., p.90.

6. Wilson (1963), p.103.

7. Wilson (2020), p.91.

8. Ibid., p.92.

9. Ibid., pp.92–93.

10. Ibid., p.93.

11. Ibid., pp.93–94.

12. Ibid., p.94.

13. Wilson (2013), p.199.

14. Walsh et al. (1965), p.321.

15. Emerson (1865,1876), p.225.

16. Wilson (2013), p.200.

17. Wilson (1959), p.644.

18. Wilson (2013), p.200.

19. Ibid.

20. Walsh et al. (1965).

21. Ibid., p.321.

22. Wilson (1963), pp.105–6.

23. Vander Meer et al. (1981).

24. Wilson (2013), pp.200–201.

25. 与威尔逊的私人交流。

26. Wilson (1963), p.105.

27. Wilson (2020), p.156.

28. Wilson et al. (1958), p.109.

232   29. Ibid., pp.109–10.

30. Ibid., p.110.

31. Wilson (2020), pp.156–57.

32. Ibid., p.157.

33. Ibid.

34. Wilson (1963), p.105.

35. Wray (1670), p.2065.

36. Vander Meer (1983).

37. Wilson (2020), pp.99–100.

※ 第6章　群岛

1. Wilson (1994), p.232.

2. Programs planned for AAAS New York Meeting, *Science*, n.s. 132 (4 Nov. 1960), p. 1323.

3. Wilson (1994), p.238.

4. Wilson (2013), p.220.

5. Toomey (2012).

6. *Time* 50 (8 Sept. 1947): 62.

7.《万宝路学院缅怀约翰·麦克阿瑟》，万宝路学院网站，2017 年 1 月 27 日（在线）；与万宝路学院数据库管理员杰米·哈维（Jamie Harvey）的私人交流，2020 年 5 月 15 日。

8. Kaspari (2008), p.449.

9. Ibid.

10. 请见 MacArthur (1958) 中对完整论文进行的期刊要求长度的摘要。

11. Hutchinson (1957).

12. Kaspari (2008), p.455.

13. Lack (1947,1983).

14. Wilson (1994), p.253.

15. Ibid., p.254.

16. Ibid.

17. Sleigh (2007), p.191.

18. Dobzhansky (1937).

19. Dobzhansky (1964), p.443.

20. Ibid.

21. Ibid., p.445.

22. Ibid., p.447.

23. Wilson (1994), p.237.

24. Wilson (2013), p.221.

25. MacArthur (1958), p.600.

26. Wilson (2013), pp.225–26.

27. Ibid., p.226.

28. Ibid., p.227.

233　29. MacArthur and Wilson (1963), p.376.

30. McGuinness (1984), pp.429–30.

31. Diamond (1975), p.129.

32. Wilson (2013), p.227.

33. Hamilton (1964).

34. Ibid., p.1.

35. Ibid., p.16.

36. MacArthur and Wilson (1963), p.383.

37. Wilson and Simberloff (1969), pp.269–70.

38. Ibid., p.272.

39. Ibid., p.276.

40. Ibid., p.275.

41. Ibid., p.278.

42. Wilson and MacArthur (1967).

43. MacArthur and Wilson (1994), p.256.

44. Wilson (1994), p.257.

※　第7章　全部的收获

1. Wilson (1994), p.219.

2. Ibid., p.223.

3. Ibid., p.224.

4. Ibid.

5. Nan Robertson, "Love and Work Now Watson's Double Helix," *New York Times*, 26 Dec. 1980, p.A24.

6. Wilson (1994), p.222.

7. Ibid., p.224.

8. Quated in Bernstein (1980), pp.44–45.

9. Wilson, Carpenter, and Brown (1967).

10. Ibid., p.10.

11. Taylor (1978).

12. Wilson, Carpenter, and Brown (1967), p.17.

13. Wilson (1971), p.1.

14. Ibid.

15. Darwin (1881), p.144.

16. Wilson (1971), p.1.

17. Hölldobler and Wilson (1990), pp.534–46.

18. Ibid., p.547.

19. Ibid., p.549.

20. Wilson (1971), p.56.

21. Ibid.

22. T. C. Schneirla (1956), "The Army Ants," in *Report of the Smithsonian Institution for 1955*, pp.379–406, quoted in Wilson (1971), p.56.

23. Ibid., p.58.

24. Wilson (1971), pp.71–72.

25. Hölldobler and Wilson (1990), p.55.

26. Ibid., p.51.

27. Ibid., p.3.

28. Ibid., p.87.

29. Wilson (1971), p.27.

30. Ibid., p.157.

31. Ibid., p.163.

32. Ibid., p.165.

33. Ibid., p.163.

34. Ibid., p.224.

35. Ibid.

36. Ibid., pp.228–29.

37. Ibid., p.231.

38. Heylighen (2011–12), p.2.

39. Google Scholar search.

40. Polanyi (1962), p.12.

41. Ibid., p.2.

42. Wilson (1994), p.309.

43. Kessler and Rawlins (2016).

44. Wilson (1994), p.309.

45. Ibid.

46. Ibid., p.311.

47. Wilson (1975), p.4.

48. Wilson (1994), p.312.

49. Wilson (1971), p.458.

※ 第8章 矛盾

1. Wilson (1994), p.315. 威尔逊将他读到这个观点的时间记为 1965 年春天，但是他把汉密尔顿的论文发给丹·森博洛夫的时间让我们可以确认他在 1964 年 7 月这篇文章发表后不久就读到了它。

2. Wilson (1994), p.319.

3. Hamilton (1964).

4. Wilson (1994), p.319.

5. Hamilton (1964), p.16.

6. Wilson (1994), p.319.

7. Ibid., pp.319–20.

8. Ibid., p.320.

9. Ibid.

10. Ibid.

11. Hamilton (1996), p.25.

12. Ibid., p.29.

13. Quoted in Segerstråle (2013), p.86.

14. Hamilton (1996), p.29.

235

15. Ibid., pp.29–30.

16. Wilson (1994), pp.320–21.

17. Wilson (1978a), p.xi.

18. Dreifus (2019).

19. Caplan, ed. (1978), p.3.

20. Wilson (1971), p.458.

21. Wilson (1994), p.323.

22. Ibid.

23. Ibid., p.324.

24. Wilson (1975), p.3.

25. Ibid.

26. Ibid.

27. Ibid.

28. *Odyssey*, book 11, line 593.

29. Wilson (1974), p.4.

30. Ibid.

31. Ibid.

32. Ibid.

33. Wilson (2003b).

34. Wilson (1975), p.16.

35. Ibid., pp.16–19.

36. Ibid., p.30.

37. Ibid., p.31.

38. Ibid., p.38.

39. Ibid., p.43.

40. R. D. Alexander and T. E. Moore (1962), "The Evolutionary Relationships of 17-Year and 13-Year Cicadas, and Three New Species (Homoptera, Cicadidae, Magicicada)," *Miscellaneous Publications, Museum of Zoology, University of Michigan* 121:39, quoted in Wilson (1975), pp.42–43.

41. Wilson (1975), p.54.

42. Fig.3–14 in ibid., p.61.

43. Ibid., p.167.

1. Wilson (1975), p.547.

2. Ibid., pp.547–48.

3. Ibid., p.548.

4. Ibid.

5. Ibid.

6. Ibid.

7. Ibid., pp.574–75.

8. Ibid., p.575.

9. Ibid.   236

10. Ibid.

11. Ibid.

12. Ibid.

13. Albert Camus (1955), *The Myth of Sisyphus and Other Essays* (New York: Knopf), p.6, quoted in Wilson (1975), p.575.

14. Wilson (1975), p.575.

15. Boyce Rensberger, "Sociobiology: Updating Darwin on Behavior," *New York Times*, 28 May 1975, pp.1, 52.

16. Segerstråle (2000), pp.18–19.

17. Segerstråle (2000), p.18.

18. Bonner (1975), p.129.

19. Segerstråle (2000), pp.19–20.

20. Quoted in ibid., p.19.

21. Heidi Benson, "New York Review of Books' Robert Silvers," *SF Gate*, 9 Nov. 2008 (online).

22. "epigenetic, adj. and n.," OED.

23. *NYRB*, 13 Nov. 1975 (online).

24. Klehr (1988).

25. Segerstråle (2000), p.18.

26. Dreifus (2019) (online).

27. Wilson (1994), p.339.

28. Wilson (1975), p.4.

29. Segerstråle (2000), p.15.

30. Ibid., pp.39–40.

31. Wilson (1994), p.339.

32. Segerstråle's words, paraphrasing Gould, in Segerstråle (2000), p.24.

33. Quoted in Frankel (1979) (online).

34. Wilson (1994), pp.344–45; Segerstråle (2000), pp.43–44.

35. Segerstråle (2000), p.44.

36. Wilson (1994), p.339.

37. Ibid.

38. Wilson (1975), p.559.

39. *NYRB*, 11 Dec. 1975 (online).

40. "The Politics in a Debate Over Sociobiology," *New York Times*, 9 Nov.1975, p.212.

41. Jumonville (2002), p.587.

42. Jumonville (2002), p.587.

43. Polderman, Benyamin, et al. (2015).

44. Wilson (1994), p.339.

45. Wilson (1978b), p.x.

※ 第10章 深层事物

1. Wilson (1978b), pp.2–3.   237

2. Eliot (1932), pp.24–25.

3. Wilson (1978b), p.5.

4. Ibid.

5. Ibid., p.6.

6. Oppenheimer (1964), p.3.

7. Wilson (1978b), pp.6–7.

8. Ibid., pp.21–22.

9. Ibid., pp.22–23.

10. Ibid., p.23.

11. Ibid., p.47.

12. Ibid., p.169.

13. Ibid.

14. Ibid., pp.170–71.

15. Ibid., p.172.

16. Ibid., p.175.

17. Ibid., p.183.

18. Ibid., pp.185–86.

19. Ibid., p.188.

20. Wade (1976), p.1155.

21. Wilson (2013), pp.70–71.

22. Segerstråle (2000), pp.21–22; Klehr (1988), p.88.

23. Chagnon (2013), p.382.

24. Ibid., p.383.

25. Richard D. Alexander, review of Sahlins (1976), in *American Anthropologist* 79 (1977): 917.

26. Sahlins (1976), p.10.

27. Chagnon (2013), p.384.

28. Ibid.

29. Wilson (1994), pp.347–48.

30. https://nationalmedals.org/laureate/edward-o-wilson.

31. Chagnon (2013), p.385.

32. Ibid., pp.385–86.

33. Ibid., p.386.

34. Ibid.

35. Wilson (1994), p.348.

36. Segerstråle (2000), p.23. 该团体曾于 1974 年在芝加哥大学对另一名学者，政治科学家爱德华·C. 班菲尔德（Edward C. Banfield），说过同样的话。见 "Protesters Disrupt Prof's U. of C. Talk," *Chicago Sun-Times*, 21 March 1974, p.102。

37. Wilson (1994), p.348.

38. Chagnon (2013), p.387.

39. Wilson (1994), p.349.

40. Ibid.

41. "Sociobiology Baptized as Issue by Activists," *Science* 199: 955.

42. Ibid.

※ 第11章 跨出这一步

1. *New York Times Book Review*, 14 Jan.1979, cited in "biophilia," OED.

2. Wilson (1994), p.355.

3. Ibid., p.356.

4. Ibid.

5. Myers (1980), p.v.

6. Wilson (1994), p.357.

7. Myers (1999) (online).

8. Myers (1980), p.15.

9. Wilson (1994), p.357.

10. Ibid., p.354.

11. "Resolutions for the 80s," *Harvard Magazine* 82, no.3 (Jan.-Feb.):21, reprinted in Wilson (2006b), p.618.

12. Wilson (1994), p.357.

13. "Conservation of Tropical Forests," *Science* 213 (Sept.1981), p.1314.

14. Wilson (1992), pp.3–4.

15. Ibid., p.4.

16. Wilson (1988), p.9.

17. Thomas Lovejoy, Center for Biodiversity and Sustainability Website, George Mason University (online).

18. Laurance et al. (2011), p.58.

19. Wilson (1984), p.25.

20. Lovejoy, Center for Biodiversity and Sustainability Website (online).

21. Wilson (1985).

22. Ibid., p.700.

23. Stork (2018), p.31.

24. Wilson (1985), p.700.

25. Ibid., p.701.

26. Ibid., p.702.

27. Ibid.

28. Ibid., p.703.

29. Ibid., p.704.

30. Ibid., pp.704–5.

31. Ibid., p.705.

※ 第12章　重现林奈

1. Wilson (1988), p.v.

2. Ibid., pp.13–14.

3. Ibid., p.14.

4. Ibid.

5. Raven and Wilson (1992), p.1100.

6. Quoted in David Pogue, "Pogue's Posts," *New York Times*, 23 Oct. 2008.

7. Eisner, Lubchenco, Wilson, et al. (1995), p.1231.

8. 私人交流，2020 年 12 月 9 日。

9. Ibid.

239

10. Wilson (2003a), p.77.

11. Ibid., pp.77–78.

12. Quoted in Pogue, "Pogue's Posts."

13. www.ted.com/talks/e_o_wilson_my_wish (online).

14. Quoted in Powell (2014) (online).

15. Quoted in ibid.

16. Tschinkel and Wilson (2014), p.442.

17. Wilson (1991), p.13.

18. Ibid.

19. Ibid., pp.13–14.

20. Ibid., p.14.

21. Wilson (2003b).

22. Quoted in Csikszentmihalyi (1996, 2013), pp.273–74.

23. Segerstråle (2000), p.314.

24. Charles Darwin, *On the Origin of Species*, quoted in Herbers (2009), p.214.

25. Wilson and Wilson (2007), p.331.

26. Ibid., p.334.

27. Ibid., p.328.

28. Wilson and Hölldobler (2005b), p.13369.

29. Ibid.

30. Ibid.

31. Nowak, Tarnita, and Wilson (2010).

32. Birch (2014), p.381.

33. Quoted in Johnson (2011) (online).

240

34. Quoted in ibid.

35. Gintis (2012), p.987.

36. Wilson and Wilson (2007), p.336.

37. *Harvard Gazette*, 25 Aug.2010.

38. Wilson and Wilson (2007), p.345.

39. Wilson (2016), p.3.

※ 第13章 折纸

1. Paul Simon, "The Year in Reading," *New York Times Book Review*, 19 Dec. 2016.

2. Nicholas Wade, "Scientist at Work: From Ants to Ethics," *New York Times*, 12 May 1998, p.74.

3. Quoted in Csikszentmihalyi (1996), pp.266–67.

4. Quoted in ibid., p.269.

5. Quoted in ibid.

6. Ibid., p.267.

7. Quoted in ibid., p.269.

参考文献

Albury, W. R. (1980). "Politics and Rhetoric in the Sociobiology Debate." *Social Studies of Science* 10: 519–36.

Alcock, John (2001). *The Triumph of Sociobiology.* Oxford, U.K.: Oxford University Press.

Altmann, Stuart A. (1962). "A Field Study of the Sociobiology of Rhesus Monkeys, *Macaca Mulatta.*" *Annals of the New York Academy of Sciences* 102: 338–435.

Ann Arbor Science for the People Editorial Collective (1977). *Biology as a Social Weapon.* Minneapolis: Burgess Publishing Company.

Arrhenius, Olof (1921). "Species and Area." *Journal of Ecology* 9, no. 1: 95–99.

Avery, Oswald T., Colin M. MacLeod, and Maclyn McCarty (1944). "Studies on the Chemical Nature of the Substance Inducing Transformation of Pneumococcal Types: Induction of Transformation by a Deoxyribonucleic Acid Fraction Isolated from Pneumococcus Type III." *Journal of Experimental Medicine* 79, no. 2: 137–58.

Axelrod, Robert, and William D. Hamilton (1981). "The Evolution of Cooperation." *Science* 211: 1390–96.

Ayala, Francisco J. (1985). *Theodosius Dobzhansky Biographical Memoir.* Washington, D.C.: National Academy of Sciences (online).

Bennett, Drake (2005). "The Evolutionary Revolutionary" [Robert Trivers]. *Boston Globe,* 27 March (online).

Berenbaum, May R. (2014). "Thomas Eisner 1929–2011." *Biographical Memoirs of the National Academy of Sciences.* Washington, D.C.: National Academy of Sciences.

Bernstein, Jeremy (1980). *Hans Bethe, Prophet of Energy.* New York: Basic Books.

Birch, Jonathan (2014). "Hamilton's Rule and Its Discontents." *British Journal of the Philosophy of Science* 65: 381–411.

Bonner, John Tyler (1975). Review of *Sociobiology: The New Synthesis,* by Edward O. Wilson. *Scientific American* 233, no. 4: 129–32.

Bowler, Peter J. (1983). *The Eclipse of Darwinism: Anti-Darwinian Evolution Theories in the Decades Around 1900.* Baltimore: Johns Hopkins University Press.

Bradbury, S. (1989). "Landmarks in Biological Light Microscopy." *Journal of Microscopy* 155, no. 3: 281–305.

Brown, Gerald E., and Sabine Lee (2009). "Hans Albrecht Bethe 1906–2005." *Biographical Memoirs of the National Academy of Sciences.* Washington, D.C.: National Academy of Sciences.

Brown, William L., Jr., and Edward O. Wilson (1959). "The Evolution of the Dacetine Ants." *Quarterly Review of Biology* 34: 278–94.

Burleigh, Michael (1994). *Death and Deliverance: 'Euthanasia' in Germany c. 1900–1945.* Cambridge, U.K.: Cambridge University Press.

Cairns, John, Gunther S. Stent, and James D. Watson, eds. (1966). *Phage and the Origins of Molecular Biology.* Cold Spring Harbor, N.Y.: Cold Spring Harbor Laboratory of Quantitative Biology.

Calhoun, John V. (2015). "Long-Lost Holotypes and Other Forgotten Treasures in the Ralph L. Chermock Collection, with Biographical Notes." *News of the Lepidopterists' Society* 57, no. 2: 80–85.

Caplan, Arthur L., ed. (1978). *The Sociobiology Debate: Readings on Ethical and Scientific Issues.* New York: Harper & Row.

Chadha, M. S., T. Eisner, et al. (1962). "Defence Mechanisms of the Arthropods—VII: Citronellal and Citral in the Mandibular Gland Secretion of the Ant *Acanthomyops Claviger* (Roger)." *Journal of Insect Physiology* 8, no. 2: 175–79.

Chagnon, Napoleon (2013). *Noble Savages: My Life Among Two Dangerous Tribes—the Yanomamö and the Anthropologists.* New York: Simon & Schuster.

Chagnon, Napoleon, and William Irons, eds. (1979). *Evolutionary Biology and Human Social Behavior: An Anthropological Perspective.* North Scituate, Mass.: Duxbury Press.

Cole, A. C. (1949). "The Ants of Bikini Atoll, Marshall Islands." *Pan-Pacific Entomologist* 25, no. 4: 172–74.

Cooper, Joseph B. (1985). "Comparative Psychology and Ethology." In Gregory A. Kimble and Kurt Schlesinger, eds., *Topics in the History of Psychology,* vol. 1. New York: Psychology Press.

Crick, Francis (1966). *Of Molecules and Men.* Seattle: University of Washington Press.

——— (1988). *What Mad Pursuit: A Personal View of Scientific Discovery.* New York: Basic Books.

Csikszentmihalyi, Mihaly (1996, 2013). *Creativity: The Psychology of Discovery and Invention.* New York: Harper Perennial Modern Classics.

Darlington, Philip J., Jr. (1957). *Zoogeography: The Geographical Distribution of Animals.* New York: John Wiley & Sons.

Darwin, Charles (1859). *On the Origin of Species by Means of Natural Selection, or the Preservation of Favoured Races in the Struggle for Life.* London: John Murray.

———(1868). *The Variation of Animals and Plants Under Domestication,* 2 vols. London: John Murray.

———(1881). *The Formation of Vegetable Mould Through the Action of Worms, with Observations on their Habits.* London: John Murray.

Diamond, Jared M. (1975). "The Island Dilemma: Lessons of Modern Biogeographic Studies for the Design of Natural Reserves." *Biological Conservation* 7: 129–46.

Dietrich, Michael R. (1998). "Paradox and Persuasion: Negotiating the Place of Molecular Evolution Within Evolutionary Biology." *Journal of the History of Biology* 31: 85–111.

Dinerstein, E., C. Vynne, A. R. Joshi, et al. (2019). "A Global Deal for Nature: Guiding Principles, Milestones, and Targets." *Science Advances* 5, no. 4: 1–17.

Dobzhansky, Theodosius (1937). *Genetics and the Origin of Species.* New York: Columbia University Press.

———(1964). "Biology, Molecular and Organismic." *American Zoologist* 4, no. 4: 443–52.

Doyle, Arthur Conan (1912, 1998). *The Lost World.* Mineola, N.Y.: Dover.

Dreifus, Claudia (2019). "In Ecology Studies and Selfless Ants, He Finds Hope for the Future." *Quanta,* 15 May (online).

Duschinsky, Robert (2012). "*Tabula Rasa* and Human Nature." *Philosophy* 87: 509–29.

Eisenberg, J. F., and Wilton S. Dillon, eds. (1971). *Man and Beast: Comparative Social Behavior. Smithsonian Annual III.* Washington, D.C.: Smithsonian Institution Press.

Eisner, Thomas . . . Edward O. Wilson, et al. (1981). "Conservation of Tropical Forests." *Science* 213: 1314.

Eisner, Thomas, Jane Lubchenco, Edward O. Wilson, et al. (1995). "Building a Scientifically Sound Policy for Protecting Endangered Species." *Science* 269: 1231–32.

Eliot, T. S. (1932). *Sweeney Agonistes: Fragments of an Aristophanic Melodrama.* London: Faber & Faber.

Emerson, Ralph Waldo (1865, 1876). *Essays, First and Second Series.* Boston: Houghton Mifflin.

Emerson, Stephen A. (2014). *The Battle for Mozambique: The Frelimo-Renamo Struggle, 1977–1992.* Solihull, West Midlands, U.K.: Helion.

Fangliang He and Pierre Legendre (1996). "On Species-Area Relations." *American Naturalist* 148: 719–37.

Flemming, Walther (1880, 1965). "Contributions to the Knowledge of the Cell and Its Vital Processes." *Journal of Cell Biology* 25: 1–69.

Forel, Auguste (1908). *The Senses of Insects.* London: Methuen.

Forsyth, W. D. (1949). "The South Pacific Commission." *Far Eastern Survey* 18, no. 5: 56–58.

Frankel, Charles (1979). "Sociobiology and Its Critics." *Zygon* 15, no. 3: 255–73.

French, Howard W. (2011). "E. O. Wilson's Theory of Everything." *Atlantic* (Nov.) (online).

Fretwell, Stephen D. (1975). "The Impact of Robert MacArthur on Ecology." *Annual Review of Ecology and Systematics* 6 (Nov.): 1–13.

Futuyma, Douglas J. (1986). "Reflections on Reflections: Ecology and Evolutionary Biology." *Journal of the History of Biology* 19: 303–12.

Galton, Francis (1908). *Memories of My Life*. London: Methuen.

Gibson, Abraham H. (2012). "Edward O. Wilson and the Organicist Tradition." *Journal of the History of Biology* 46: 599–630.

Gintis, Herbert (2012). "Clash of the Titans" (review of Edward O. Wilson, *The Social Conquest of Earth*). *BioScience* 62: 987–91.

Giraldo, Ysabel Milton, and James F. A. Traniello (2014). "Worker Senescence and the Sociobiology of Aging in Ants." *Behavioral Ecology and Sociobiology* 68: 1901–19.

Gourevitch, Philip (2009). "The Monkey and the Fish." *The New Yorker*, 21 Dec., pp. 98–106, 108–11.

Gross, Paul R., and Norman Levitt (1994). *Higher Superstition: The Academic Left and Its Quarrels with Science*. Baltimore: Johns Hopkins University Press.

Hagen, Joel B. (1999). "Naturalists, Molecular Biologists, and the Challenges of Molecular Evolution." *Journal of the History of Biology* 32: 321–41.

Hamilton, W. D. (1963). "The Evolution of Altruistic Behavior." *American Naturalist* 97: 354–56.

—— (1964). "The Genetical Evolution of Social Behaviour." *Journal of Theoretical Biology* 7: 1–16.

—— (1996). *Narrow Roads of Gene Land: The Collected Papers of W. D. Hamilton. Vol. 1, Evolution of Social Behavior*. New York: Oxford University Press.

Harwood, Jonathan (1994). "Metaphysical Foundations of the Evolutionary Synthesis: A Historiographical Note." *Journal of the History of Biology* 27: 1–20.

Hendricks, Walter (1948). "Marlboro College." *Amherst Graduates' Quarterly* 37, no. 3: 181–87.

Herbers, Joan (2009). "Darwin's 'One Special Difficulty': Celebrating Darwin 200." *Biology Letters* 5, no. 2 (23 April): 214–17.

Hershey, A. D., and Martha Chase (1952). "Independent Functions of Viral Protein and Nucleic Acid in Growth of Bacteriophage." *Journal of General Physiology* 36: 39–56.

Heylighen, Francis (2011–12). "Stigmergy as a Generic Mechanism for Coordination: Definition, Varieties and Aspects." ECCO working paper.

Hogben, Lancelot (1943). *Mathematics for the Million*. New York: W. W. Norton.

Hölldobler, Bert, and Edward O. Wilson (1990). *The Ants*. Cambridge, Mass.: Belknap Press of Harvard University Press.

—— (2011). *The Leafcutter Ants: Civilization by Instinct*. New York: W. W. Norton.

Holmes, Samuel J. (1921). *The Trend of the Race: A Study of Present Tendencies in the Biological Development of Civilized Mankind*. New York: Harcourt, Brace.

—— (1939). "Darwinian Ethics and Its Practical Applications." *Science* 90: 117–23.

Holterhoff, Kate (2014). "The History and Reception of Charles Darwin's Hypothesis of Pangenesis." *Journal of the History of Biology* 47: 661–95.

Hutchinson, G. E. (1957). "Concluding Remarks." *Cold Spring Harbor Symposia on Quantitative Biology* 22: 415–27.

Huxley, Thomas Henry (1908). *Lectures and Essays.* New York: Cassell.

Iker, Sam (1982). "Islands of Life in a Forest Sea." *Mosaic* (Sept.–Oct.): 25–30.

Johnson, Jessica P. (2011). "Corina Tarnita: The Ant Mathematician." *The Scientist,* Sept. (online).

Jumonville, Neil (2002). "The Cultural Politics of the Sociobiology Debate." *Journal of the History of Biology* 35: 569–93.

Karlson P. and Lüscher A. (1959). " 'Pheromones': A New Term for a Class of Biologically Active Substances." *Nature* 183: 55–56.

Kaspari, Michael (2008). "Knowing Your Warblers: Thoughts on the 50th Anniversary of MacArthur (1958)." *Bulletin of the Ecological Society of America* 89: 448–58.

Kay, Lily E. (2000). *Who Wrote the Book of Life? A History of the Genetic Code.* Stanford: Stanford University Press.

Kessler, Matthew J., and Richard G. Rawlins (2016). "A 75-Year Pictorial History of the Cayo Santiago Rhesus Monkey Colony." *American Journal of Primatology* 78: 6–43.

Kingsland, Sharon E. (1985). *Modeling Nature: Episodes in the History of Population Biology.* Chicago: University of Chicago Press.

Klehr, Harvey (1988). *Far Left of Center: The American Radical Left Today.* Piscataway, N. J.: Transaction.

Lack, David (1947, 1983). *Darwin's Finches.* Cambridge, U.K.: Cambridge University Press.

Larson, Edward J. (2004). *Evolution: The Remarkable History of a Scientific Theory.* New York: Modern Library.

Laurance, William F., and Richard O. Bierregaard, Jr. (1997). *Tropical Forest Remnants: Ecology, Management, and Conservation of Fragmented Communities.* Chicago: University of Chicago Press.

Laurance, William F., José L.C. Camargo, et al. (2011). "The Fate of Amazonian Forest Fragments: A 32-Year Investigation." *Biological Conservation* 144, no. 1: 56–67.

Lawler, Peter A. (2003). "The Rise and Fall of Sociobiology." *The New Atlantis* 1 (Spring): 101–12.

Lederberg, Joshua (1994). "The Transformation of Genetics by DNA: An Anniversary Celebration of Avery, MacLeod and McCarty (1944)." In James F. Crow and William F. Dove, eds., "Perspectives: Anecdotal, Historical and Critical Commentaries on Genetics." *Genetics* 136: 423–26.

Lehrer, Steven, ed. (2000). *Bring 'Em Back Alive: The Best of Frank Buck.* Lubbock: Texas Tech University Press.

Lenfield, Spencer Lee (2011). "Ants Through the Ages." *John Harvard's Journal,* July–August (online).

Levallois, Clement (2018). "The Development of Sociobiology in Relation to Animal Behavior Studies, 1946–1975." *Journal of the History of Biology* 51: 419–44.

Lewontin, R. C. (1991). *Biology as Ideology: The Doctrine of DNA*. New York: Harper Perennial.

Lewontin, R. C., Steven Rose, and Leon J. Kamin (1984). *Not in Our Genes: Biology, Ideology, and Human Nature*. 2nd ed. Chicago: Haymarket.

Lumsden, Charles J., and Edward O. Wilson (1981). *Genes, Mind, and Culture*. Cambridge, Mass.: Harvard University Press.

Lysenko, T. D. (1945). *Heredity and Its Variability*. Trans. Theodosius Dobzhansky. New York: King's Crown Press.

MacArthur, Robert H. (1958). "Population Ecology of Some Warblers of Northeastern Coniferous Forests." *Ecology* 39: 599–619.

——— (1972). *Geographical Ecology: Patterns in the Distribution of Species*. Princeton: Princeton University Press.

MacArthur, Robert H., and Edward O. Wilson (1963). "An Equilibrium Theory of Insular Zoogeography." *Evolution* 17: 373–87.

——— (1967). *The Theory of Island Biogeography*. Princeton: Princeton University Press.

Malcolm, Jay R. (1994). "Edge Effects in Central Amazonian Forest Fragments." *Ecology* 75: 2438–45.

Mann, W. M. (1934). "Stalking Ants, Savage and Civilized." *National Geographic*, Aug., pp. 171–92.

Maryanski, Alexandra (1994). "The Pursuit of Human Nature in Sociobiology and Evolutionary Sociology." *Sociological Perspectives* 37: 375–89.

Mayr, Ernst (1942, 1982). *Systematics and the Origin of Species*. New York: Columbia University Press.

——— (1959). "Where Are We?" *Cold Spring Harbor Symposia on Quantitative Biology* 24: 1–14.

——— (1982). *The Growth of Biological Thought: Diversity, Evolution, and Inheritance*. Cambridge, Mass.: Belknap Press of Harvard University Press.

Mayr, Ernst, and William B. Provine, eds. (1980, 1998). *The Evolutionary Synthesis: Perspectives on the Unification of Biology*. Cambridge, Mass.: Harvard University Press.

McElheny, Victor K. (2003). *Watson and DNA: Making a Scientific Revolution*. New York: Perseus Books.

McGuinness, Keith A. (1984). "Equations and Explanations in the Study of Species-Area Curves." *Biological Reviews* 59: 423–40.

McKie, Robin (2006). "The Ant King's Latest Mission." *The Guardian*, Oct. (online).

Melander, A. L., and F. M. Carpenter (1937). "William Morton Wheeler." *Annals of the Entomological Society of America* 30: 433–37.

Meselson, M., and F. W. Stahl (1958). "The Replication of DNA in Escherichia Coli." *Proceedings of the National Academy of Sciences USA* 44: 671–82.

Montagu, Ashley, ed. (1980). *Sociobiology Examined*. Oxford, U.K.: Oxford University Press.

Mora, Camilo, Derek P. Tittensor, Sina Adl, et al. (2011). "How Many Species Are There on Earth and in the Ocean?" *PLoS Biology* 9, no. 8.

Morange, Michel (1998). *A History of Molecular Biology.* Cambridge, Mass.: Harvard University Press.

Morgan, E. David (2008). "Chemical Sorcery for Sociality: Exocrine Secretions of Ants (Hymenoptera: Formicidae)." *Myrmecological News* 11: 79–90.

Myers, Norman (1980). *Conversion of Tropical Moist Forest: A Report Prepared by Norman Myers for the Committee on Research Priorities in Tropical Biology of the National Research Council.* Washington, D.C.: National Academy of Sciences.

—— (1999). *Conversations with History.* Institute of International Studies, UC Berkeley (online).

Nakamura, Jeanne, and Mihaly Csikszentmihalyi (2002). "The Concept of Flow." In C. R. Snyder & S. J. Lopez, eds. *Handbook of Positive Psychology.* New York: Oxford University Press, pp. 89–105.

Nowak, Martin A., Corina E. Tarnita, and Edward O. Wilson (2010). "The Evolution of Eusociality." *Nature* 466: 1057–62.

Oliveira, Paulo S. (1999). "Edward O. Wilson, Doyen of Biodiversity's Crusade, Honorary Fellow of ATB" [Association for Tropical Biology]. *Biotropica* 31: 538–39.

Olmstead Brothers (1918). *Rock Creek Park: A Report by the Olmstead Brothers.* Washington, D.C.: National Park Service (online).

Oppenheimer, J. Robert (1964). *The Flying Trapeze: Three Crises for Physicists.* London: Oxford University Press.

Oster, George F., and Edward O. Wilson (1978). *Caste and Ecology in the Social Insects.* Princeton: Princeton University Press.

Parent, André (2003). "Auguste Forel on Ants and Neurology." *Canadian Journal of Neurological Science* 30: 284–91.

Paul, Diane B. (1987). " 'Our Load of Mutations' Revisited." *Journal of the History of Biology* 20: 321–35.

Paweletz, Neidhard (2001). "Walther Flemming: Pioneer of Mitosis Research." *Nature Reviews: Molecular Cell Biology* 2 (Jan.): 72–78.

Perry, John (1895). "On the Age of the Earth." Letter to the Editor. *Nature* 51: 341–42.

Pimm, Stuart L., Clinton N. Jenkins, and V. Li Binbin (2018). "How to Protect Half of Earth to Ensure It Protects Sufficient Biodiversity." *Science Advances* 2018, no. 4 (online).

Polanyi, Michael (1962). "The Republic of Science: Its Political and Economic Theory." *Minerva* 1, no. 1: 54–73.

Polderman, Tinca J. C., Beben Benyamin, Christiaan A. de Leeuw, et al. (2015). "Meta-analysis of the Heritability of Human Traits Based on Fifty Years of Twin Studies." *Nature Genetics* 47: 702–9.

Poulton, Edward B. (1894). In *Nature* 51: 126–27.

Powell, Alvin (2014). "Search Until You Find a Passion and Go All Out to Excel in Its Expression." *Harvard Gazette,* 15 April (online).

Pross, Addy (2012). *What Is Life? How Chemistry Becomes Biology.* Oxford, U.K.: Oxford University Press.

Ratowt, Sylwester Jan (2009). "Discordant Consensus: Dialogues on the Earth's Age in American Science, 1890–1930." Doctoral Dissertation, Department of the History of Science, University of Oklahoma Graduate College, Norman, Okla.

Raven, Peter H., and Edward O. Wilson (1992). "A Fifty-Year Plan for Biodiversity Surveys." *Science* 258: 1099–1100.

Regnier, F. E., and E. O. Wilson (1968). "The Alarm-Defense System of the Ant *Acanthomyops Claviger." Journal of Insect Physiology* 14: 995–70.

Ridley, Matt (1993). *The Red Queen: Sex and the Evolution of Human Nature.* New York: Harper Perennial.

Riskin, Jessica (2016). *The Restless Clock: A History of the Centuries-Long Argument over What Makes Living Things Tick.* Chicago: University of Chicago Press.

Robertson, Alan (1977). "Conrad Hal Waddington, 8 November 1905–26 September 1975." *Biographical Memoirs of the Fellows of the Royal Society* 23: 574–622.

Ross, Andrew (1993). "The Chicago Gangster Theory of Life." *Social Text* 35 (Summer): 93–112.

Ruse, Michael (2000). *The Evolution Wars: A Guide to the Debates.* New Brunswick, N.J.: Rutgers University Press.

Ruxton, Graeme, Stuart Humphries, Lesley J. Morrell, and David M. Wilkinson (2014). "Why Is Eusociality an Almost Exclusive Terrestrial Phenomenon?" *Journal of Animal Ecology* 83: 1248–55.

Sahlins, Marshall (1976). *The Use and Abuse of Biology: An Anthropological Critique of Sociobiology.* Ann Arbor: University of Michigan Press.

Sandler, Iris, and Laurence Sandler (1986). "On the Origin of Mendelian Genetics." *American Zoologist* 26(3): 753–68.

Schrödinger, Erwin (1944, 1967). *What Is Life? The Physical Aspect of the Living Cell.* Cambridge, U.K.: Cambridge University Press.

Schulman, Bruce J. (2001). *The Seventies: The Great Shift in American Culture, Society, and Politics.* New York: Da Capo Press.

Segerstråle, Ullica (2000). *Defenders of the Truth: The Battle for Science in the Sociobiology Debate and Beyond.* Oxford, U.K.: Oxford University Press.

——— (2013). *Nature's Oracle: The Life and Work of W. D. Hamilton.* New York: Oxford University Press.

Shipley, Brian C. (2001). "'Had Lord Kelvin a Right?': John Perry, Natural Selection and the Age of the Earth, 1894–1895." *Geological Society, London, Special Publications* 190: 91–105.

Simberloff, Daniel (1976a). "Experimental Zoogeography of Islands: Effects of Island Size." *Ecology* 57: 629–48.

——— (1976b). "Species Turnover and Equilibrium Island Biogeography." *Science* 194: 572–78.

Simberloff, Daniel S., and Lawrence G. Abele (1976). "Island Biogeography Theory and Conservation Practice." *Science* 191: 285–86.

Simberloff, Daniel S., and Edward O. Wilson (1970). "Experimental Zoogeography of Islands: A Two-Year Record of Colonization." *Ecology* 51: 934–37.

Skelly, David K., David M. Post, and Melinda D. Smith, eds. (2010). *The Art of Ecology: Writings of G. Evelyn Hutchinson*. New Haven: Yale University Press.

Slack, Nancy G. (2010). *G. Evelyn Hutchinson and the Invention of Modern Ecology*. New Haven: Yale University Press.

Sleigh, Charlotte (2007). *Six Legs Better: A Cultural History of Myrmecology*. Baltimore: Johns Hopkins University Press.

Slobodkin, L. B. (1993). "An Appreciation: George Evelyn Hutchinson." *Journal of Animal Ecology* 62: 390–94.

Smocovitis, Vassiliki Betty (1996). *Unifying Biology: The Evolutionary Synthesis and Evolutionary Biology*. Princeton: Princeton University Press.

Stahl, Franklin W. (2001). "Alfred Day Hershey 1908–1997." *Biographical Memoirs of the National Academy of Sciences* 80: 3–19.

Stork, Nigel E. (2018). "How Many Species of Insects and Other Terrestrial Arthropods Are There on Earth?" *Annual Review of Entomology* 63: 31–45.

Taylor, Robert W. (1978). "*Nothomyrmecia Macrops:* A Living-Fossil Ant Rediscovered." *Science* 201: 979–85.

Theraulaz, Guy, and Eric Bonabeau (1999). "A Brief History of Stigmergy." *Artificial Life* 5: 97–116.

Thomson, William (Lord Kelvin) (1862). "On the Age of the Sun's Heat." *Macmillan's Magazine* 5: 388–93.

Toomey, Daniel (2012). " 'Believing It In': Robert Frost, Walter Hendricks, and the Creation of Marlboro College." *Robert Frost Review* 22 (Fall): 34–57.

——— (2013). "A Search for Patterns: The Life of Robert MacArthur." *Potash Hill,* Summer.

Trivers, Robert (2015). "Vignettes of Famous Evolutionary Biologists, Large and Small." *Unz Review,* 27 April (online).

——— (2015). *Wild Life: Adventures of an Evolutionary Biologist*. Boston: Plympton.

Tschinkel, Walter R., and Edward O. Wilson (2014). "Scientific Natural History: Telling the Epics of Nature." *BioScience* 64: 438–43.

Tyson, Charlie (2019). "A Legendary Scientist Sounds Off on the Trouble with STEM." *Chronicle of Higher Education,* 7 May.

UC San Diego (2002). "Proliferation of Argentine Ants in California Linked to Decline in Coastal Horned Lizards." *ScienceDaily,* 5 March.

Vandermeer, John H. (1972). "Niche Theory." *Annual Review of Ecological Systems* 3: 107–32.

Vander Meer, Robert K. (1983). "Semiochemicals and the Red Imported Fire Ant (*Solenopsis Invicta Buren*) (*Hymenoptera: Formicidae*)." *Florida Entomologist* 66, no. 1: 139–61.

Vander Meer, Robert K., Michael D. Breed, et al. (1998). *Pheromone Communication in Social Insects: Ants, Wasps, Bees, and Termites*. Boulder, Colo.: Westview Press.

Vander Meer, Robert K., F. D. Williams, and C. S. Lofgren (1981). "Hydrocarbon Components of the Trail Pheromone of the Red Imported Fire Ant, *Solenopsis Invicta*." *Tetrahedron Letters* 22: 1651–54.

Volterra, Vito (1926). "Fluctuations in the Abundance of a Species Considered Mathematically." *Nature* 118: 558–60.

Wade, Nicholas (1976). "Sociobiology: Troubled Birth for New Discipline." *Science* 191: 1151–55.

Waller, John (2002). *The Discovery of the Germ: Twenty Years That Transformed the Way We Think About Disease.* New York: Columbia University Press.

Walsh, Christopher T., John H. Law, and Edward O. Wilson (1965). "Purification of the Fire Ant Trail Substance." *Nature* 207: 320–21.

Watson, F. E., and F. E. Lutz (1930). *Our Common Butterflies.* Guide Leaflet No. 38. New York: American Museum of Natural History.

Watson, James D. (1968). *The Double Helix: A Personal Account of the Discovery of the Structure of DNA.* New York: Touchstone.

—— (2001). *Genes, Girls, and Gamow: After the Double Helix.* New York: Alfred A. Knopf.

—— (2007). *Avoid Boring People: Lessons from a Life in Science.* New York: Alfred A. Knopf.

—— (2017). *DNA: The Story of the Genetic Revolution.* 2nd ed., rev. and updated. New York: Alfred A. Knopf.

Watson, James D., and Francis Crick (1953). "Molecular Structure of Nucleic Acids: A Structure for Deoxyribose Nucleic Acid." *Nature* 171: 737–38.

Weismann, August (1893). *The Germ-Plasm: A Theory of Heredity.* Trans. W. Newton Parker and Harriet Rönnfeldt. The Contemporary Science Series, ed. Havelock Ellis. London: Walter Scott.

Wetterer, James K., Alexander L. Wild, et al. (2009). "Worldwide Spread of the Argentine Ant, *Linepithema Humile.*" *Myrmecological News* 12: 187–94.

Wheeler, George C., and Jeanette Wheeler (1952). "The Ant Larvae of the Subfamily Ponerinae—Part II." *American Midland Naturalist* 48: 604–72.

Wheeler, William Morton (1910). *Ants: Their Structure, Development and Behavior.* New York: Columbia University Press.

Wild, Alexander L. (2004). "Taxonomy and Distribution of the Argentine Ant, *Linepithema Humile.*" *Annals of the Entomological Society of America* 97: 1204–15.

Wilson, David Sloan, and Edward O. Wilson (2007). "Rethinking the Theoretical Foundation of Sociobiology." *Quarterly Review of Biology* 82, no. 4: 327–48.

Wilson, Edward O. (1958a). "Patchy Distributions of Ant Species in New Guinea Rain Forests." *Psyche* 6, no. 1: 26–38.

—— (1958b). "A Chemical Releaser of Alarm and Digging Behavior in the Ant *Pogonomyrmex Badius* (Latreille)." *Psyche* 65, nos. 2–3: 41–51.

—— (1958c). "The Fire Ant." *Scientific American* 198, no. 3: 36–41.

—— (1959). "Source and Possible Nature of the Odor Trail of Fire Ants." *Science* 129: 643–44.

—— (1962). "Chemical Communication Among Workers of the Fire Ant *Solenopsis Saevissima* (Fr. Smith)." *Animal Behaviour* 10, nos. 1–2: 134–64.

—— (1963). "Pheromones." *Scientific American* 208, no. 5: 100–114.

———— (1971). *The Insect Societies*. Cambridge, Mass.: Belknap Press of Harvard University Press.

———— (1974). "The Conservation of Life." *Harvard Magazine* 76, no. 5: 28–37.

———— (1975). *Sociobiology: The New Synthesis*. Cambridge, Mass.: Belknap Press of Harvard University Press.

———— (1978a). "Foreword." In Arthur L. Caplan, ed., *The Sociobiology Debate: Readings on Ethical and Scientific Issues*. New York: Harper & Row.

———— (1978b). *On Human Nature*. Cambridge, Mass.: Harvard University Press.

———— (1978c). "What Is Sociobiology?" *Society*, Sept.–Oct., pp. 10–14.

———— (1980). "Resolutions for the 80s." *Harvard Magazine* 82, no. 3: 21.

———— (1984). *Biophilia*. Cambridge, Mass.: Harvard University Press.

———— (1985). "The Biological Diversity Crisis." *BioScience* 35: 700–706.

Wilson, Edward O., ed. (1988). *Biodiversity*. Washington, D.C.: National Academy Press.

———— (1991). "Ants." *Bulletin of the American Academy of Arts and Sciences* 45, no. 3 (Dec.): 13–23.

———— (1992). *The Diversity of Life*. Cambridge, Mass.: Belknap Press of Harvard University Press.

———— (1994). *Naturalist*. Washington, D.C.: Island Press.

———— (1996). "Macroscope: Scientists, Scholars, Knaves and Fools." *American Scientist* 86 (Jan.–Feb.): 6–7.

———— (2000). "A Memorial Tribute to William L. Brown (June 1, 1922–March 30, 1997)." *Psyche* 103, nos. 1–2: 49–53.

———— (2002). *The Future of Life*. New York: Alfred A. Knopf.

———— (2003a). "The Encyclopedia of Life." *Trends in Ecology and Evolution* 18, no. 2: 77–80.

———— (2003b). Pheidole *in the New World: A Dominant, Hyperdiverse Ant Genus*. Cambridge, Mass.: Harvard University Press.

———— (2006a). *The Creation: An Appeal to Save Life on Earth*. New York: W. W. Norton.

———— (2006b). *Nature Revealed: Selected Writings, 1949–2006*. Baltimore: Johns Hopkins University Press.

———— (2012). *The Social Conquest of Earth*. New York: Liveright.

———— (2013). *Letters to a Young Scientist*. New York: Liveright.

———— (2014). *A Window on Eternity: A Biologist's Walk Through Gorongosa National Park*. New York: Simon & Schuster.

———— (2016). *Half-Earth: Our Planet's Fight for Life*. New York: Liveright.

———— (2017). *The Origins of Creativity*. New York: Liveright.

———— (2020). *Tales from the Ant World*. New York: Liveright.

Wilson, Edward O., N. I. Durlach, and L. M. Roth (1958). "Chemical Releasers of Necrophoric Behavior in Ants." *Psyche* 65, no. 4: 108–14.

Wilson, Edward O., and M. S. Blum (1964). "The Anatomical Source of Trail Substances in Formicine Ants." *Psyche* 71, no. 1: 28–31.

Wilson, Edward O., Frank M. Carpenter, and William L. Brown, Jr. (1967). "The

First Mesozoic Ants, with the Description of a New Subfamily." *Psyche* 74, no. 1: 1–19.

Wilson, Edward O., and Robert H. MacArthur (1967). *The Theory of Island Biogeography*. Princeton: Princeton University Press.

Wilson, Edward O., and Daniel S. Simberloff (1969). "Experimental Zoogeography of Islands: The Colonization of Empty Islands." *Ecology* 50, no. 2: 278–96.

Wilson, Edward O., and William H. Bossert (1971). *A Primer of Population Biology*. Sunderland, Mass.: Sinauer Associates.

Wilson, Edward O., and G. Evelyn Hutchinson (1989). "Robert Helmer MacArthur 1930–1972." *Biographical Memoirs of the National Academy of Sciences*. Washington, D.C.: National Academy of Sciences.

Wilson, Edward O., and Bert Hölldobler (1994). *Journey to the Ants: A Story of Scientific Exploration*. Cambridge, Mass.: Belknap Press of Harvard University Press.

Wilson, Edward O., and Bert Hölldobler (2005a). "The Rise of the Ants: A Phylogenetic and Ecological Explanation." *Proceedings of the National Academy of Sciences* 102: 7411–14.

Wilson, Edward O., and Bert Hölldobler (2005b). "Eusociality: Origin and Consequences." Proceedings of the National Academy of Sciences 102(28): 13367–71.

Wilson, Edward O., and Jose M. Gomez Duran (2010). *Kingdom of Ants: Jose Celestino Mutis and the Dawn of Natural History in the New World*. Baltimore: Johns Hopkins University Press.

Wilson, Edward O., and Alex Harris (2012). *Why We Are Here: Mobile and the Spirit of a Southern City*. New York: Liveright.

Wiltse, Charles M., ed. (1967). *Physical Standards in World War II*. Washington, D.C.: Office of the Surgeon General, Department of the Army.

Winther, Rasmus G. (2001). "August Weismann on Germ-Plasm Variation." *Journal of the History of Biology* 34: 517–55.

Wray, John (1670). "Letter to the Editor." *Philosophical Transactions of the Royal Society of London* 68 (20 Feb.): 2064–66.

Wyhe, John van (2019). "Why There Was No 'Darwin's Bulldog': Thomas Henry Huxley's Famous Nickname." *The Linnean* 35, no. 1: 26–29.

Wylie, Philip (1942, 1983). *Generation of Vipers*. McLean, Ill.: Dalkey Archive Press.

———— (1947). *An Essay on Morals*. New York: Rinehart & Co.

Yudell, Michael, and Rob Desalle (2000). "Essay Review: Sociobiology, Twenty-Five Years Later." *Journal of the History of Biology* 33: 577–84.

索 引

（索引中的页码为本书页边码）

斜体数字指所在页码的图片

图书在版编目（CIP）数据

达尔文的继承者：爱德华·威尔逊的自然人生 /
（美）理查德·罗兹（Richard Rhodes）著；朱叶娜，高
鑫译 . -- 北京：社会科学文献出版社，2024.5

书名原文：Scientist：E. O. Wilson：A Life in
Nature

ISBN 978-7-5228-3172-5

Ⅰ.①达…　Ⅱ.①理…②朱…③高…　Ⅲ.①威尔逊
（Wilson，Edward Osborne 1929-）-事迹　Ⅳ.
①K837.126.15

中国国家版本馆 CIP 数据核字（2024）第 031305 号

达尔文的继承者：爱德华·威尔逊的自然人生

著　　者／〔美〕理查德·罗兹（Richard Rhodes）
译　　者／朱叶娜　高　鑫

出 版 人／冀祥德
责任编辑／沈　艺
责任印制／王京美

出　　版／社会科学文献出版社·甲骨文工作室（分社）（010）59366527
　　　　　地址：北京市北三环中路甲 29 号院华龙大厦　邮编：100029
　　　　　网址：www.ssap.com.cn
发　　行／社会科学文献出版社（010）59367028
印　　装／北京盛通印刷股份有限公司

规　　格／开本：889mm×1194mm　1/32
　　　　　印张：11　插页：0.5　字数：237 千字
版　　次／2024 年 5 月第 1 版　2024 年 5 月第 1 次印刷
书　　号／ISBN 978-7-5228-3172-5
著作权合同
登 记 号／图字 01-2021-7299 号
定　　价／79.00 元

读者服务电话：4008918866